Fachrechnen in Hotel, Restaurant und Küche

Arbeitskreis H. Dettmer

VERLAG EUROPA-LEHRMITTEL · Nourney, Vollmer GmbH & Co.
Düsselberger Straße 23 · 42781 Haan-Gruiten

Europa-Nr.: 62919

Autoren

Harald Dettmer
Dieter Finck
Thomas Hausmann
Ludwig Himstedt
Rainer Knopf
Werner Schneid
Klaus Steffens

Das vorliegende Buch wurde auf der **Grundlage der neuen amtlichen Rechtschreibregeln** erstellt.

1. Auflage 1998
Druck 5 4 3 2 1

Alle Drucke derselben Auflage sind parallel einsetzbar, da sie bis auf die Behebung von Druckfehlern untereinander unverändert sind.

ISBN 3-8085-6291-9

Alle Rechte vorbehalten. Das Werk ist urheberrechtlich geschützt. Jede Verwertung außerhalb der gesetzlich geregelten Fälle muss vom Verlag schriftlich genehmigt werden.

© 1998 by Verlag Europa-Lehrmittel, Nourney, Vollmer GmbH & Co., 42781 Haan-Gruiten
Umschlaggestaltung: BOROS Agentur für Kommunikation, 42285 Wuppertal
Satz, Layout und Grafik: RKText, 42799 Leichlingen
Druck: Druckhaus Darmstadt GmbH, 64295 Darmstadt

Vorwort

In der Berufspraxis und darüber hinaus benötigen die Lernenden die Fähigkeit und Sicherheit, mit Zahlen gezielt, schnell und korrekt umzugehen. Dieses wird den Lesern vor allem durch die Darstellung unterschiedlicher Aufgaben- und Rechenvarianten vermittelt.

Fachrechnen in Hotel, Restaurant und Küche ist jedoch nicht nur ein Lehrbuch, das als Leitfaden betrachtet werden kann und einen Grundriss der Materie darstellt. Darüber hinaus zeigt es deutlich das Konzept eines Arbeits- und Übungsbuches unter Berücksichtigung der folgenden Gesichtspunkte:

- Altersspezifik der Zielgruppe,
- Handlungsorientierung,
- Praxisbezug sowie
- Unterrichts- und Lehrplanbezug.

Unter diesen Aspekten erfolgte eine methodisch-didaktische Gliederung des Lehr- und Übungsstoffes. Dabei wurden die Wissensgebiete mit einer Vielzahl von Lehr- und Beispielfällen sowie Aufgabensammlungen ergänzt. Der entsprechende Übungsteil ist dazu geeignet, die Lernenden im Gastgewerbe bei der Einführung in das Fachrechnen zu unterstützen und erlangte Kenntnisse zu überprüfen und gegebenenfalls erkannte Wissenslücken zu schließen. Um schon von Beginn an prüfungsbezogen zu arbeiten, wird dieses Ziel durch kurze Tests in multiple-choice-Form unterstützt, die am Ende der einzelnen Aufgabenblöcke stehen.

Richtungsweisend wurde ein vernünftiges, auf die o.g. Gesichtspunkte ausgerichtetes Niveau gewählt – ein unnötiges Verkomplizieren von Sachverhalten konnte dadurch vermieden werden.

Die Inhalte konzentrieren sich auf Elemente, die im gastgewerblichen Berufsleben und im Alltag hilfreich angewendet werden können. Um diesen Anspruch zu gewährleisten, baut das gesamte Buch auf Situationen und Problemen eines gastgewerblichen Unternehmens auf – dem Hotel »Schöne Aussicht« mit seinem Hotelrestaurant »Gourmet«, seiner Bar »Casablanca« usw.

Auf den Seiten 6 – 8 stellt sich die »Schöne Aussicht« und das gesamte Team unseres Betriebes einführend kurz vor. Alles weitere über unseren Betrieb erfahren die Leser beim Erarbeiten der einzelnen Kapitel.

1. Am Anfang eines jeden Lernabschnittes wird eine Situation aus unserem Betrieb beschrieben.
2. Auf diese Situation bezieht sich ein Rechenbeispiel, dessen Musterlösung sofort anschließend folgt.

Entsprechend ergibt sich dieser Ablauf: **Situation → Beispiel → Lösungsweg → Antwort**

Darüber hinaus verfügt dieses Lehr- und Arbeitsbuch über eine Reihe methodischer Elemente, die den Lesern das Umgehen mit Formeln und Zahlen erleichtern:

In den Tipps werden hilfreiche Hinweise zur Anwendung der einzelnen Rechenmethoden gegeben.

Aus der Anwendung der einzelnen Rechenmethoden ergeben sich wichtige Erkenntnisse, die mit dem nebenstehenden Symbol gekennzeichnet sind.

Die Blöcke mit jeweils einer großen Anzahl Übungsaufgaben werden stets durch mindestens eine Handlungsaufgabe eröffnet. »Learning by doing« ist hier das Motto.

Den Lernenden wünschen wir eine erfolgreiche Arbeit mit **Fachrechnen in Hotel, Restaurant und Küche.** Gleichzeitig bitten wir alle Benutzerinnen und Benutzer dieses Buches um Anregungen und konstruktive Kritik.

Haan-Gruiten, im Frühjahr 1998   Autoren und Verlag

Inhaltsverzeichnis

1	Grundrechenarten	9
1.1	Grundregeln für das Fachrechnen im Gastgewerbe	9
1.2	Addition und Subtraktion	11
1.2.1	Addition	12
1.2.2	Subtraktion	14
1.3	Multiplikation, Division und Potenzrechnung	16
1.3.1	Multiplikation	16
1.3.2	Division	18
1.3.3	Potenzen	20
1.4	Rechnen mit Klammerwerten (Kettenrechnung)	21

2	Bruchrechnen	24
2.1	Grundlagen der Bruchrechnung	24
2.2	Rechnen mit Brüchen	26
2.2.1	Addition und Subtraktion von Brüchen	27
2.2.2	Multiplikation und Division von Brüchen	28

3	Rechnen mit Maßen und Gewichten	33
3.1	Rechnen mit Längen-, Flächen- und Körpermaßen	33
3.1.1	Maßangaben zur Flächen-, Umfangs- und Körperberechnung	33
3.1.2	Formeln zur Flächen-, Umfangs- und Körperberechnung	35
3.2	Rechnen mit Gewichten und Hohlmaßen	38

4	Durchschnittsrechnung	43

5	Dreisatzrechnung	47
5.1	Einfacher Dreisatz mit geradem Verhältnis – proportionales Verhältnis	47
5.2	Einfacher Dreisatz mit ungeradem Verhältnis – antiproportionales Verhältnis	50
5.3	Zusammengesetzter Dreisatz	53

6	Währungsrechnung	57
6.1	Umrechnung von ausländischer Währung in DM	58
6.2	Umrechnung von DM in ausländische Währung	60
6.3	Berechnung des Wechselkurses	63

7	Prozent- und Promillerechnung	65
7.1	Berechnung des Prozentwertes	66
7.2	Berechnung des Prozentsatzes	68
7.3	Berechnung des Grundwertes	70
7.4	Prozentrechnung bei vermehrtem Grundwert	72
7.5	Prozentrechnung bei vermindertem Grundwert	75

8	Zinsrechnung	79
8.1	Berechnung der Zinsen	80
8.1.1	Berechnung der Jahreszinsen	81
8.1.2	Berechnung der Monatszinsen	82
8.1.3	Berechnung der Tageszinsen	83
8.1.4	Berechnung der Tageszinsen mit Berechnung der Zinstage	84
8.2	Berechnung des Kapitals	86
8.3	Berechnung des Zinssatzes	88
8.4	Berechnung der Zeit	90

9	Verteilungsrechnung	92

10	Mischungsrechnung	97
10.1	Berechnung des Mischungspreises	97
10.2	Berechnung des Mischungsverhältnisses	97
10.3	Berechnung von Sortenmengen	98

11	Rohstoffmengen für die Küche	102
11.1	Verarbeitungsverluste bei Lebensmitteln	102
11.2	Garverluste	105
11.3	Gewichtszunahme bei der Verarbeitung	108
11.4	Kombination von Verarbeitungsverlusten	110
11.5	Verarbeitungsverluste verändern die Rohstoffpreise	113
11.6	Umrechnung von Rezepten	115

12	Nährwert und Energiebedarf	118
12.1	Nährstoff- und Energiebedarf des Menschen	118
12.2	Nährstoffgehalt der Lebensmittel	121
12.3	Energiewert der Lebensmittel	124
12.4	Nährwertberechnung für Speisen	126
12.5	Nährwertberechnung für Getränke	127
12.6	»Prozente und Promille«	129
12.7	Broteinheiten für verwertbare Kohlenhydrate	131

Inhaltsverzeichnis

13	**Berechnungen für Einkauf und Magazin** 134
13.1	Einkaufsplanung 135
13.2	Einkaufsdurchführung 141
13.3	Einkaufs- und Lagerkontrolle . . 148

14	**Fleischbewertung** 155

15	**Ausschank von Getränken** . . 159
15.1	Schankverlust und Ausschankmengen 159
15.2	Schankverluste erhöhen die Materialkosten 162
15.3	Getränkemengenkontrollen am Buffet und in der Bar 164

16	**Abrechnung mit dem Gast** . . 167

17	**Entlohnung und Personalkosten** 171
17.1	Entlohnungsarten für externes und internes Personal 171
17.1.1	Lohnabrechnung für externes Personal 172
17.1.2	Lohnabrechnung für internes Personal 173
17.2	Lohn- und Gehaltsabrechnung 175
17.2.1	Bestandteile des Bruttolohns . . 176
17.2.2	Errechnung der Lohn-/ Gehaltsauszahlung 177

18	**Troncrechnung** 183
18.1	Troncverteilung nach dem Punktsystem 183
18.2	Troncverteilung nach Garantielöhnen 186

19	**Wasser- und Energieverbrauch im Betrieb** 190
19.1	Wasser und Abwasser 190
19.2	Leistung und Energieverbrauch elektrischer Geräte 193

20	**Kostenrechnung/Kalkulation** . 198
20.1	Grundbegriffe 198
20.2	Kalkulation mit Zuschlagssätzen 199
20.3	Kalkulationszuschlag und Kalkulationsfaktor 201
20.4	Rückwärtskalkulation 203
20.5	Zimmerpreiskalkulation 206
20.5.1	Divisionskalkulation und Auslastungsgrad/Frequenz 207
20.5.2	Kalkulation des Inklusivpreises 209
20.5.3	Kalkulation mit Äquivalenzzahlen 212

21	**Kosten der Technisierung** ... 216
22	**Deckungsbeitragsrechnung** . . 221

Exkurs: Betriebliche Statistik 230
1. Tabellen und Grafiken 231
2. Absolute und relative Häufigkeiten 234
3. Mittelwerte 236
4. Statistische Kennziffern 237

Formelsammlung 244

Nährwerttabelle 248

Sachwortverzeichnis 251

Unser Betrieb stellt sich vor

Im Strandhotel »Schöne Aussicht« sind 55 Personen beschäftigt, die im vergangenen Geschäftsjahr einen Pro-Kopf-Umsatz von 135 TDM erzielt haben. Die Personalkosten betrugen im selben Jahr 2.109 TDM. Die vorstehenden Geschäftsdaten deuten an, dass die einzelnen Mitarbeiter im Gastgewerbe häufig mit Zahlen umgehen müssen und das gilt nicht nur für den Verwaltungsbereich eines gastgewerblichen Betriebes; ständig zu rechnen betrifft z.B. den Küchenbereich im gleichen Maße wie den Service.

Unser Hotel wollen wir Ihnen eingangs kurz vorstellen; die einzelnen Mitarbeiter lernen Sie im Laufe der Zeit in ihren Arbeitssituationen noch genauer kennen.

Im Strandhotel stehen den Gästen 94 Zimmer zur Verfügung. Im Hotelrestaurant »Gourmet« wird warme und kalte Küche angeboten – einschließlich vieler Diätgerichte.

Das Hotel bietet mannigfache Möglichkeiten der Freizeitgestaltung, z.B. Saunabesuche, Spaziergänge im Hotelpark oder am Strand und das Schwimmen im Meer oder im hoteleigenen Freibad. Ablenkung findet der Gast auch in der gemütlichen Bar »Casablanca«.

Das Haus verfügt weiterhin über eine großzügig gestaltete Eingangshalle mit rustikaler Rezeption; im selben Stil sind auch die Zimmer ausgestattet.

Die eigene Wäscherei trägt zur stetigen Hygiene und Sauberkeit im Hause bei.

Das Team unseres Betriebes

a) Hotelleitung

Hoteldirektor:	Heinz Böck
Wirtschaftsdirektor:	Harald Remlein

b) Verwaltungsbereich

Kaufmännische Direktorin:	Annette Best
Personalsachbearbeiter:	Manfred Jürs
Lohnbuchhalterin:	Evelin Heine
Finanzbuchhalter:	Hans Beck
EDV-Fachmann:	Udo Falkner
Marketingleiterin:	Heike Schulz
Bankettleiterin:	Merle Hinz
F & B-Managerin	Rosa Wohlgemuth
Magazinverwaltung/Einkauf/	Eckhard Teetz
Assistenz der F & B-Managerin:	Jobst Kern

c) Servicebereich

Chef de service:	Klaus Matten
Maitre d'hotel:	Andreas Barth
Chef de rang:	Egon Dressel
Demi chef:	Ingo Buck
Chef de bar:	Thomas Mix
Demi chef de bar:	Robert Vollmer
Commis de bar:	Peter Mücke
Chef d'étage:	Karl Wendt
Demi chef d'étage:	Roman Grün
Commis d´étage:	Dieter Groß
Jungrestaurantfachfrau	Kathrin Schentke

d) Küchenbereich

Küchenchef:	Torsten Frei
Sous-Chef:	Hans Raff
Abteilungsköchin:	Elke Reich
Abteilungskoch:	Fritz Neuber
Poissonnier:	Rainer Jansen
Entremetier	Theo Linz
Commis de cuisine:	Christian Müller
Saucier:	Ruben Eckstein
Gardemanger:	Paul Eckert
Pastissier:	Susanne Braun
Regimier (Diätkoch):	Kurt Paulsen
Tournant:	Giovanni Gervasi
Spüler:	Rolf Siebert

e) Beherbergungsbereich

Empfangschef:	Hermann Holz
Empfangsdame:	Tanja Starke
Empfangsherr:	Tom Smith
Kassiererin:	Heidi Maier
Empfangssekretärin:	Hilde Weiland
Journalführerin:	Emma Brandt
Reservierungsleiterin:	Rosa Woller
Reservierungsdame:	Maria Brock
Reservierungssekretärin:	Claudia Mai
1. Hausdame:	Tanja Birke
Assistentin der 1. Hausdame:	Sandra Wolke
Zimmermädchen:	Astrid Krug
Zimmermädchen:	Lisa Engelke
Zimmermädchen:	Alexandra Reck

f) Außenbereich

Bademeister:	Rolf Neumann
Gärtner:	Norbert Eisfeld

Die Auszubildenden im Team:

Beruf	Ausbildungsjahr	Personen/Namen
Koch	2.	Peter Klein
Fachkraft im Gastgewerbe	3.	Jens Großer
Hotelfachmann	1.	Olaf Jansen
Restaurantfachfrau	2.	Bettina Schmitz

1 Grundrechenarten

Zum 16. Dezember lädt die kaufmännische Direktorin des Strandhotels »Schöne Aussicht«, Frau Best, folgenden Personenkreis zu einer wichtigen Dienstbesprechung ein:

- Finanzbuchhalter, Herrn Beck
- Magazinverwalter, Herrn Kern
- Chef de service, Herrn Matten
- Küchenchef, Herrn Frei
- 1. Hausdame, Frau Birke.

Auf der Einladung steht nur ein Thema. Es lautet:

Durchführung der Inventur zum 3. Januar 2... und Erstellung des Inventarverzeichnisses für das Strandhotel »Schöne Aussicht«.

Frau Best erläutert kurz die Bedeutung der Inventur und die Erstellung des Inventarverzeichnisses für das Unternehmen. Sie übergibt anschließend Herrn Beck das Wort. Es werden Einzelheiten für die Durchführung der Inventur und die Erstellung des Inventarverzeichnisses dargelegt. Jeder Hotelbereich soll zwei Personen dazu benennen, eine Person zum Zählen, Wiegen und Messen von Warenbeständen und Anlagevermögen sowie eine Person, die die festgestellten Werte notiert. Der Finanzbuchhalter und ein Mitarbeiter des Verwaltungsbereiches führen diesbezüglich Stichproben über die erfassten Warenbestände und Gegenstände durch. Die Aufzeichnungen sollen lückenlos, rechnerisch richtig und leserlich sein.

Mehr oder weniger müssen alle Arbeitnehmer/innen im Gastgewerbe ihre Rechenkenntnisse (im schriftlichen Rechnen, im Kopfrechnen und Rechnen mit den Taschenrechner) bei der täglichen Arbeit in vielfältiger Weise sicher anwenden.

In diesem Kapitel können die bereits erworbenen rechnerischen Fähigkeiten wiederholt und gefestigt werden, um die nachfolgenden Kapitel besser zu verstehen und zu beherrschen.

1.1 Grundregeln für das Fachrechnen im Gastgewerbe

Jeder Beschäftigte im Hotel- und Gaststättengewerbe hat mehr oder weniger Umgang mit Menschen und mit Geldbeträgen. Deshalb muss es für jeden Arbeitnehmer selbstverständlich sein, dass er die Anwendung der vier Grundrechenarten im Kopf, schriftlich und mit dem Taschenrechner sicher beherrscht. Jedes Verrechnen vor einem Gast kann einen Ansehensverlust des betreffenden gastronomischen Unternehmens und des gastronomischen Berufsstandes bedeuten.

Allgemeine Grundregeln in Übersicht:

1. Schreiben Sie Ihre Zahlen deutlich, d.h., die Zahlen müssen jederzeit und von jedem zu lesen sein.
2. Setzen Sie geeignete Rechentechniken (Kopfrechnen, schriftliches Rechnen oder das Rechnen mit Taschenrechner bzw. Computer) sinnvoll zur Lösung der Aufgaben ein.

3. Zur Vermeidung grober Rechenfehler sollten Sie das Rechenergebnis durch Schätzung oder Überschlagsrechnung bzw. durch eine zweite Berechnung mit Hilfe des gleichen oder eines anderen Rechenweges überprüfen.

4. Achten Sie bei der Berechnung auf:
   - den Stellenwert der einzelnen Werte,
   - die Bezeichnung der Mengen bzw. der Beträge und
   - die Notwendigkeit der Rundung des ermittelten Ergebnisses.

5. Wird die Aufgabe mit Hilfe eines Taschenrechners gelöst, so ist vor Beginn jeder Aufgabenlösung der Speicherinhalt des Taschenrechners zu löschen. Das kann wie folgt durchgeführt werden:
   - Taste **C** einmal oder die
   - Taste **C/CE** zweimal drücken.

   Wurde der letzte Zahlenwert verkehrt in den Taschenrechner eingegeben, so können wir den zuletzt eingegeben Wert wie folgt löschen (clear):

   Die Taste **C/CE** ist nur einmal zu drücken und anschließend ist der richtige Wert einzutasten. Danach kann mit dem Taschenrechner wie gewohnt weitergearbeitet werden.

Zu den vier Grundrechenarten gehören:

	Grundrechenarten	
Strichrechnen	**Addition** (Zusammenzählen)	**Subtraktion** (Abziehen)
Punktrechnen	**Multiplikation** (Malnehmen)	**Division** (Teilen)

Bezeichnungen innerhalb der Grundrechenarten

Addition	4	+	8	=	12
(addieren/zusammenzählen)	Summand	plus	Summand	gleich	Summe
Subtraktion	12	–	8	=	4
(subtrahieren/abziehen)	Minuend	minus	Subtrahend	gleich	Differenz
Multiplikation	4	·	3	=	12
(multiplizieren/malnehmen)	Faktor	mal	Faktor	gleich	Produkt
Division	12	:	3	=	4
(dividieren/teilen)	Dividend	durch	Divisor	gleich	Quotient

Runden von Rechenergebnissen

Besonders bei der Multiplikation oder Division von Zahlen werden oft mehr Stellen nach dem Komma (besonders bei Verwendung von Taschenrechnern) ermittelt, als es für die Lösung notwendig ist. Wird nur eine bestimmte Anzahl von Stellen nach dem Komma benötigt, so sind die Ergebnisse auf- bzw. abzurunden. Die nachfolgenden Rundungsregeln sind für viele Berechnungen wichtig.

Soll das Rechenergebnis auf einen bestimmten Stellenwert gerundet werden, so richtet man sich nach der nächstfolgenden Ziffer dieses Stellenwertes.

**Bei den Ziffern 0, 1, 2, 3 und 4 wird abgerundet;
bei den Ziffern 5, 6, 7, 8 und 9 wird aufgerundet.**

Beispiele:

Runden auf zwei Stellen nach dem Komma:	123,234567	≈	123,23
	123,235678	≈	123,24
Runden auf volle Tausender:	123456,25	≈	123000
	543810,00	≈	544000

1.2 Addition und Subtraktion

Das sichere Beherrschen der Grundrechenarten Addition und Subtraktion ist eine der wichtigsten Voraussetzungen für jegliche Tätigkeit im Gastgewerbe.

> Magazinverwalter Herr Kern vom Strandhotel »Schöne Aussicht« trägt alle Wareneingänge und Warenentnahmen in Warenfachkarten ein. In einer Warenfachkarte werden alle Zu- und Abgänge (= Bestandsveränderungen) einer bestimmten Ware oder Warengruppe aufgezeichnet. Der Warenendbestand sollte mit dem Ergebnis der Inventur übereinstimmen.
>
> Stimmt der tatsächliche Warenbestand laut Inventur mit den Aufzeichnungen auf der Warenfachkarte nicht überein, sind die Ursachen zu ermitteln, die zu diesen Abweichungen geführt haben. Der Magazinverwalter, Herr Kern, legt dann mit der kaufmännischen Direktorin des Hotels, Frau Best, entsprechende Maßnahmen zur Verhinderung von Inventurdifferenzen fest.
>
> Bei der Warenentnahme aus dem Magazin muss der Warenempfänger den Erhalt der Ware schriftlich auf der Warenfachkartei bestätigen.

Beispiel:

Aus dem Magazin werden 12 Flaschen Sekt der Marke Eurotröpfchen entnommen. Wie hoch ist der Warenbestand nach der Entnahme der 12 Flaschen Sekt?

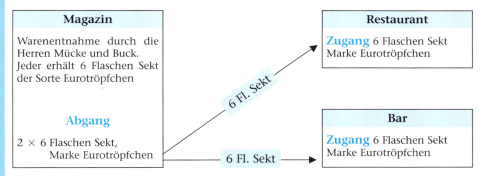

Auszug aus der Warenfachkartei:

Ware: Sekt, Marke Eurotröpfchen			Jahr: 20..	
Datum	Bemerkung	Zugang (+)	Abgang (–)	Bestand
01.12	Anfangsbestand	–	–	80 Fl.
03.12	Buck/Restaurant	–	6 Fl.	74 Fl.
03.12	Mücke/Bar	–	6 Fl.	68 Fl.
04.12.	Lieferung/Firma Kühn	90 Fl.	–	158 Fl.

Lösungsweg:

Der Bestand am 04.12.20.. kann wie folgt geschrieben und berechnet werden:

```
   80 Fl.    Anfangsbestand am 01.12.
−   6 Fl.    Entnahme am 30.12.
−   6 Fl.    Entnahme am 03.12.
+  90 Fl.    Wareneingang / Lieferung am 04.12.
= 158 Fl.    Warenbestand 04.12.
```

Schematische Darstellung

Anfangsbestand	80 Fl.	−	6 Fl. Entnahme	=	**Bestand, neu 74 Fl.**
Bestand	74 Fl.	−	6 Fl. Entnahme	=	**Bestand, neu 68 Fl.**
Bestand	68 Fl.	+	90 Fl. Lieferung	=	**Endbestand 158 Fl.**

Antwort:

Im Magazin befinden sich am 04.12. noch 158 Flaschen Sekt Marke »Eurotröpfchen«.

Nicht nur bei der Führung der Warenfachkartei werden die Grundrechenarten Addition und Subtraktion benötigt, sondern bei vielen Tätigkeiten im täglichen Berufsleben.

1.2.1 Addition

Die Addition ist die wichtigste Rechenart im Gastgewerbe. Sie erfolgt im Kopf, schriftlich oder maschinell.

Zur Vermeidung von schriftlichen Additionsfehlern müssen Sie folgende Regeln beachten:

Bei schriftlicher Rechnung:
- Zahlenwerte stets ihrem Stellenwert entsprechend untereinander schreiben (Komma unter Komma):

  Beispiel: 3,25
             + 4,73
             = 7,98

- Zahlen größer als Tausend sind bei Währungsangaben zu Dreier-Gruppen zusammen zu fassen, die jeweils durch einen Punkt getrennt werden:

  Beispiele: 1.234.123,23 DM; 1.345 DM

- Es dürfen nur Zahlen mit gleichen Einheiten (z.B. 1,530 kg + 2,3 kg = 3,830 kg) addiert werden. Bei unterschiedlichen Teilmengen einer Einheit müssen alle Zahlenwerte auf eine einheitliche (= gleiche) Mengeneinheit umgerechnet werden.

  Beispiele: 1,435 kg + 450 g umwandeln in

  1435 g + 450 g   oder   1,435 kg + 0,450 kg

Kontrollmöglichkeit der Lösung:

1. Möglichkeit: Die Zahlenreihe von **oben nach unten** und von unten nach oben addieren.

   27,34 DM
   + 0,65 DM
   = 27,99 DM

2. Möglichkeit: Überschlagsrechnung im Kopf

   Beispiele:

Aufgabe	Überschlagsrechnung
27,34 DM + 0,65 DM = 27,99 DM	27 DM + 1 DM = 28 DM
2673 + 325 + 5521 + 868 + 9325 = 18 712	3000 + 300 + 6000 + 900 + 9000 = 19 200

3. Möglichkeit:
Rechnen mit dem Taschenrechner
Überprüfung jedes eingetasteten Zahlenwertes mit der Rechneranzeige

➡ • bedeutet Komma; eine 0 vor dem Komma braucht nicht eingetastet werden;
➡ + bedeutet plus;
➡ = bedeutet **gleich/Anzeige des Ergebnisses**.

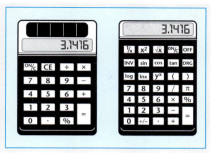

Aufgaben

1. Rechnen Sie im Kopf
   a) 1,5 kg + 1,2 kg + 500 g
   b) 5,8 m + 2,4 m + 3 m + 20,0 m
   c) 0,75 DM + 18,00 DM + 6,25 DM
   d) 0,25 l + 0,75 l + 1,5 l + 5,25 l
   e) 120 cm + 320 cm + 155 cm + 30 cm
   f) 0,6 km + 1,4 km + 550 m + 80 m

2. Ermitteln Sie die Ergebnisse mittels Überschlagsrechnung.
   a) 5,60 + 14,30 + 128,00
   b) 126,00 + 58 + 9,00
   c) 8,75 + 1,65 + 1,20

3. Rechnen Sie folgende Beträge unter Beachtung der Stellenwerte zusammen.
   a) Schreiben Sie die Beträge untereinander
   b) Ermitteln Sie die Summe dieser Beträge
   0,70 DM + 1,50 DM + 25,32 DM + 12,32 DM + 3,50 DM + 15,20 DM + 8,50 DM

4. Rechnen Sie schriftlich und überprüfen Sie das Ergebnis mittels Überschlagsrechnung.

a	b	c	d	e	f	g
123,23 DM	750 g	0,2 l	25 893	254,26 DM	125 258,68	13,2 km
+ 54,84 DM	+ 1,24 kg	+ 0,5 l	+ 1235	+ 246,32 DM	+ 286 248,20	+ 780 m
+ 956,34 DM	+ 3,654 kg	+ 3 l	+ 68 314	+ 24,68 DM	+ 12 856,38	+ 14,8 km
+ 25 Pf	+ 34 g	+ 43,75 l	+ 2300	+ 10,90 DM	+ 286,39	+ 1,45 km
? DM	? kg	? l	?	? DM	?	? km

5. Die Buchhaltung des Strandhotels »Schöne Aussicht« ermittelte für das abgeschlossene Jahr folgende Monatsumsätze:
   Wie hoch ist der
   a) Jahresumsatz?
   b) Umsatz für das 1. Quartal?
   c) Umsatz für das 2. Quartal?
   d) Umsatz für das 3. Quartal?
   e) Umsatz für das 4. Quartal?

   Rechnen Sie zuerst schriftlich und überprüfen Sie das Ergebnis mit dem Taschenrechner.

Monat	Umsatz im Monat (DM)
Januar	314.793,27
Februar	220.379,14
März	240.181,78
April	446.013,22
Mai	881.351,08
Juni	1.003.762,25
Juli	1.327.378,32
August	1.019.861,02
September	807.156,18
Oktober	414.663,02
November	326.231,91
Dezember	423.172,80

6. Familie Vogel war am Sonntag zum Essen im Strandhotel. Sie bekam folgende Rechnung:

Überprüfen Sie die Rechnung
a) mittels Kopfrechnen
b) schriftlich und
c) mit dem Taschenrechner

Menge	Bezeichnung	Betrag in DM
1	Wildschweinbraten mit Spätzle und Preiselbeeren	18,90
2	Schweinefilet mit Champignons und Kroketten	42,80
2	Eisbecher „Finsterwälder-Kirsch"	16,40
1	Erdbeereisbecher	7,20
1	Apfelsaft	2,80
1	Orangensaft	2,80
2	Pilsbier	8,00

1.2.2 Subtraktion

Das Beherrschen der Subtraktion ist besonders wichtig beim Umgang mit Geld. Ein Gast bezahlt seine Rechnung selten passend. Die Differenz zwischen Rechnungsbetrag und dem vom Gast überreichten Geldbetrag muss diesem zurückgegeben werden.

Bei der Subtraktion sollten Sie Folgendes beachten:
- Es gelten die gleichen Schreibregeln wie bei der Addition;
- Zwischen gleichartigen Recheneinheiten kann die Differenz ermittelt werden,
  Beispiele   40 – 11 = 29;   23,00 DM – 17,15 DM = 5,85 DM;
- Minuend und Subtrahend dürfen nicht vertauscht werden;
- Das Minuszeichen steht vor dem Subtrahenden,
  Beispiel   1273
           –   563
           =   710

Kontrolle des Ergebnisses
Die Richtigkeit des Ergebnisses lässt sich durch eine Additionsprobe feststellen:
Zu der Differenz (= Ergebnis) wird der Subtrahend addiert und die Summe ergibt den Minuenden.
Beispiel

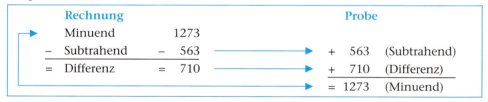

Rechnen mit dem Taschenrechner (TR)

Tastenfolge auf TR	TR-Anzeige
① ② ⑦ ③	1273
−	
⑤ ⑥ ③	563
=	
	710
− bedeutet **minus**	

Müssen bei einer Rechenaufgabe mehrere Zahlen addiert und subtrahiert werden, so kann das Ergebnis wie folgt ermittelt werden:

1 *Grundrechenarten*

1. Zuerst werden alle Summanden zu einer Summe addiert.
2. Alle Subtrahenden sind zu einem Wert zu addieren.
3. Von der Summe der Summanden ist die Summe der Subtrahenden zu subtrahieren.

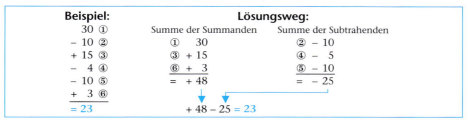

Sind von einer Zahl mehrere Zahlen abzuziehen, so addiert man zunächst die Subtrahenden und ergänzt dann die Differenz zum Minuenden.

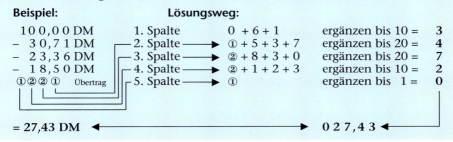

Aufgaben

1. Rechnen Sie im Kopf.
   a) 27 − 23   b) 105 − 35   c) 87 − 33   d) 40 DM − 2,50 DM   e) 12,4 kg − 5,4 kg
   f) 3 kg − 300 g   g) 1 250 − 450   h) 1,8 km − 350 m   i) 30,00 DM − 23,75 DM

2. Üben Sie schriftlich zu rechnen:

a	b	c	d	e
48.463,67 DM	3,25 kg	125,5 kg	31 273,6 km	458 364,87
− 1.378,14 DM	− 600 g	− 85,3 kg	− 29 964,55 km	− 248 714,35
? DM	? kg	? kg	? km	?

3. Rechnen Sie schriftlich und überprüfen Sie anschließend das Ergebnis mit dem Taschenrechner.

a	b	c	d
1.245,25 DM	201 396,57	20,36 kg	546.956,38 DM
− 342,21 DM	− 39 546,38	− 1,265 kg	+ 275.874,08 DM
− 0,57 DM	− 5,47	− 2,893 kg	− 110.254,10 DM
− 92,56 DM	− 83,2	− 250 g	− 93.863,67 DM
− 124,91 DM	− 135 429,39	− 900 g	− 890,83 DM
− 301,84 DM	− 0,25	− 1,750 kg	+ 123.210,85 DM
? DM	?	? kg	? DM

4.

Datum	Bemerkung	Zugang (+)	Abgang (–)	Bestand

Übertragen Sie die Kopfleiste der Lagerkartei auf Ihr Rechenblatt. Ermitteln Sie danach den Lagerbestand in der Lagerfachkartei, indem Sie die einzelnen Warenzu- bzw. -abgänge in Ihr Rechenblatt eintragen.

	a	b	c	d	e	f
Anfangsbestand	70 St	420,5 kg	48,5 l	120,4 kg	20 Fl.	80 kg
Lieferung	24 St	100 kg	48 l	50 kg	48 Fl.	20 kg
Entnahme	48 St	60,65 kg	12,5 l	24,52 kg	18 Fl.	18,8 kg
Entnahme	12 St	130,45 kg	18 l	8,75 kg	13 Fl.	500 g
Lieferung	48 St	150 kg	90 l	10 kg	96 Fl.	15 kg
Entnahme	40 St	200,5 kg	6,5 l	25,55 kg	9 Fl.	800 g
Entnahme	20 St	25,2 kg	24 l	4,75 kg	23 Fl.	15,75 kg

5. Die Auszubildende Bettina Schmitz kauft zum Wochenende folgende Waren ein:

1 Brot   3,69 DM
1 Stück Butter   1,75 DM
500 g Kaffee   6,98 DM
300 g Wurstaufschnitt   3,26 DM

a) Für wie viel DM wurden Nahrungsmittel eingekauft?
   ① 16,58 DM   ② 15,68 DM   ③ 16,08 DM

b) Zum Bezahlen gibt Erika der Kassiererin einen 50-DM-Schein. Wie viel Geld bekommt Erika von der Kassiererin zurück?
   ① 34,32 DM   ② 34,22 DM   ③ 34,13 DM   ④ 33,99 DM

6. Der Gast gibt Ihnen einen Geldschein für das Bezahlen seiner Rechnung. Ermitteln Sie den Differenzbetrag (= Unterschiedsbetrag) zum Rechnungsbetrag.

	a	b	c	d	e	f	g	h
Rechnungsbetrag DM	17,50	48,60	15,30	2,80	23,45	77,10	31,80	22,75
Der Gast gibt Ihnen DM	100,00	200,00	20,00	10,00	30,00	100,00	50,00	40,00
① Sie geben dem Gast zurück	82,50	149,40	3,70	8,20	7,55	21,90	18,20	18,25
② Sie geben dem Gast zurück	80,10	150,40	4,70	7,80	5,55	22,90	19,20	16,25
③ Sie geben dem Gast zurück	81,50	151,40	5,70	7,60	5,35	23,40	18,40	15,75
③ Sie geben dem Gast zurück	79,80	153,40	4,30	7,20	6,55	23,90	19,40	17,25

1.3 Multiplikation, Division und Potenzrechnung

Bei der Überprüfung von Lieferantenrechnungen müssen die Einzelstückpreise mit der Gesamtstückzahl pro Position multipliziert werden um den Gesamtpreis je Lieferposition zu erhalten. Auch bei der Umstellung von Rezepturen benötigen wir die Multiplikation bzw. die Division.

1.3.1 Multiplikation

Die Multiplikation ist neben der Addition die im gastgewerblichen Beruf am meisten angewendete Grundrechenart. Rechnungsbeträge werden vorwiegend durch Kopfrechnen oder schriftlich ermittelt.

1 Grundrechenarten

Schriftliches Rechnen

```
  1 2 7 3  ·  5 6 3
      6 3 6 5
      7 6 3 8
      3 8 1 9
      ① ① ①    Übertrag
  = 7 1 6 6 9 9
```

Kontrolle des Ergebnisses

Das Ergebnis kann kontrolliert werden, indem bei der Kontrollrechnung mit vertauschten Faktoren multipliziert wird.

```
      5 6 3  ·  1 2 7 3
          5 6 3
          1 1 2 6
          3 9 4 1
          1 6 8 9
          ① ① ①    Übertrag
      = 7 1 6 6 9 9
```

Sind **Dezimalzahlen** (= Zahlen mit Kommastellen) schriftlich zu multiplizieren, werden beim Rechnen die Kommas zuerst nicht berücksichtigt. Nachdem das vorläufige Rechenergebnis ermittelt wurde, wird das Komma im Ergebnis eingetragen. Das endgültige Ergebnis weist so viele Stellen nach dem Komma auf, wie die beiden Faktoren zusammen.

Beispiel:
Die Stellen werden beim Ergebnis rechts beginnend abgezählt.

Rechnen mit dem Taschenrechner (TR)

➡ **x** bedeutet malnehmen/multiplizieren

Tastenfolge auf TR	TR-Anzeige
① ② ⑦ ③	1273
☒	
⑤ ⑥ ③	563
═	716699

Bei der Multiplikation können die Faktoren vertauscht werden.

Aufgaben

1. Rechnen Sie im Kopf.

a) 7 · 8   b) 21 · 8   c) 150 · 6   d) 130 · 8
   6 · 7   15 · 5   240 · 5   440 · 4
   5 · 9   12 · 6   380 · 7   810 · 3

2. Ermitteln Sie schriftlich das Ergebnis.

a) 35 · 17   b) 273 · 24   c) 3931 · 151   d) 13 975 · 31
   17 · 86   738 · 68   1456 · 2729   25 817 · 493
   96 · 18   492 · 81   7192 · 6532   41 959 · 1432

3. Ermitteln Sie das Ergebnis schriftlich und überprüfen Sie es mit dem Taschenrechner.

a) 18 · 23,6   b) 25,7 · 315,7   c) 1,37 · 2,173
   47 · 38,65   142,35 · 87,69   4,19 · 0,972
   191 · 96,75   572,83 · 91,33   10,7 · 0,089

4. Bei der Inventur wurden unter anderem folgende Bestände an Weinflaschen gezählt:

Position	Menge	Mengen-einheit	Warenbezeichnung	Einkaufpreis DM je Einheit
1	87	Flaschen	Liebmännerherz	1,99 DM
2	63	Flaschen	Schlummertrunk, süß	2,29 DM
3	78	Flaschen	Schatzsucher, herb	5,99 DM
4	54	Flaschen	Traubenrebe, trocken	5,49 DM
5	91	Flaschen	Süße Traue	2,99 DM
6	15	Flaschen	Sonnenschein	10,69 DM

Ermitteln Sie
a) den Bestand an Weinflaschen,
b) den Warenwert je Position,
c) den Gesamtwert des Weinbestandes.

5. Der Küchenchef vom Strandhotel, Herr Frei, bestellt bei einem Gemüse-Großhandel folgende Waren:

17 Köpfe Blumenkohl   je Kopf   1,99 DM
15 kg Rotkohl   je kg   0,95 DM
25 kg Möhren   je kg   0,82 DM
18 kg Tomaten   je kg   2,35 DM
 2 Kisten Kopfsalat   je Kiste   5,75 DM
 1 Kiste Spinat   je Kiste 12,10 DM
12 kg Äpfel   je kg   3,17 DM
 8 kg Weintrauben   je kg   5,19 DM

Wie lautet der Rechnungsbetrag?

6. Für ein rohes Schweineschnitzel gehen wir von 190 g aus. Wie viel Fleisch sind vom Küchenchef zu bestellen, wenn
a) 28
b) 43
c) 60
d) 75 Gäste zu erwarten sind?

1.3.2 Division

Die Division wird u.a. für die Preiskalkulation benötigt. Hierbei müssen die bekannten Kilogramm-Preise einer Ware umgerechnet werden auf einen Teilpreis von einem Kilogramm (z.B. auf 160 g Schweinefleisch).
Die Division (= Teilen) kann als die Umkehrung der Multiplikation verstanden werden.

Schriftliches Rechnen

```
3 6 2 5 : 2 5 = 1 4 5
2 5
1 1 2
1 0 0
    1 2 5
    1 2 5
          0
```

Kontrolle des Ergebnisses

Das Ergebnis kann kontrolliert werden, indem eine Multiplikation mit dem Quotienten (= Ergebnis) und dem Divisor erfolgt (Multiplikationsprobe)

```
1 4 5 · 2 5
    2 9 0
      7 2 5
    3 6 2 5
```

1 Grundrechenarten

Der Divisor muss eine ganze Zahl (= ohne Kommastellen) sein.
Ist der Divisor eine Dezimalzahl (= Zahl mit Kommastellen), so müssen Dividend und Divisor so oft mit der Zahl 10 multipliziert werden, bis der Divisor keine Dezimalzahl mehr ist.

Beispiel:

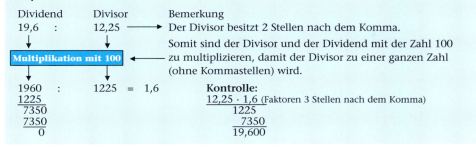

Rechnen mit dem Taschenrechner (TR)

➡ : bedeutet
teilen\dividieren

- Bei der Division dürfen Dividend und Divisor nicht vertauscht werden.
- Besitzt der Divisor den Wert 1, so ist das Ergebnis der Wert des Dividenden.
- Ist der Dividend 0, so ist auch der Wert des Ergebnisses gleich 0.
- Beträgt der Wert des Divisors 0, so ist eine Division unmöglich.
- Bei der schriftlichen Division ist mit der höchsten Stelle des Divisors zu beginnen.

Aufgaben

1. Rechnen Sie im Kopf.
   a) 12 : 6   b) 36 : 12   c) 45 : 3
      48 : 2   90 : 15   45 : 9
      96 : 3   150 : 30   240 : 12

2. Rechnen Sie ohne Taschenrechner.
   a) 1981 : 7   b) 64 620 : 45   c) 3 375 : 135
      1383 : 3   6 228 : 36   11 086 : 482
      1460 : 4   53 144 : 91   13 622 : 973

3. Üben Sie mit dem Taschenrechner
   a)   949 : 73   b) 426   : 12   c) 8185 : 3274
       21 386 : 17   700,7 : 49   6500 : 8125
      193 596 : 34   1377   : 81   7506 : 5004

4. Rechnen Sie schriftlich und runden Sie das Ergebnis auf zwei Stellen nach dem Komma.
   a)   4256   : 2,35   b) 802,634 : 12,3648   c)   12,358 :   5,236
   d) 265,28   : 25,84   e) 2457,32 : 534,267   f)   458,62 :   24,368
   g)   10,2047 : 3,27   h)   0,2356 : 0,025846 i)   12358 : 2458,6589

5. Aus einem Stück Rinderbraten, das nach dem Braten 3,450 kg wiegt, sollen Portionen zu je 150 g geschnitten werden.

Lassen sich daraus: ① 21 Stück
② 23 Stück oder
③ 25 Stück schneiden?

6. Wie viel Liter Kaffee kann ein Gastwirt aus den Inhalt einer Kaffee-Dose kochen, wenn die Dose 2,5 kg Kaffeepulver enthält und für einen Liter Kaffee 45 g Kaffeepulver benötigt werden.

Sind es: ① 51 l
② 53 l oder
③ 55 l?

7. Wie viel Gläser können aus einem 100-l-Fass Bier ausgeschenkt werden, wenn Gläser verwendet werden mit

a) 0,5 l   ① 150 Gläser   ② 200 Gläser   ③ 250 Gläser?
b) 0,3 l   ① 333 Gläser   ② 363 Gläser   ③ 343 Gläser?
c) 0,25 l ① 400 Gläser   ② 410 Gläser   ③ 420 Gläser?
d) 0,2 l   ① 400 Gläser   ② 450 Gläser   ③ 500 Gläser?

1.3.3 Potenzen

Bei der Berechnung von Volumen oder Flächen wird oft die Potenzrechnung angewendet. Die Potenzrechnung ist eine besondere Form der Multiplikation. Tritt ein und dieselbe Zahl mehrmals als Faktor auf, so ist die Potenzschreibweise anzuwenden.

Beispiel: $5 \cdot 5 = 5^2 = 25$

$$\text{Basis}^{\text{Exponent}} = \text{Wert der Potenz}$$

Dabei bezeichnen wir die Zahl 5 als Basis (= Grundzahl) und die 2 als Exponent (= Hochzahl). Der Exponent gibt an, wie oft die Basis als Faktor zu setzen ist.

Hat die Basiszahl den Exponenten 2, spricht man von quadrieren (z.B. 5 zum Quadrat). Werden bei der Berechnung Mengeneinheiten verwendet, so werden diese ebenfalls potenziert (z.B. 5 m · 5 m = 25 m² = 25 Quadratmeter).

Aufgaben

1. a) 3^2 b) $8^2 + 3^2$ c) $10\ m^2 - 5\ m^2$
       5^2 $2^2 + 4^2$ $158\ m^2 - 33\ m^2$
       10^2 $7^2 + 2^2$ $12\ m^2 + 2,44\ m^2$

2. a) $8\ m^2 - 6\ m^2$ b) $3\ km + 6\ km - 4\ km$ c) $4\ m \cdot 24\ m$
       d) $12\ m \cdot 3\ m$ e) $5\ cm \cdot 9\ cm$ f) $12\ m \cdot 12\ m$
       g) $20\ m \cdot 0,5\ m$ h) $80\ cm \cdot 60\ cm$ i) $0,6\ m \cdot 90\ cm$

1.4 Rechnen mit Klammerwerten (Kettenrechnung)

Viele Formeln enthalten Klammerausdrücke. Soll mit diesen Formeln gerechnet werden, so sind sie oft umzustellen bzw. es müssen Zahlenwerte in die Formel eingesetzt werden. Um zum richtigen Ergebnis zu gelangen, müssen die einzelnen Klammerwerte in der richtigen Reihenfolge aufgelöst werden.

Kommen in einer Aufgabe verschiedene Grundrechenarten vor, gilt folgender Grundsatz:

> **Punktrechnung (·; :) geht vor Strichrechnung (+; –)**

Bevor addiert oder subtrahiert wird, muss zuerst multipliziert bzw. dividiert werden. Stehen Rechenwerte in Klammern, so sind zuerst diese zu berechnen. Erst nach der Berechnung der Klammerwerte sind die anderen Rechenoperationen durchzuführen. Auch für die in der Klammer stehenden Zahlenwerte gilt: Punktrechnung geht vor Strichrechnung.

Beispiele:

$$11 \cdot 8 + 13 = 88 + 13 = 101$$

$$45 - 48 : 4 = 45 - 12 = 33$$

$$(17 - 2) : (2 + 3) = 15 : 5 = 3$$

Aufgaben

1.
a) $35 + 70 + 55 + 6 + 8$
b) $17 - 13 + 64 - 30 - 15$
c) $1{,}5 \text{ km} + 136{,}7 \text{ km} - 84{,}3 \text{ km}$
d) $6530 - 2415 - 78 + 400$
e) $1650 \text{ kJ} + 805 \text{ kJ} + 1145 \text{ kJ} + 1370 \text{ kJ}$
f) $(4 \text{ cl} + 2 \text{ cl} + 3 \text{ cl}) \cdot 6$
g) $470 - 16 \cdot 3 + 120$
h) $48 : 6 + 10 - 7$
i) $25 \cdot 4 + 72 : 8$
j) $(19 - 7) \cdot 5 - 2 \cdot 7$

2.
a) $(240 : 12 + 46) : 11$
b) $((24 + 16) \cdot 4 + 50) : 3$
c) $5 \cdot (46 - 16) + 1507$
d) $((24 - 13) \cdot (32 - 25)) : 11$
e) $((15 + 7) \cdot 3 - 2 \cdot 12) : 4$
f) $2 \text{ m} \cdot 12 \text{ m} + 50 \text{ m}^2$

3.
a) $(63 : 9 + 35) \cdot 3$
b) $320 : 8 - 35 \cdot (7 + 13)$
c) $9 \cdot (5 + 3) + 18$
d) $(95 + 25) : 20 - 3$

Gemischte Wiederholungsaufgaben

In den meisten Betrieben des Gastgewerbes erhalten die Gäste maschinell ausgestellte Rechnungen über den Verzehr von Speisen und Getränken. Sollte es dennoch vorkommen, dass durch einen technischen Defekt an der Registrierkasse oder durch Stromausfall die Gästerechnungen manuell ausgefertigt werden müssen, sind Kopf- und schriftliches Rechnen gefragt. Dabei sind oft Einzelpreise mit einer Stückzahl zu multiplizieren.

Strandhotel Schöne Aussicht

Rechnung	Datum:	..–09–27
Bezeichnung	Einzelpreis	Gesamt
2 Cola 0,3	2,50	5,00
3 Spezi 0,3	2,50	7,50
2 Eiskaffee	3,90	7,80
3 Erdbeereis	6,20	18,60
Summe incl. 16 % MWSt.		39,90

1. Nehmen Sie sich eine Speisen-/Getränkekarte zur Hand. Suchen Sie aus dieser Karte mehrere Getränke/Speisen heraus und schreiben Sie bzw. Ihre Mitschüler diese Angaben auf. Ordnen Sie den einzelnen aufgeschriebenen Speisen und Getränken unterschiedliche Zahlen von 1 bis 10 zu.

   Im Anschluss stellen Sie aufgrund dieser Angaben eine Rechnung auf und ermitteln den zu zahlenden Betrag:

   a) mittels Kopfrechnen und

   b) mit einem Taschenrechner.

2. Für eine Lieferung von 180 Flaschen Mineralwasser sind 142,20 DM zu bezahlen. Wie viel DM kostet eine Flasche?

3. Runden Sie auf die bei den jeweiligen Maßeinheiten gebräuchlichen Stellen nach dem Komma auf:

   a) 23,8596 DM   d) 14,2765 cm

   b) 65,23346 kg   e) 1,2381 DM

   c) 3,254987 km   f) 1765,5 kJ

4. Auf Bierfässern ist der Inhalt durch das Eichamt bestätigt. Die Angaben lauten:
   Fass A 35,8 l; Fass B 94,4 l; Fass C 48,1 l

   a) Wie viel Gläser mit 0,3 l (0,4 l) können ohne Berücksichtigung von Schankverlust gezapft werden?

   b) Wie hoch sind die Umsätze dafür, wenn der Gast für ein Glas Bier mit einem Inhalt von 0,3 l (0,4 l) 3,00 DM (3,80 DM) bezahlen muss?

5. Eine Kassenüberprüfung ergibt folgende Werte:
   Einnahmen   17.341,87 DM
   Ausgaben   16.653,59 DM

   Wie hoch ist das Kassendifferenz, wenn der Kassenbestand 687,26 DM beträgt?

6. Eine Packung gefrorenes Hähnchenbrustfilet wiegt 2,5 kg und kostet 28,95 DM netto.

   a) Wie viel Stück Hähnchenbrustfilet enthält diese Packung, wenn ein Hähnchenfilet 130 g wiegt?

   b) Was kostet ein Hähnchenbrustfilet mit einem Gewicht von 130 g?

1 Grundrechenarten

7. Der Bierabsatz des Restaurants im Strandhotel betrug in einem Monat insgesamt 35 hl. Es wurden 5135 Gläser mit 0,2 l und 4267 Gläser mit 0,3 l von der Sorte »Hell« verkauft.
   a) Wie viel Gläser mit 0,5 l von der Sorte »Hell« wurden verkauft?
   b) Wie hoch sind die Einnahmen, wenn der Gast
      für ein Glas mit 0,2 l Inhalt 2,50 DM,
      für ein Glas mit 0,3 l Inhalt 3,50 DM und
      für 0,5 Liter 4,20 DM bezahlen muss?

8. Zu einer Feier werden 84 Gäste erwartet. Jeder ankommende Gast kann zur Begrüßung ein Glas Schaumwein bekommen. Wie viel 1/1 Flaschen Schaumwein müssen bereitgestellt werden, wenn

   a) jeder Gast   ① 7 Flaschen   ② 9 Flaschen   ③ 11 Flaschen
   b) jeder 2. Gast   ① 5 Flaschen   ② 7 Flaschen   ③ 9 Flaschen
   c) jeder 3. Gast   ① 2 Flaschen   ② 3 Flaschen   ③ 4 Flaschen
   ein Glas (0,1 l) Schaumwein trinken möchte.

9. Das Strandhotel erhält folgende Materialien geliefert:
   15,5 kg Schweineleber   zu   0,97 DM je kg/ DM-Betrag
   3,6 kg Schweinenieren   zu   1,98 DM je kg/ DM-Betrag
   10,6 kg Schweineschulter   zu   3,95 DM je kg/ DM-Betrag
   23,3 kg Roastbeef (gefroren)   zu 10,90 DM je kg/ DM-Betrag
   a) Wie viel kg beträgt das Gesamtgewicht der Lieferung?
      ① 48 kg,
      ② 53 kg oder
      ③ 58 kg
   b) Wie hoch ist der Gesamtwert der Warenlieferung?
      ① 293,19 DM,
      ② 307,82 DM oder
      ③ 318,01 DM

10. Das Schwimmbecken des Strandhotels fasst 33 000 l Wasser. Es kann in 21 Stunden gefüllt werden, wenn stündlich 1500 l eingelassen werden.
   In welcher Zeit kann das Schwimmbecken gefüllt werden, wenn in das Becken 6000 l weniger Wasser eingelassen wird.
   Sind es   ① 16,5 Std,
                ② 18,0 Std oder
                ③ 19,5 Std?

2 Bruchrechnen

Frau Braun, Patissier im Strandhotel »Schöne Aussicht«, kann aus 40 Kuchenrezepturen mehr als 110 unterschiedlich aussehende Torten fertigen.

In vielen Rezepturen findet Frau Braun unter anderem Mengenangaben, wie $\frac{1}{2}$ kg Mehl, $\frac{3}{4}$ l Milch oder $\frac{1}{8}$ l Rum. Die Mengenangaben der Rezeptur beziehen sich immer auf ein Produkt (z.B. eine Torte oder ein Kuchenblech). Es kommt nicht selten vor, dass Frau Braun statt einer vier gleiche Torten anfertigen soll. Um die gewünschten vier Torten herzustellen, benötigt sie die vierfache Menge von den angegebenen Rezepturmengen. Frau Braun muss z.B. statt $\frac{3}{4}$ l Milch die vierfache Milchmenge verwenden.

Die Begriffe aus der Bruchrechnung, wie $2\frac{1}{2}$ l Bier oder $\frac{1}{4}$ Torte, werden oft von Gästen verwendet. In alten Backrezepturen sind Mengenangaben in Brüchen zu finden. Diese Angaben müssen umgerechnet werden, damit eine bestimmte Warenmenge hergestellt werden kann.

2.1 Grundlagen der Bruchrechnung

Viele Gäste bestellen ihre Getränke nicht in Dezimalwerten (0,25 l, 0,5 l), sondern sagen: »Ich möchte $\frac{1}{4}$ l oder $\frac{1}{2}$ l Bier«. Der Gast würde sich sehr wundern, wenn er statt eines kleinen Glases ($\frac{1}{4}$ l) ein großes Glas ($\frac{1}{2}$ l) mit seinem gewünschtem Getränk erhält, obwohl er keinen großen Durst hat. Vor allem ältere Gäste benutzen oft die Begriffe $\frac{1}{4}$, $\frac{1}{2}$ oder $\frac{3}{4}$.

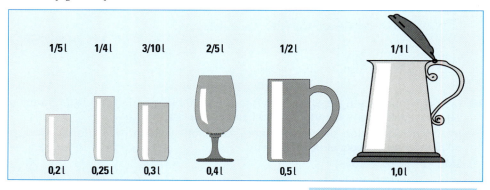

Ein Teil eines Ganzen wird als »Bruch« bezeichnet.

$$\text{Bruch} = \frac{\text{Zähler}}{\text{Nenner}} = \frac{1}{2}$$

Die Brüche werden unterteilt in:

a) **Echte Brüche**

Ein echter Bruch liegt vor, wenn der Zähler kleiner als der Nenner ist, z.B. $\frac{1}{4}$, $\frac{3}{4}$, $\frac{9}{10}$.

b) **Unechte Brüche**

Hierbei ist der Zähler größer als der Nenner, z.B. $\frac{5}{4}$, $\frac{3}{2}$, $\frac{9}{4}$.

Die unechten Brüche lassen sich in gemischte Zahlen verwandeln.

$$\frac{4}{4} + \frac{1}{4} = \frac{5}{4}$$

$$1 + \frac{1}{4} = 1\frac{1}{4}$$

2 Bruchrechnen

Beispiel:

Die Brüche $\frac{5}{4}, \frac{3}{2}, \frac{9}{4}$ sind in gemischte Zahlen umzuwandeln.

Lösungsweg:

$\frac{5}{4} = 1\frac{1}{4}$ $\frac{3}{2} = 1\frac{1}{2}$ $\frac{9}{4} = 2\frac{1}{4}$.

c) **Gleichnamige Brüche**
   Diese Brüche besitzen den gleichen Nenner, z.B. $\frac{1}{3}, \frac{2}{3}, \frac{7}{3}$.

d) **Ungleichnamige Brüche**
   Sie besitzen verschiedene Nenner, z.B. $\frac{1}{3}, \frac{6}{7}, \frac{5}{9}$.

e) **Gemischte Zahlen**
   Sie bestehen aus einer ganzen Zahl und einem Bruch, z.B. $5\frac{3}{4}$, und können wie folgt in unechte Brüche umgewandelt werden.

Beispiel:

Die gemischte Zahl $5\frac{3}{4}$ soll in einem unechten Bruch umgewandelt werden.

Lösungsweg:

1. Die ganze Zahl 5 wird in $\frac{20}{4}$ umgewandelt

2. Zum Bruch $\frac{20}{4}$ sind noch $\frac{3}{4}$ zu addieren. $5\frac{3}{4} = \frac{20}{4} + \frac{3}{4} = \frac{23}{4}$.

Antwort:

Der unechte Bruch hat den Wert $\frac{23}{4}$.

Kürzen und Erweitern von Brüchen

Beim Rechnen mit Brüchen ist es oft erforderlich, dass die Brüche erweitert bzw. gekürzt werden müssen, um ein sinnvolles Rechenergebnis zu erhalten.
Der Wert eines Bruches ändert sich durch das Kürzen oder durch das Erweitern nicht.

a) **Kürzen von Brüchen**
   Der Zähler und der Nenner des Bruches sind durch die gleiche Zahl zu teilen.

Beispiel:

Der Bruch $\frac{12}{24}$ soll gekürzt werden.

Lösungsweg:

$\frac{12}{24} = \frac{12:2}{24:2} = \frac{6}{12}$ (gekürzt durch 2) oder

$\frac{12}{24} = \frac{12:3}{24:3} = \frac{4}{8}$ (gekürzt durch 3) oder

$\frac{12}{24} = \frac{12:4}{24:4} = \frac{3}{6}$ (gekürzt durch 4) oder

$\frac{12}{24} = \frac{12:6}{24:6} = \frac{2}{4}$ (gekürzt durch 6) oder

$\frac{12}{24} = \frac{12:12}{24:12} = \frac{1}{2}$ (gekürzt durch 12).

Antwort:

Durch die Kürzung des Bruches erhalten wir folgende Werte: $\frac{6}{12}, \frac{4}{8}, \frac{3}{6}, \frac{2}{4}$ oder $\frac{1}{2}$.

b) Erweitern von Brüchen

Der Zähler und der Nenner des Bruches wird hierbei mit der gleichen Zahl multipliziert.

Beispiel:

Der Bruch $\frac{2}{3}$ soll erweitert werden.

Lösungsweg:

$\frac{2}{3} = \frac{2 \cdot 2}{3 \cdot 2} = \frac{4}{6}$ (erweitert mit 2) oder

$\frac{2}{3} = \frac{2 \cdot 3}{3 \cdot 3} = \frac{6}{9}$ (erweitert mit 3) oder

$\frac{2}{3} = \frac{2 \cdot 4}{3 \cdot 4} = \frac{8}{12}$ (erweitert mit 4).

Antwort:

Der erweiterte Bruch kann die Werte $\frac{4}{6}$; $\frac{6}{9}$ oder $\frac{8}{12}$ haben.

Brüche lassen sich auch in Dezimalbrüchen (= Dezimalzahlen) darstellen, z.B.

Bruch	$\frac{1}{2}$	$\frac{1}{4}$	$\frac{1}{5}$	$\frac{3}{5}$	$\frac{1}{10}$
Dezimalbruch	0,5	0,25	0,2	0,6	0,1

Nicht in jedem Fall ist es sinnvoll den Zahlenwert in einem Dezimalbruch darzustellen, z.B. $\frac{1}{3}$ in 0,33333333333333.

Für eine Rezeptur wird oft nur ein Teil der Einkaufsmenge bzw. Verpackungseinheit benötigt. Durch das Beherrschen der Bruchrechnung lassen sich Vorteile beim Abwiegen erzielen, z.B. beim Teilen/Abwiegen von Butter, wenn die Verpackungseinheit ein Gewicht von 250 g besitzt.

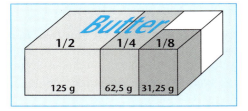

Auch in der Bruchrechnung gilt wie bei den Grundrechenarten der Grundsatz: Punktrechnung (·; :) geht vor Strichrechnung (+; –).

2.2 Rechnen mit Brüchen

In der Praxis kommt es noch oft vor, dass nur ein Teil oder ein Vielfaches der Mengen benötigt wird, die in der Rezeptur angegeben sind. Besonders bei vielen alten Hausrezepten für die Speisezubereitung sind die Mengenangaben in Bruchwerten angegeben.

Bei der Speisezubereitung ist es immer wichtig, dass die in der Rezeptur angegebene Menge auf die zu bewirtende Personenzahl umgerechnet wird. Ohne Umrechnung würde ein Teil der Speise übrig bleiben oder einige Gäste würden nichts erhalten.

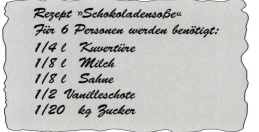

2.2.1 Addition und Subtraktion von Brüchen

Gleichnamige Brüche (= Brüche mit gleichen Nennern) werden addiert/subtrahiert, indem die Zähler der Brüche addiert/subtrahiert werden und man den Nenner beibehält. Wenn es möglich ist, sollten die Ergebnisse gekürzt werden.

Beispiel:

Die gleichnamigen Brüche $\frac{3}{6}, \frac{2}{6}$ und $\frac{4}{6}$ sollen addiert werden.

Lösungsweg:

$$\frac{3}{6} + \frac{2}{6} + \frac{4}{6} = \frac{3+2+4}{6} = \frac{9}{6} = 1\frac{3}{6} = 1\frac{1}{2}$$

Antwort:

Das Ergebnis lautet $1\frac{1}{2}$.

Beispiel:

Vom Bruch $\frac{19}{24}$ sollten die Brüche $\frac{6}{24}$ und $\frac{8}{24}$ subtrahiert werden.

Lösungsweg:

$$\frac{19}{24} - \frac{6}{24} - \frac{8}{24} = \frac{19-6-8}{24} = \frac{5}{24}$$

Antwort:

Durch die Subtraktion erhalten wir $\frac{5}{24}$.

Ungleichnamige Brüche (= Brüche mit verschiedenen Nennern) werden addiert/subtrahiert, indem zunächst alle Brüche gleichnamig (= auf einen gleichen Hauptnenner) erweitert und dann addiert/subtrahiert werden.
Als Hauptnenner mehrerer Brüche kann man stets das Produkt der Nenner verwenden.

Beispiel:

Die Brüche $\frac{1}{2}, \frac{2}{3}$ und $\frac{3}{5}$ sind zu addieren.

Lösungsweg:

$\frac{1}{2} + \frac{2}{3} + \frac{3}{5} = ?$ ⟶ (Der Hauptnenner ist hier $2 \cdot 3 \cdot 5 = 30$. (Der Nenner 2 ist 15-mal, die 3 ist 10-mal und die 5 ist 6-mal im Hauptnenner enthalten; Zähler und Nenner des Bruches müssen mit derselben Zahl erweitert werden.)) ⟶ $\frac{15+20+18}{30} = \frac{53}{30} = 1\frac{23}{30}$

Antwort:

Das Ergebnis hat den Wert $1\frac{23}{30}$.

Aufgaben

1. Kürzen Sie folgende Brüche:
$\frac{175}{25}$, $\frac{42}{72}$, $\frac{576}{832}$, $\frac{16}{64}$, $\frac{27 \cdot 45 \cdot 42 \cdot 3 \cdot 64}{15 \cdot 3 \cdot 21 \cdot 6 \cdot 16}$

2. Addieren Sie folgende Brüche.
   a) $\frac{3}{5} + \frac{2}{5} + \frac{7}{5} + \frac{15}{5} + \frac{1}{5}$
   b) $\frac{26}{3} + \frac{2}{3} + \frac{12}{3} + \frac{6}{3}$
   c) $\frac{12}{30} + \frac{4}{30} + \frac{13}{30} + \frac{17}{30}$
   d) $\frac{5}{17} + \frac{3}{17} + \frac{11}{17} + \frac{1}{17}$

3. Subtrahieren Sie die Brüche.
   a) $\frac{26}{3} - \frac{2}{3} - \frac{12}{3} - \frac{6}{3}$
   b) $\frac{59}{60} - \frac{23}{60} - \frac{17}{60} - \frac{31}{60}$
   c) $\frac{125}{9} - \frac{13}{9} - \frac{150}{9} - \frac{1}{9}$
   d) $\frac{253}{310} - \frac{73}{310} - \frac{42}{310} - \frac{67}{310}$

4. Berechnen Sie die Summe.
   a) $\frac{3}{4} + \frac{1}{2} - \frac{10}{3} + \frac{25}{4} + \frac{13}{2} - \frac{7}{4}$
   b) $-\frac{4}{3} + \frac{20}{6} + \frac{3}{2} - \frac{2}{12} + \frac{1}{3}$
   c) $3\frac{1}{3} + 12\frac{5}{6} + 10\frac{1}{2} - 5\frac{2}{3} - 5\frac{1}{2}$
   d) $2\frac{7}{10} - 1\frac{2}{5} + \frac{23}{30} - \frac{4}{15}$

2.2.2 Multiplikation und Division von Brüchen

Multiplikation

Ein Bruch wird mit einer ganzen Zahl multipliziert, indem der Zähler des Bruches mit dieser Zahl multipliziert wird.

Beispiel:

Der Bruch $\frac{7}{9}$ soll mit 5 multipliziert werden.

Lösungsweg:

$\frac{7}{9} \cdot 5 = \frac{7 \cdot 5}{9} = \frac{35}{9} = 3\frac{8}{9}$

Antwort:

Das Ergebnis lautet $3\frac{8}{9}$.

Bei der Multiplikation eines Bruches mit einem Bruch ist der Zähler mit dem Zähler und der Nenner mit dem Nenner zu multiplizieren. Gemischte Zahlen sind vorher in unechte Brüche umzuwandeln.

Beispiel 1:

Der Wert $3\frac{3}{5}$ ist mit dem Bruch $\frac{1}{2}$ zu multiplizieren.

Lösungsweg:

1. Schritt: Die gemischte Zahl wird in einen unechten Bruch umgewandelt.
$3\frac{3}{5}$ wird umgewandelt in $\frac{18}{5}$.

2. Schritt: Durchführung der Multiplikation und Kürzen des Ergebnisses.
$$\frac{18}{5} \cdot \frac{1}{2} = \frac{18 \cdot 1}{5 \cdot 2} = \frac{18}{10} = 1\frac{8}{10} = 1\frac{4}{5}$$

Antwort:

Durch die Multiplikation erhalten wir den Wert $1\frac{4}{5}$.

Beispiel 2:

In unserer Ausgangssituation benötigt Frau Braun für eine Torte $\frac{3}{4}$ l Milch. Da sie gleichzeitig vier Torten herstellen muss, multipliziert sie $\frac{3}{4}$ l mit 4.

Lösungsweg:

$$\frac{3}{4} \cdot 4 = \frac{3 \cdot 4}{4} = \frac{12}{4} = 3$$

Antwort:

Frau Braun benötigt 3 l Milch zur Herstellung der vier Torten.

Division

Eine ganze Zahl wird durch einen Bruch dividiert, indem die ganze Zahl mit dem Kehrwert des Bruches multipliziert wird.

Den Kehrwert eines Bruches erhält man, wenn man den Nenner mit dem Zähler des Bruches vertauscht.

Beispiel:

Die Zahl 7 soll durch den Bruch $\frac{2}{3}$ dividiert werden.

Lösungsweg:

1. Schritt: Vom Bruch $\frac{2}{3}$ wird der Kehrwert gebildet.

Zähler mit Nenner tauschen

$\frac{2}{3}$ ⟶ $\frac{3}{2}$ Der Kehrwert von $\frac{2}{3}$ ist gleich $\frac{3}{2}$.

2. Schritt: Die Zahl 7 wird mit dem Kehrwert $\left(\frac{3}{2}\right)$ multipliziert.

$$7 \cdot \frac{3}{2} = \frac{7 \cdot 3}{2} = \frac{21}{2} = 10\frac{1}{2}$$

Antwort:

Das Ergebnis lautet $10\frac{1}{2}$.

Ein Bruch wird durch eine ganze Zahl dividiert, indem der Nenner mit der ganzen Zahl multipliziert wird.

Beispiel:

Der Bruch $\frac{3}{7}$ soll durch die Zahl 5 dividiert werden.

Lösungsweg:

$$\frac{3}{7} : 5 = \frac{3}{7 \cdot 5} = \frac{3}{35}$$

Antwort:

Durch die Division erhalten wir den Wert $\frac{3}{35}$.

Ist ein Bruch durch einen Bruch zu dividieren, so ist der Dividend mit dem Kehrwert des Divisors zu multiplizieren.

Beispiel:

Der Bruch $\frac{4}{3}$ ist durch den Bruch $\frac{5}{6}$ zu dividieren.

Lösungsweg:

1. Schritt: Bildung des Kehrwertes

Der Kehrwert von $\frac{5}{6}$ ist $\frac{6}{5}$.

2. Schritt: Der Dividend wird mit dem Kehrwert des Divisors multipliziert.

$$\frac{4}{3} \cdot \frac{6}{5} = \frac{4 \cdot 6}{3 \cdot 5} = \frac{24}{15} = \frac{8}{5} = 1\frac{3}{5}$$

Antwort:

Das Ergebnis lautet $1\frac{3}{5}$.

Aufgaben

1. a) $\frac{5}{6} \cdot \frac{3}{4}$ b) $\frac{7}{15} \cdot \frac{1}{3}$ c) $\frac{9}{10} \cdot \frac{4}{5}$ d) $\frac{1}{3} \cdot \frac{1}{2} \cdot \frac{1}{4}$

   e) $\frac{4}{5} \cdot 1\frac{1}{2} \cdot \frac{1}{3}$ f) $2\frac{1}{2} \cdot 1\frac{2}{3} \cdot 4\frac{3}{5}$ g) $\frac{8}{3} \cdot 2\frac{1}{2} \cdot \frac{5}{4}$

2. a) $\frac{8}{9} : \frac{4}{6}$ b) $\frac{15}{21} : \frac{5}{7}$ c) $4\frac{3}{4} : 4$ d) $5 : \frac{2}{3}$

   e) $14 : \frac{7}{9}$ f) $25\frac{1}{2} : 5\frac{3}{4}$ g) $\frac{4}{9} : \frac{2}{3} : \frac{2}{5}$

Gemischte Wiederholungsaufgaben

1. Fragen Sie zu Hause nach alten Koch- oder Backrezepten und schreiben Sie die Mengenangaben nach Möglichkeit in der Bruchschreibweise (z.B. $\frac{1}{2}$ kg, $\frac{1}{4}$ l) auf.
   Stellen Sie diese Rezepte für folgende Personenzahlen um:
   a) eine Person,
   b) zwei Personen,
   c) fünf Personen und
   d) sechs Personen.
   Wenn Sie die Möglichkeit haben, laden Sie Gäste ein und bewirten diese, indem Sie die Rezepturen entsprechend der Personenzahl umstellen.

2. Zur Verschönerung legt das Strandhotel »Schöne Aussicht« seine Korridore mit Teppichboden aus. Die Korridore haben folgende Längen:
   $7\frac{1}{2}$ m, $9\frac{3}{4}$ m, $14\frac{1}{4}$ m, $18\frac{2}{3}$ m und $12\frac{1}{2}$ m.
   a) Wie viel Meter werden benötigt?
   b) Auf einer Rolle, die die Firma zum Auslegen mitbringt, befinden sich 100 m. Wie viel Meter bleiben noch auf der Rolle?

2 Bruchrechnen

3. Für 10 Stückchen Orangenkuchen werden u.a. folgende Zutaten benötigt:
$\frac{1}{8}$ kg Butter, $\frac{1}{8}$ kg Zucker, 2 Eier, $2\frac{1}{2}$ Teelöffel Backpulver, $\frac{1}{2}$ Teelöffel Orangenschalenaroma, $\frac{1}{4}$ kg Mehl, $\frac{1}{8}$ l Orangensaft und $\frac{1}{2}$ Teelöffel Süßstoff.
Berechnen Sie die Zutaten für 60 Stückchen Orangenkuchen.

4. Herr Groß, Commis d'étage im Strandhotel »Schöne Aussicht«, arbeitete wie folgt:
Montag $\qquad$ $8\frac{3}{4}$ Std
Dienstag und Mittwoch $\quad$ frei
Donnerstag $\qquad$ $5\frac{3}{4}$ Std
Freitag $\qquad$ $8\frac{1}{4}$ Std
Sonnabend $\qquad$ $11\frac{3}{4}$ Std
Sonntag $\qquad$ $10\frac{1}{4}$ Std.
Seine wöchentliche Arbeitszeit beträgt laut Arbeitsvertrag $39\frac{1}{2}$ Stunden in der Woche.
a) Berechnen Sie seine tatsächlichen Arbeitsstunden.
b) Wie viel Überstunden sind angefallen?
c) Berechnen Sie die Überstunden in Minuten.

5. Der Preis für ein Kaffeepaket mit $\frac{1}{4}$ kg Gewicht stieg von 4,40 DM auf 4,80 DM. Wie viel müssen Sie nach der Preiserhöhung bezahlen, wenn Sie 3 Pakete Kaffee mit einem Gewicht von jeweils $\frac{1}{2}$ kg kaufen?

6. a) Wie viele $\frac{3}{4}$-Liter-Flaschen Wein können aus $100\frac{1}{2}$ l Wein abgefüllt werden? Sind es:
① 113 Flaschen, ② 134 Flaschen oder ③ 141 Flaschen?
b) Was kostet 1 l Wein, wenn für $\frac{3}{4}$ l Wein 8,85 DM zu bezahlen sind?
① 9,99 DM ② 10,70 DM ③ 11,80 DM oder ④ 12,30 DM
c) Aus einer 0,7-Liter-Flasche erhält man $3\frac{1}{2}$ Gläser. Wie viel 0,7-Liter-Flaschen müssen für 42 Gäste bereitgestellt werden, wenn jeder Gast mindestens 1 Glas Wein trinkt?
① 8 Flaschen, ② 10 Flaschen oder ③ 12 Flaschen

7. An der Hotelbar wurden folgende Getränke verkauft:
215 Gläser Bier zu je $\frac{1}{5}$ l,
176 Gläser Bier zu je $\frac{1}{4}$ l und
61 Gläser Bier zu je $\frac{1}{2}$ l.
a) Wieviel Liter Bier wurden in dem Abrechnungszeitraum verkauft?
Sind es: ① $109\frac{1}{4}$ l, ② $117\frac{1}{2}$ l oder ③ $220\frac{1}{5}$ l?
b) Wie hoch war der Gesamtumsatz, wenn ein $\frac{1}{5}$-Liter-Glas 2,10 DM, ein $\frac{1}{4}$-Liter-Glas 2,60 DM und ein $\frac{1}{2}$-Liter-Glas 5,00 DM kostete?
Beträgt der Umsatz ① 1.197,30 DM, ② 1.204,10 DM oder ③ 1.214,10 DM?

8. Für eine Kräutermischung werden folgende Mengen benötigt:
Sorte I $\quad \frac{1}{4}$ kg zu 3,60 DM je kg,
Sorte II $\quad \frac{3}{4}$ kg zu 4,20 DM je kg und
Sorte III $\quad \frac{1}{2}$ kg zu 3,50 DM je kg.
a) Wiegt die gesamte Mischung ① 1 kg, ② $1\frac{1}{4}$ kg oder ③ $1\frac{1}{2}$ kg?
b) Beträgt der Durchschnittspreis für 1 kg dieser Mischung.
① 3,27 DM/kg, ② 3,61 DM/kg, ③ 3,73 DM/kg oder ④ 3,87 DM/kg?
c) Kostet $\frac{1}{4}$ kg dieser Mischung ≈ ① 0,97 DM, ② 1,06 DM oder ③ 1,24 DM?

9. Laut Karteikarte befanden sich Montag früh noch $70\frac{3}{4}$ kg Zucker im Magazin. Es wurden danach folgende Mengen entnommen:

Montag $\quad\quad 12\frac{1}{4}$ kg

Dienstag $\quad\ \ \, 9\frac{1}{2}$ kg

Mittwoch $\quad\ 18\frac{1}{5}$ kg

Donnerstag $\ \, 12\frac{3}{8}$ kg.

Sind Freitag früh im Magazin noch

① $17\frac{13}{20}$ kg

② $18\frac{2}{9}$ kg

③ $18\frac{17}{40}$ kg

④ $18\frac{2}{3}$ kg

Zucker vorhanden?

3 Rechnen mit Maßen und Gewichten

Im Gastgewerbe spielen Flächen- und Volumenangaben eine wichtige Rolle bei der Planung von Umbauten und Modernisierungen der Räumlichkeiten von Gebäuden.
Es müssen Grundrisse von Räumen erstellt und deren Volumen errechnet werden.
Nur durch eine genaue Flächen- und Volumenermittlung können schon in der Planungsphase Modernisierungskosten eingespart werden. Jeder Messungs- und Rechenfehler bedeutet Kostenerhöhung bei der Durchführung der Modernisierungsarbeiten.

3.1 Rechnen mit Längen-, Flächen- und Körpermaßen

Im Strandhotel »Schöne Aussicht« sollen die Veranstaltungsräume »Dresden« und »München« mit neuer Auslegeware ausgestattet werden. Die kaufmännische Direktorin, Frau Best, erteilt Herrn Teetz den Auftrag, Kostenvoranschläge für die Gestaltung der Räume einzuholen und ihr entsprechende Varianten zur Entscheidung vorzulegen.

Bei Flächen-, Umfang- und Körperberechnungen ist es in der Praxis oft notwendig die rechnerisch ermittelten Werte in praxistypische Maßeinheiten umzurechnen. Es ist wichtig zu dem ermittelten Ergebnis auch die entsprechende Maßeinheit mit anzugeben. So ist es bei der Flächenberechnung von Räumen üblich, die Fläche in m^2 statt in cm^2 anzugeben, obwohl das Ausmessen des Raumes in cm erfolgte.

Beispiel:

Für den Raum »Dresden«, Länge 765 cm und Breite von 376 cm, wurde rechnerisch eine Fläche von 287 640 cm^2 ermittelt. Die Preise für die Auslegeware sind in DM/m^2 angegeben. Wieviel m^2 beträgt die Fläche des Raumes »Dresden«?

Lösungsweg:

1. 10 000 cm^2 sind 1 m^2
2. 287 640 cm^2 : 10 000 = 28,7640 m^2 ~ 28,76 m^2

Antwort:

Die Fläche des Raumes »Dresden« beträgt ~ 28,76 m^2.

3.1.1 Maßangaben zur Flächen-, Umfangs- und Körperberechnung

Viele Missverständnisse im täglichen Berufsleben lassen sich vermeiden, wenn
- die Bedeutung von Maßangaben bekannt ist und
- die Handhabung von Maßangaben beherrscht wird.

Maßangaben und Umrechnungswerte nach dem SI-System (Internationale Einheiten)

Maßeinheiten	Bezeichnung
Längenmaße (Grundeinheit: Meter) Die Umrechnungszahl bei Längen ist 10	
1 mm	Millimeter
1 cm = 10 mm	Zentimeter
1 dm = 10 cm = 100 mm	Dezimeter
1 m = 10 dm = 100 cm = 1000 mm	Meter
1 km = 1000 m = 10 000 dm = 100 000 cm = 10 000 000 mm	Kilometer
Flächenmaße (Grundeinheit: Quadratmeter) Die Umrechnungszahl für Flächen ist 100	
1 mm^2	Quadratmillimeter
1 cm^2 = 100 mm^2	Quadratzentimeter
1 dm^2 = 100 cm^2 = 10 000 mm^2	Quadratdezimeter
1 m^2 = 100 dm^2 = 10 000 cm^2 = 1 000 000 mm^2	Quadratmeter
1 km^2 = 1 000 000 m^2 = 100 000 000 dm^2 = 10 000 000 000 cm^2	Quadratkilometer
Volumenmaße (Grundeinheit: Kubikmeter) Die Umrechnungszahl für Volumen ist 1000	
1 mm^3	Kubikmillimeter
1 cm^3 = 1 000 mm^3	Kubikzentimeter
1 dm^3 = 1 000 cm^3 = 1 000 000 mm^3	Kubikdezimeter
1 m^3 = 1 000 dm^3 = 1 000 000 cm^3 = 1 000 000 000 mm^3	Kubikmeter

In der Landwirtschaft, aber auch im täglichen Sprachgebrauch, werden noch folgende Flächenmaßeinheiten verwendet, die auf der Grundeinheit Quadratmeter (m^2) aufbauen:

Maßeinheiten	Bezeichnung
1 a = 100 m^2	Ar
1 ha = 100 a = 10 000 m^2	Hektar
1 km^2 = 100 ha = 1 000 000 m^2	Quadratkilometer

Die Bildung der Europäischen Union (EU) hat das Erfordernis verstärkt im Gastgewerbe die gebräuchlichsten Maßeinheiten der EU-Länder zu kennen, z.B. aufgrund

- steigender Einfuhren aus EU-Ländern und
- verbesserter Reise- und Arbeitsmöglichkeiten.

Maßeinheiten	Bezeichnung
Längenmaße	
1 in = 2,54 cm (= 1 Zoll)	inch
1 ft = 12 inches = 30,48 cm	foot
1 yd = 3 feet = 91,44 m	yard
1 mi = 1 760 yards = 1 609,344 m	mile
Flächenmaße	
1 in^2 = 6,4516 cm^2	square inch
1 ft^2 = 0,092 903 m^2	square foot
1 yd^2 = 0,836 127 m^2	square yard
1 mi^2 = 2,59 km^2	square mile
1 ac = 40,47 a	acre

3.1.2 Formeln zur Flächen-, Umfangs- und Körperberechnung

Viele Aufgaben in der Praxis lassen sich nur durch die Anwendung von Formeln lösen. Es ist wichtig, die Bedeutung der in der Formel angegebenen Werte und Buchstaben genau zu kennen und dafür die richtigen Zahlenwerte einzusetzen.

Bei Darstellungen (Zeichnungen) und Formeln besitzen einzelne Buchstaben eine bestimmte Bedeutung:

Buchstabe	Bedeutung
1. Kleinbuchstaben	
a, b, c	Seitenlängen
d	Durchmesser (d = 2r)
h	Höhe
r	Radius (r = $\frac{1}{2}$ d)
u	Umfang
2. Großbuchstaben	
F	Fläche
O	Oberfläche
V	Volumen
3. Sonderzeichen	
π	genannt „pi" ist eine Konstante mit dem Wert ~ 3,14

Die wichtigsten Formeln, die im Gastgewerbe für die Flächen- und Körperberechnung Anwendung finden, sind im Wesentlichen:

Formeln zu Flächen- und Umfangsberechnungen

Quadrat

Fläche: $F = a \cdot a = a^2$
Umfang: $u = a + a + a + a = 4a$

> **Beispiel:**
> a = 1,2 m
>
> **Lösungsweg:**
> F = 1,2 m · 1,2 m = 1,44 m²
> u = 4 · 1,2 m = 4,8 m

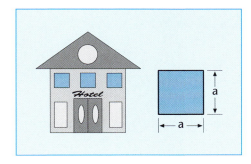

Rechteck

Fläche: $F = a \cdot b$
Umfang: $u = a + b + a + b = 2a + 2b$

> **Beispiel:**
> a = 0,8 m, b = 1,2 m
>
> **Lösungsweg:**
> F = 0,8 m · 1,2 m = 0,96 m²
> u = 2 · 0,8 m + 2 · 1,2 m = 4 m

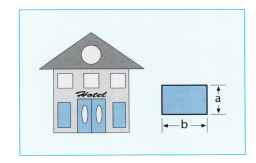

Dreieck

Fläche: $F = \frac{1}{2} c \cdot h = \frac{c \cdot h}{2}$

Umfang: $u = a + b + c$

Beispiel:

$a = 0{,}3$ m, $b = 0{,}45$ m
$c = 0{,}5$ m, $h = 0{,}27$ m

Lösungsweg:

$F = \dfrac{0{,}5 \text{ m} \cdot 0{,}27 \text{ m}}{2} = 0{,}14 \text{ m}^2$

$u = 0{,}3 \text{ m} + 0{,}45 \text{ m} + 0{,}5 \text{ m} = 1{,}25 \text{ m}$

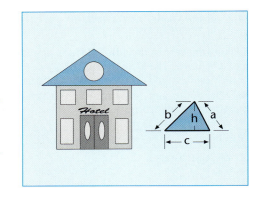

Kreis

Fläche: $F = \pi \cdot \dfrac{d^2}{4} = \pi \cdot r^2$ ($\pi = 3{,}14$)

Umfang: $u = \pi \cdot d = 2 \cdot \pi \cdot r$

Beispiel:

$a = 0{,}9$ m, $r = 0{,}45$ m

Lösungsweg:

$F = 3{,}14 \cdot \dfrac{0{,}81 \text{ m}^2}{4} = 0{,}64 \text{ m}^2$

$u = 3{,}14 \cdot 0{,}9 \text{ m} = 2{,}83 \text{ m}$

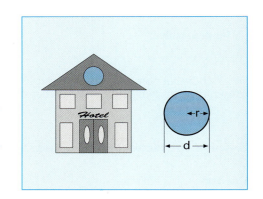

Formeln zur Körperberechnung

Würfel

Volumen: $V = a \cdot a \cdot a = a^3$
Oberfläche: $O = 6 \cdot a \cdot a = 6a^2$

Beispiel:

$a = 5$ cm

Lösungsweg:

$V = 5 \text{ cm} \cdot 5 \text{ cm} \cdot 5 \text{ cm} = 125 \text{ cm}^3$
$O = 6 \cdot 5 \text{ cm} \cdot 5 \text{ cm}$
$ = 6 \cdot 25 \text{ cm}^2$
$ = 150 \text{ cm}^2$

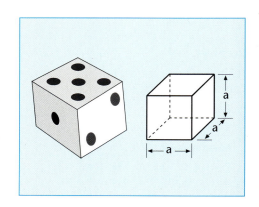

3 Rechnen mit Maßen und Gewichten

Quader

Volumen: $V = a \cdot b \cdot c$
Oberfläche: $O = 2(a \cdot b) + 2(a \cdot c) + 2(b \cdot c)$

Beispiel:
$a = 120$ cm, $b = 40$ cm, $c = 50$ cm

Lösungsweg:

$V = 120$ cm $\cdot$ 40 cm $\cdot$ 50 cm
$= 240\,000$ cm³

$O = 2(120$ cm $\cdot$ 40 cm$) + 2(120$ cm $\cdot$ 50 cm$) + 2(40$ cm $\cdot$ 50 cm$)$
$= 2 \cdot 4800$ cm² $+ 2 \cdot 6000$ cm² $+ 2 \cdot 2000$ cm²
$= 9600$ cm² $+ 12\,000$ cm² $+ 4000$ cm² $= 25\,600$ cm²

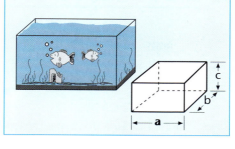

Zylinder

Volumen: $V = \pi \cdot \dfrac{d^2}{4} \cdot h = \pi r^2 \cdot h$

Oberfläche: $O = 2\pi \cdot \dfrac{d^2}{4} + \pi d \cdot h$
$= 2\pi \cdot r^2 \cdot 2\pi \cdot r \cdot h$
$= 2\pi \cdot r (r + h)$

Beispiel:
$D = 30$ cm, $H = 40$ cm

Lösungsweg:

$V = \pi \cdot \dfrac{30^2 \text{ cm}^2}{4} \cdot 40$ cm $= 28\,260$ cm³

$O = 2\pi \cdot 15$ cm $(15$ cm $+ 40$ cm$) = 2\pi \cdot 15$ cm $\cdot 55$ cm $= 5181$ cm²

Kugel

Volumen: $V = \dfrac{1}{6}\pi \cdot d^3 = \dfrac{4}{3}\pi \cdot r^3$

Oberfläche: $O = \pi \cdot d^2 = 4\pi \cdot r^2$

Beispiel:
$d = 40$ cm

Lösungsweg:

$V = \dfrac{1}{6}\pi \cdot 40^3$ cm³ $= \dfrac{1}{6}\pi \cdot 64\,000$ cm³ $= 33\,493{,}33$ cm³

$O = \pi \cdot 40^2$ cm² $= 5024$ cm²

Wiederholungsaufgaben hierzu sind am Ende des dritten Kapitels zu finden (S. 40 f.).

3.2 Rechnen mit Gewichten und Hohlmaßen

> Frau Wohlgemuth, F & B-Managerin im Strandhotel »Schöne Aussicht« erhält regelmäßig in- und ausländische Warenkataloge. Aufgrund dieser Kataloge werden Bestellungen für Weine und Spirituosen ausgelöst. Oft verwenden die ausländischen Anbieter einheimische Maßeinheiten für Hohl- und Gewichtsangaben.

Bevor Waren im Ausland bestellt werden, muss der Käufer sich über Menge und Maßangabe im Klaren sein, damit keine Missverständnisse über den Lieferumfang aufkommen.

Auch im täglichen Sprachgebrauch sind veraltete Maßeinheiten noch oft zu hören. In vielen alten Rezepturen werden Mengenangaben in Pfund angegeben.

Beispiel:

In einem alten Backrezept steht u.a.:

»Man nehme $\frac{1}{2}$ Pfund Mehl …«

Wie viel g sind $\frac{1}{2}$ Pfund Mehl?

Lösungsweg:

1 Pfund = 500 g

$\frac{1}{2}$ Pfund = $\frac{1}{2}$ · 500 g = 250 g.

Antwort:

$\frac{1}{2}$ Pfund Mehl sind 250 g.

Maßeinheiten von Gewichten und Hohlmaßen

Maßangaben und Umrechnungswerte nach dem SI-System (Internationale Einheiten)

Maßeinheiten		Bezeichnung
Raum- und Hohlmaße (Grundeinheit: Liter)		
1 ml	= 0,001 l = 1 cm³	Milliliter
1 cl	= 0,01 l = 10 cm³	Zentiliter
1 dl	= 0,1 l = 100 cm³	Deziliter
1 l	= 1 000 cm³	Liter
1 hl	= 100 l = 100 000 cm³	Hektoliter
10 hl	= 1 000 l = 1 m³ = 1 000 000 cm³	Hektoliter
Gewichtsmaße (Grundeinheit: Kilogramm)		
1 mg	= 0,001 g	Milligramm
1 g	= 1 000 mg = 0,001 kg	Gramm
1 kg	= 1 000 g	Kilogramm
1 dt	= 100 kg = 0,1 t	Dezitonne
1 t	= 100 dt = 1 000 kg = 1 000 000 g	Tonne

3 Rechnen mit Maßen und Gewichten

International gebräuchliche Maßeinheiten sind:

Maßeinheiten	Bezeichnung
Raum- und Hohlmaße (*Britische Flüssigkeitsmaße*)	
1 gill = 0,142 l	
1 pint = 4 gills = 0,568 l	
1 imp.gal. = 4 quarts = 4,5459 l	imperial gallon
1 quarter = 64 gallons = 290,935 l	
(*Amerikanische Flüssigkeitsmaße*)	
1 gill = 0,1183 l	
1 pint = 4 gills = 0,4732 l	
1 quart = 2 pints = 0,9464 l	
1 US gal. = 3,7853 l	US gallon
Handelsgewichte	
1 dram = 1,772 g	
1 ounce = 16 drams = 28,35 g	
1 lbs = 453,59 g	pound
1 hundredweight = 1 quintal	
Brit. = 112 pounds = 50,802 kg	
Am. = 100 pounds = 45,359 kg	
1 stone = 14 pounds = 6,35 kg	

Im täglichen Sprachgebrauch werden oft nach folgende Einheiten verwendet:

Maßeinheiten	Bezeichnung
Gewichtseinheiten	
1 Pfd = 500 g	Pfund
1 Ztr = 100 Pfd = 50 kg	Zentner
1 Dz = 2 Ztr = 200 Pfd = 100 kg	Doppelzentner
Stückzahlen	
1 Paar = 2 Stück	
1 Dtzd = 12 Stück	Dutzend
1 Grs = 12 Dutzend = 144 Stück	Gros
1 kleine Mandel = 15 Stück	
1 große Mandel = 16 Stück	
1 Schock = 60 Stück	

Im Gastgewerbe kommen weitere Hohlmaße zur Anwendung:

Anwendung	Getränkeart	Maßeinheit
Fässer	Bier	Inhalt ca. 30 l; 50 l; 75 l; 100 l
	Wein	Inhalt ca. 1200 l = 1 Stück
		Inhalt ca. 600 l = $\frac{1}{2}$ Stück
		Inhalt ca. 300 l = $\frac{1}{4}$ Stück
		Inhalt ca. 1000 l = 1 Fuder
Flaschen	alkoholfreie Getränke	Inhalt: 1,5 l; 1 l; 0,75 l; 0,5 l; 0,35 l; 0,25 l
	Bier	Inhalt: 1 l; 0,75 l; 0,5 l; 0,33 l; 0,25 l
	Wein	Inhalt: 1,5 l; 1,0 l; 0,75 l; 0,5 l; 0,375 l; 0,25 l; 0,187 l
	Schaumwein	Inhalt: 3,0 l; 1,0 l; 0,75 l; 0,5 l; 0,375 l; 0,25 l
	Spitiuosen	Inhalt: 3,0 l; 1,0 l; 0,75 l; 0,7 l; 0,5 l; 0,375 l; 0,25 l; 0,02 l
Ausschank	alkoholfreie Getränke und Bier	Inhalt: 1 l; 0,5 l; 0,4 l; 0,3 l; 0,25 l; 0,2 l
	Wein	Inhalt: 0,25 l; 0,2 l; 0,1 l
	Spirituosen	Inhalt: 0,04 l; 0,02 l

TIP Bevor mit Formeln gearbeitet wird, muss man wissen, was berechnet werden soll und welche Formel für die Berechnung angewendet werden kann.

Die sichere Anwendung von Formeln soll Fehlentscheidungen oder Fehlbestellungen vermeiden. Nur durch viel Übung ist der Umgang mit Formeln zu erlernen.

Gemischte Wiederholungsaufgaben

1. Nehmen Sie zwei Blatt Papier und zeichnen Sie den Grundriss von zwei Veranstaltungsräumen Ihrer Ausbildungsstätte oder Ihrer Wohnung auf.
   Ermitteln Sie:
   a) die Flächen der einzelnen Räume und
   b) das Volumen der Räume.

2. a) Rechnen Sie in Meter um und addieren Sie:
     35 dm; 15 cm; 1240 mm; 1,534 km; 237 dm; 1261 dm; 563 856 mm
   b) Rechnen Sie in Quadratmeter um und addieren Sie:
     1,5 ha; 2,3 a; 3523 dm^2; 568 236 cm^2; 0,58 a; 95 dm^2; 4 yd^2
   c) Rechnen Sie in Liter um und addieren Sie:
     2,43 dm^3; 215 463 cm^3; 45 239 dl; 0,25 hl; 0,089 m^3; 3 US-gallon
   d) Rechnen Sie in Kilogramm um und addieren Sie:
     2 Dz; 106 Pfd; 58 693 g; 0,157 t; 1,5 Ztr; 8 596 248 g

3. Im Bierkeller lagern:
   13 Kästen mit 0,5 l Flaschen;
   7 Kästen mit 0,33 l Flaschen und
   8 Kästen mit 0,25 l Flaschen.
   Jeder Bierkasten enthält 20 Flaschen. Wie viel Liter Bier lagern im Bierkeller?

4. Wie viel Gläser Bier mit 0,3 l Inhalt können aus einem Fass mit 75 l Inhalt bei einem Zapfverlust von 3,2 l gezapft werden?

5. Das rechtwinklige Gartengrundstück hinter dem Strandhotel mit den Maßen 150,4 m × 80,3 m soll mit einem Jägerzaun eingefriedet werden.
a) Wie viel m² ist das Grundstück groß?
b) Wie viele laufende Meter Scherenzaun werden benötigt?

6. Ein Gastwirt kauft bei einem älteren Bauern auf dem Lande ein:
4 Dz Kartoffeln zu 15,60 DM je Ztr, 4 Schock Eier zu 0,15 DM je Stück und 6 Dtzd Zwiebelzöpfe zu 3,25 DM je Zopf.
Wie hoch ist der Rechnungsbetrag?

7. Das hoteleigene Schwimmbecken hat die Maße 16,50 m × 7,80 m × 2,30 m. Das Becken soll bis zu einer Höhe vom 2,05 m gefüllt werden.
Wie viel Liter Wasser müssen eingefüllt werden?

8. Drei Hotelzimmer mit gleichen Maßen (Länge 4,20 m; Breite 3,95 m) sollen einen neuen Teppichboden erhalten. Der vom Handwerker angebotene Preis einschließlich Verlegungsarbeiten beträgt 56,75 DM/m².
Wie hoch ist der Kostenaufwand für die Erneuerung der drei Zimmer?

9. Ein Ferienhaus-Park besteht aus 25 Ferienhäuser desselben Typs.

Berechnen Sie auf Grundlage des folgenden Grundrisses von der Küche, dem Bad, dem Wohnzimmer, den Schlafzimmern 1 und 2

a) die Fläche der einzelnen Räume und
b) den Rauminhalt, wenn die Räume je eine Höhe von 2,60 m besitzen.

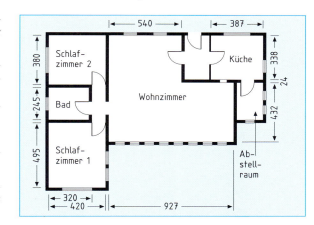

10. Ein Weinfass enthält 580 l Weißwein. Es werden 75 0,7-Liter-Flaschen und 40 0,35-Liter-Flaschen abgefüllt. Der Abfüllverlust beträgt 1,5 l.
Wie viel Liter Wein befinden sich nach der Abfüllung noch im Weinfass?
① 502 l ② 512 l ③ 519 l?

11. Im Konferenzzimmer des Strandhotels befindet sich ein runder Konferenztisch mit einem Durchmesser von 2,5 m. Wie viele Personen finden an dem Tisch Platz, wenn für eine Person mindestens 80 cm Platz benötigt werden. Sind es :
① 9 Personen,
② 10 Personen,
③ 11 Personen oder
④ 12 Personen?

12. Die Küche des Strandhotel besitzt folgende Maße: Länge 7,20 m; Breite 5,45 m; Höhe 3,92 m. Wie viel m³ Luft kommen auf eine Person, wenn in dieser Küche drei Personen arbeiten? Sind es :

① 45,2 m³ ② 47,8 m³ ③ 49,3 m³ ④ 51,3 m³

13. Die Wände der Hotelküche mit 7,20 m × 5,45 m Größe sollen 2,25 m hoch mit Fliesen versehen werden. In der Küche befindet sich eine Tür mit 105 cm Breite und 195 cm Höhe und eine mit den Maßen 170 cm × 195 cm (einschließlich Türrahmen). Ein Quadratmeter Wandfliesen kostet 43,75 DM. Für das Verlegen der Wandfliesen müssen 65,00 DM/m² bezahlt werden.
Welchen Betrag muss die Geschäftsleitung dafür einplanen? Sind es:
① 4.609,25 DM   ② 5.397,31 DM   ③ 5.608,24 DM   ④ 6.507,53 DM

14. Damit die Milch beim Aufkochen nicht anbrennt, besitzt der Milchtopf einen »doppelten« Boden. Wird der Topf mit einer Säge senkrecht durchgeschnitten, so ist er wie folgt zu sehen:

Alle Angaben sind in mm. Bei der Berechnung muss die Blechstärke nicht berücksichtigt werden.

Wie viel Wasser kann in diesen Hohlraum eingefüllt werden?

Sind es:
① 1,59 l   ② 2,89 l   ③ 4,02 l   ④ 5,34 l?

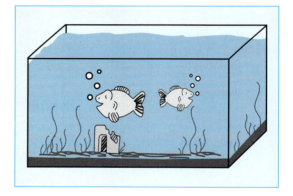

15. Das Aquarium im Restaurant eines Hotels besitzt folgende Innenmaße:

Länge: 1,2 m, Höhe: 60 cm und Breite 50 cm.

Das Aquarium ist nach der Reinigung zu $\frac{3}{4}$ mit Wasser zu füllen.

Wie viele Eimer mit Wasser sind notwendig, wenn der Eimer mit 8 l Wasser gefüllt werden kann und das Aquarium zu $\frac{3}{4}$ mit Wasser gefüllt werden soll? Sind es:

① 12 Eimer,   ② 23 Eimer,   ③ 34 Eimer oder   ④ 45 Eimer?

4 Durchschnittsrechnung

In der Gastronomie und im Hotelgewerbe spielen Zahlenreihen eine wichtige Rolle. Übernachtungen, Lagervorräte einzelner Lebensmittel, Energiekosten, Einnahmen und Ausgaben werden nach Monaten, Wochen oder Tagen gezählt. Der Durchschnittswert, auch Durchschnitt genannt, dient der besseren Überschaubarkeit und dem Vergleich einzelner Zahlenwerte der Reihe.

> Der Küchenchef des Hotelrestaurants »Gourmet«, Herr Frei, ist bemüht die Menüwünsche der Gäste zu erfüllen. Aus diesem Grund möchte er sich Anhaltswerte für den Einkauf der Zutaten zu den Mittagsmenüs verschaffen.

Beispiel:
Herr Frei beauftragt den Auszubildenden Peter Klein, die Anzahlen der verzehrten Menüs in den verschiedenen Preisgruppen in der ersten Juliwoche zu erfassen, in einer Tabelle darzustellen und die durchschnittliche Anzahl verzehrter Menüs pro Tag zu berechnen.

Lösungsweg:

Peters Zählungen ergeben die folgende Tabelle.

Wochentag	Preisgruppe				Summe
	10,00 DM bis 15,00 DM	15,00 DM bis 20,00 DM	20,00 DM bis 25,00 DM	über 25,00 DM	
Montag	34	76	46	18	174
Dienstag	44	68	46	14	172
Mittwoch	42	70	40	12	164
Donnerstag	47	72	38	8	165
Freitag	48	57	47	10	162
Sonnabend	54	52	46	12	164
Sonntag	31	88	57	26	202

Er addiert die Anzahl der verkauften Menüs an den einzelnen Wochentagen für jede Preisgruppe getrennt. Die Summe wird anschließend jeweils durch die Anzahl der Wochentage geteilt.

Es ergeben sich nach entsprechender Rundung folgende Durchschnittswerte:

Menü I: $\frac{(34+44+42+47+48+54+31)}{7} = \frac{300}{7} \approx 43$ Mittagessen pro Tag

Menü II: $\frac{(76+68+70+72+57+52+88)}{7} = \frac{483}{7} \approx 69$ Mittagessen pro Tag

Menü III: $\frac{(46+46+40+38+47+46+57)}{7} = \frac{320}{7} \approx 46$ Mittagessen pro Tag

Menü IV: $\frac{(18+14+12+8+10+12+26)}{7} = \frac{100}{7} \approx 14$ Mittagessen pro Tag

Antwort:

Im Restaurant werden pro Tag durchschnittlich 43 Menüs der Preisgruppe von 10,00 DM bis 15,00 DM verzehrt, 69 Menüs der Preisgruppe von 15,00 DM bis 20,00 DM , 46 Menüs der Preisgruppe von 20,00 DM bis 25,00 DM und 43 Menüs der Preisgruppe über 25,00 DM.

Die allgemeine Formel zu Berechnung des Durchschnitts- oder Mittelwertes einer Zahlenreihe lautet:

$$\text{Mittelwert} = \frac{\text{Summe der Einzelwerte}}{\text{Anzahl der Einzelwerte}}$$

Aufgaben

1. Wiegen Sie 6 Äpfel oder je nach Jahreszeit ein anderes Obst und berechnen Sie das Durchschnittsgewicht eines Einzelstücks.

2. Erfragen Sie die Zeiten, die Ihre Mitschüler für den Weg von der Wohnung zur Arbeitsstätte benötigen, und berechnen Sie deren Durchschnittswert.

3. Ermitteln Sie die Heizölpreise der Monate Januar, April, Juli und Oktober und berechnen Sie den Durchschnittspreis von 100 Liter Heizöl. (Hinweis: Sie finden diese Werte in Zeitungen, können sie aber auch bei einem Heizölhändler erfragen.)

4. Berechnen Sie, getrennt nach Sommer und Winter, die durchschnittlichen Betten- und Übernachtungszahlen der sieben Orte.

Ort	Bettenzahl		Übernachtungen	
	Winter	Sommer	Winter	Sommer
Clausthal-Zellerfeld	1 500	1 500	173 445	191 642
Braunlage	6 919	6 786	355 658	376 860
Altenau	6 167	6 500	394 086	391 325
Hahnenklee	5 766	5 814	269 720	403 289
St. Andreasberg	2 791	2 791	199 846	194 370
Hohegeiß	2 349	2 349	137 610	111 950
Bad Harzburg	4 700	4 700	291 673	391 973

5. Die Hotelanlage »Am Heiligenholz«, bestehend aus den drei Gästehäusern König mit 36 Betten, Prinz mit 20 Betten und Herzog mit 30 Betten, weist folgende monatliche Heizrechnung im Jahr aus.

Heizkosten	Herzog	König	Prinz
Januar	2.863,00 DM	2.236,00 DM	1.791,00 DM
Februar	2.445,00 DM	1.888,00 DM	1.558,00 DM
März	1.862,00 DM	1.402,00 DM	1.234,00 DM
April	1.239,00 DM	883,00 DM	888,00 DM
Mai	843,00 DM	553,00 DM	668,00 DM
Juni	541,00 DM	301,00 DM	501,00 DM
Juli	468,00 DM	240,00 DM	460,00 DM
August	412,00 DM	193,00 DM	429,00 DM
September	667,00 DM	406,00 DM	571,00 DM
Oktober	984,00 DM	670,00 DM	747,00 DM
November	1.646,00 DM	1.222,00 DM	1.114,00 DM
Dezember	2.354,00 DM	1.812,00 DM	1.508,00 DM

a) Berechnen Sie die durchschnittlichen monatlichen Heizkosten für jedes der drei Häuser.
b) Berechnen Sie die durchschnittlichen Heizkosten pro Bett für jedes der drei Häuser.

6. Die folgende Tabelle zeigt das langjährige Mittel der Sonnenscheindauer in Wien gemessen in Stunden.

Winter		Frühling			Sommer			Herbst			Wint.
Jan.	Feb.	März	April	Mai	Juni	Juli	Aug.	Sept.	Okt.	Nov.	Dez.
56	81	135	173	238	246	266	243	184	118	58	42

a) Berechnen Sie die durchschnittliche monatliche Sonnenscheindauer.
b) Berechnen Sie die durchschnittliche monatliche Sonnenscheindauer in den vier Jahreszeiten.
c) Berechnen Sie die durchschnittliche tägliche Sonnenscheindauer in den vier Jahreszeiten.
d) Berechnen Sie die durchschnittliche tägliche Sonnenscheindauer im sonnenscheinreichsten und im sonnenscheinärmsten Monat.

7. Zur Personalkosteneinsparung werden an einigen aufeinander folgenden Tagen die nach 21:00 Uhr bestellten warmen Mahlzeiten im Restaurant »Schöne Aussicht« gezählt. Es ergab sich die nachstehende Zahlenreihe:
15/20/18/24/6/12/14/21/24/10/16/9
a) Wie viele warme Mahlzeiten werden im Durchschnitt nach 21.00 Uhr bestellt?
b) Wie viele Werte liegen über dem Durchschnitt?

8. Im angegliederten Café »Aroma« werden ebenfalls über mehrere Tage die verzehrten Portionen Kaffee und Kuchen gezählt, mit folgendem Ergebnis:
41/36/40/28/32/48/39/36/42/50/35/44/26/30
a) Wie viele Portionen werden im Durchschnitt verzehrt?
b) Wie viele Werte liegen unter dem Durchschnitt?

9. Die Kurse des österreichischen Schillings wiesen in einer Woche folgende Schwankungen auf: Für 100,00 DM erhielt man 705/703/707/710/709 österreichische Schilling.
Berechnen Sie den Durchschnittskurs.

10. Der Umsatz der Strandbar des Hotels »Schöne Aussicht« weist in den ersten vier Juliwochen folgende Summen auf:

(in DM)	Mo.	Di.	Mi.	Do.	Fr.	Sa.	So.
1. Juliwoche	1.253,00	1.598,00	2.344,00	1.890,00	2.912,00	4.517,00	3.468,00
2. Juliwoche	1.429,00	1.453,00	2.876,00	1.915,00	4.963,00	4.252,00	3.980,00
3. Juliwoche	1.352,00	1.985,00	2.433,00	1.983,00	3.459,00	4.175,00	3.287,00
4. Juliwoche	1.942,00	1.354,00	2.784,00	2.147,00	4.638,00	4.525,00	3.693,00

a) Wie hoch ist, auf ganze DM-Beträge gerundet, der tägliche Durchschnittsumsatz in den einzelnen Juliwochen?
Schreiben Sie die richtige Antwort auf.
1. Juliwoche: ① 2.478,00 DM   ② 2.582,00 DM   ③ 2.632,00 DM
                ④ 2.569,00 DM   ⑤ 2.763,00 DM

4 Durchschnittsrechnung

2. Juliwoche:	① 2.784,00 DM	② 3.125,00 DM	③ 2.981,00 DM
	④ 2.898,00 DM	⑤ 2.639,00 DM	
3. Juliwoche:	① 2.668,00 DM	② 2.882,00 DM	③ 2.746,00 DM
	④ 2.954,00 DM	⑤ 2.531,00 DM	
4. Juliwoche:	① 3.145,00 DM	② 2.931,00 DM	③ 2.867,00 DM
	④ 3.012,00 DM	⑤ 2.983,00 DM	

b) Wie hoch beläuft sich der wöchentliche Durchschnittsumsatz?
Schreiben Sie die richtige Antwort auf.
① 18.673,00 DM   ② 19.469,00 DM   ③ 17.768,00 DM
④ 18.921,00 DM   ⑤ 19.652,00 DM

11. Der Fahrradverleih »Weicher Sattel« hat in einer Woche folgende Verleihzahlen notiert:

Mo.	Di.	Mi.	Do.	Fr.	Sa.	So.
12	14	8	12	6	20	18

Berechnen Sie die Anzahl der durchschnittlich ausgeliehenen Fahrräder auf ganze Zahlen gerundet und schreiben Sie die richtige Antwort auf.
① 11   ② 13   ③ 14   ④ 12   ⑤ 15

12. Aus dem Weinkeller werden an den einzelnen Wochentagen folgende Mengen Rotwein und Weißwein verbraucht:

	Mo.	Di.	Mi.	Do.	Fr.	Sa.	So.
Rotwein	12 Fl.	8 Fl.	19 Fl.	15 Fl.	24 Fl.	32 Fl.	30 Fl.
Weißwein	24 Fl.	30 Fl.	26 Fl.	18 Fl.	47 Fl.	60 Fl.	68 Fl.

a) Wie hoch ist der durchschnittliche, ganzzahlig gerundete tägliche Verbrauch an Rotwein und Weißwein? Schreiben Sie die richtige Antwort auf.
Rotwein:
① 21 Flaschen   ② 23 Flaschen   ③ 24 Flaschen   ④ 20 Flaschen   ⑤ 22 Flaschen
Weißwein:
① 41 Flaschen   ② 42 Flaschen   ③ 39 Flaschen   ④ 40 Flaschen
⑤ 38 Flaschen

b) Wie lange reicht, ganzzahlig gerundet, der Vorrat von 1150 Fl. Rotwein und 1896 Fl. Weißwein? Schreiben Sie die richtige Antwort auf.
Rotwein:
① 61 Tage   ② 57 Tage   ③ 62 Tage   ④ 58 Tage   ⑤ 63 Tage
Weißwein:
① 47 Tage   ② 52 Tage   ③ 53 Tage   ④ 58 Tage   ⑤ 49 Tage

5 Dreisatzrechnung

Die Dreisatzrechnung (Schlussrechnung) ist eine Rechenmethode, bei der zunächst von einer gegebenen Vielheit (1. Satz) auf eine Einheit (2. Satz) und dann auf eine gesuchte Vielheit (3. Satz) »geschlossen« wird.

Bei der Dreisatzrechnung sind drei Arten zu unterscheiden:

❶	Einfacher Dreisatz mit geradem Verhältnis	proportionales Verhältnis
❷	Einfacher Dreisatz mit ungeradem Verhältnis	antiproportionales Verhältnis
❸	Zusammengesetzer Dreisatz	
	– nur gerade Verhältnisse	– nur proportionale Verhältnisse
	– nur ungerade Verhältnisse	– nur antiproportionale Verhältnisse
	– Kombinationen aus beiden Verhältnissen	– proportionale und antiproportionale Verhältnisse

5.1 Einfacher Dreisatz mit geradem Verhältnis – proportionales Verhältnis

Das Hotel »Schöne Aussicht« kauft bei seinem Lieferanten Weißwein »Europa-Tröpfchen«.

Für die Rechnungsprüfung und die Kalkulation ist es wichtig den Preis für eine Flasche und für die Gesamtlieferung zu wissen.

Beispiel:

Ein Karton der Marke »Europa-Tröpfchen« mit sechs Flaschen kostet bei unserem Lieferanten 54,00 DM. Es trifft eine Lieferung mit 25 Flaschen ein. Was kostet diese Lieferung?

Lösungsweg 1:

Kaufmännische Lösung

Zunächst ist ein Ansatz aufzustellen:

Bedingungssatz	gegebene Vielheit	6 Flaschen ≙	54,00 DM
Fragesatz	gesuchte Vielheit	25 Flaschen ≙	x

Für den Ansatz sind folgende Grundregeln einzuhalten:

– gleiche Größen müssen immer untereinander stehen
– die gesuchte Größe (hier: DM-Betrag) steht immer rechts

Rechenschritte:

❶ Zunächst wird von der gegebenen Vielheit ⇒ 6 Flaschen kosten 54,00 DM

❷ auf eine Einheit ⇒ 1 Flasche kostet $\frac{54,00}{6}$ DM

❸ und dann auf die gesuchte Vielheit geschlossen ⇒ 25 Flaschen kosten $\frac{54,00 \cdot 25}{6}$ DM

$x = \frac{54,00 \cdot 25}{6} = 225,00$ DM

Antwort:

25 Flaschen kosten insgesamt 225,00 DM   Mehr Flaschen ⇒
Mehr DM ⇒

- Zuerst einen Ansatz aufstellen
- Darauf achten, dass gleiche Größen untereinander stehen
- Die gesuchte Größe muss rechts stehen
- Zuerst auf eine Einheit, dann auf die gesuchte Vielheit schließen
- Wenn möglich, kürzen
- Es gilt: **Je mehr** ⇒ , **desto mehr** ⇒
            Je weniger ⇐ , **desto weniger** ⇐

Lösungsweg 2:

Lösung über Verhältnisgleichung bzw. Proportionalgleichung

Eine Proportion sieht folgendermaßen aus:

a : b = c : d   (gelesen: a verhält sich zu b wie c zu d) bzw. $\frac{a}{b} = \frac{c}{d}$

Die Größen a und d heißen Außenglieder, b und c heißen Innenglieder.
Nach algebraischen Regeln entsteht die Gleichung a · d = b · c.
Das Produkt der Außenglieder ist gleich dem Produkt der Innenglieder.
Für die Lösung der Aufgabe wird zunächst eine Tabelle aufgestellt:

Menge in Stück	...	6	...	25	...
Preis in DM	...	54,00	...	x	...

Die Proportionalgleichung heißt   54 : 6 = x : 25
Die Produktgleichung heißt   6x = 54 · 25
                                   x = 1350 |: 6
                                   x = 225

Antwort:

25 Flaschen kosten 225,00 DM (siehe oben).

Proportionales Verhältnis

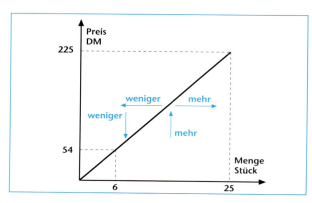

Aufgaben

Sie sollten die Aufgaben nach Möglichkeit nach beiden Lösungsverfahren bearbeiten.

1. Finden Sie in Ihrem Betrieb heraus, wo und welche proportionalen Verhältnisse vorzufinden sind (Beispiel: Küche, Heizung).

2. Eine Dose Ananas mit neun Scheiben Inhalt kostet 1,44 DM. Für ein Menü werden vier Scheiben benötigt.
   Welcher Betrag ist für das Menü zu berechnen?

3. Vier Hotels haben gemeinsam einen Parkplatz mit insgesamt 76 Stellplätzen gepachtet. Die Monatsmiete für den Parkplatz beträgt insgesamt 3.420,00 DM.
   Welchen Anteil hat das Hotel »Zur Sonne« zu übernehmen, wenn es 28 Stellplätze beansprucht?

4. Der Geschäftswagen des Hoteldirektors verbrauchte auf einer Geschäftsreise mit einer Gesamtstrecke von 360 km insgesamt 30,6 l Benzin.
   a) Wie hoch ist der Verbrauch auf einer Strecke von 100 km?
   b) Der Hoteldirektor fährt am kommenden Wochenende zu einer Gastronomie-Messe. Die Strecke wird hin und zurück 640 km betragen. Wie viel Liter wird er brauchen?
   c) Wie hoch werden die Benzinkosten bei einem Preis von 1,62 DM/l sein?

5. Für 38 Mitarbeiter eines Restaurantbetriebes werden vermögenswirksame Leistungen (VL) in Höhe von insgesamt 988,00 DM gezahlt. Welcher Gesamtbetrag ist aufzuwenden, wenn fünf weitere Mitarbeiter eingestellt werden?

6. Es ist ein Tip von 1.584,00 DM auf drei Mitarbeiter nach Punkten (insgesamt 45) zu verteilen.
   Welchen Anteil erhält der Chef de service mit 21 Punkten?

7. Ein Kilo Seezunge enthält 175 g Eiweiß (Protein).
   Wie viel Eiweiß sind in einer Portion von 180 g enthalten?

8. Vier Zimmer werden mit Teppichboden ausgelegt. Für insgesamt 116 m² sind insgesamt 6.426,40 DM zu bezahlen.
   Welcher Anteil ist auf ein Einzelzimmer mit 26 m² zu verrechnen?

9. Eine Brauerei liefert Bier. Der Hektoliter kostet 412,00 DM.
   Welcher Betrag ist für ein Bier mit 0,3 l bzw. 0,5 l Inhalt zu berechnen?

10. Beim Putzen von 17 kg Blumenkohl entsteht ein Putzverlust von 5,950 kg.
    Mit wie viel Putzverlust ist zu rechnen, wenn für eine Geburtstagsfeier 12 kg Blumenkohl zubereitet werden sollen?

11. Im Lebensmittelgroßmarkt kosten 240 Eier insgesamt 40,80 DM.
    Welcher Betrag ist für 520 Eier zu bezahlen?

12. Prüfen Sie folgendes Angebot. Sie brauchen einen Vorrat von 600 Joghurts. Wie viel DM können Sie bei dem günstigeren Angebot sparen?

> **Unser Angebot für Sie! Joghurt für den Großabnehmer**
> ➡ bisher   120-er Karton für   58,80 DM
> ➡ **heute im Angebot**   200-er Karton für nur   106,00 DM
> Greifen Sie zu, solange der Vorrat reicht!

13. Beim Putzen von 4,200 kg Paprika entsteht ein Putzverlust von 1,050 kg. Wie hoch ist der Putzverlust beim Putzen von 8,700 kg?

    ① 2,100 kg   ② 2,175 kg   ③ 2,157 kg   ④ 4,200 kg   ⑤ 2,500 kg

14. Ein Karton mit 240 Eiern, Gewichtsklasse L, kostet bei unserem Großmarkt 40,80 DM. Wie viel kosten 35 Eier?

    ① 6,00 DM   ② 6,80 DM   ③ 7,00 DM   ④ 5,95 DM   ⑤ 5,59 DM

15. Die Küche rechnet für die Zubereitung von einer Portion Rinderbraten mit einem Fleischgewicht von 210 g. Für den Einkauf von 6,500 kg müssen wir 128,70 DM bezahlen. Welcher Betrag ist für die Zubereitung einer Portion zu kalkulieren?

    ① 4,16 DM   ② 4,20 DM   ③ 4,61 DM   ④ 4,60 DM   ⑤ 3,96 DM

5.2 Einfacher Dreisatz mit ungeradem Verhältnis – antiproportionales Verhältnis

Im Hotel »Schöne Aussicht« wird die Jahresinventur durchgeführt. Herr Kern führte diese Inventur bislang sehr präzise und sorgfältig durch. Es soll jedoch erreicht werden, dass die Inventur in kürzerer Zeit als bisher abgeschlossen wird, damit der Hotel- und Restaurantbetrieb nicht so lange beeinträchtigt wird. Deshalb werden dieses Mal mehr Mitarbeiter eingesetzt.

Beispiel:

Bisher benötigten sechs Mitarbeiter für die Inventur 36 Stunden. Es werden in diesem Jahr acht Mitarbeiter für die Inventur eingeteilt. Wie lange dauert diesmal die Inventur?

Lösungsweg 1:

Kaufmännische Lösung

Zunächst ist ein Ansatz aufzustellen:

Bedingungssatz   gegebene Vielheit   6 Mitarbeiter ≙ 36 Stunden

Fragesatz   gefragte Vielheit   8 Mitarbeiter ≙ x

Rechenschritte:
- ❶ Von der gegebenen Vielheit ⇒ 6 Mitarbeiter brauchen 36 Stunden
- ❷ auf eine Einheit ⇒ 1 Mitarbeiter braucht 6 · 36 Stunden
- ❸ auf die gesuchte Vielheit schließen ⇒ 8 Mitarbeiter brauchen $\frac{6 \cdot 36}{8}$ Stunden

$x = \frac{6 \cdot 36}{8} = 27$ Stunden

Antwort:

8 Mitarbeiter brauchen 27 Stunden   Mehr Mitarbeiter ⇒
                                     ⇐ Weniger Stunden

- Zunächst gleiche Vorgehensweise wie oben
- Hier gilt: **Je mehr** ⇒ , desto weniger ⇐
  oder   **Je weniger** ⇐ , desto mehr ⇒

Lösungsweg 2:

Lösung über Verhältnisgleichung bzw. Antiproportion (Indirekte Proportion)
Hier gilt die Produktgleichheit   a · b = c · d
Das Produkt der linken Glieder ist gleich dem Produkt der rechten Glieder.
Die Tabelle sieht wie folgt aus:

Mitarbeiter	…	6	…	8	…
Stunden	…	36	…	x	…

Die Gleichung heißt   8x = 6 · 36
                       8x = 216 |: 8
                        x = 27

Antwort:

Acht Mitarbeiter brauchen 27 Stunden (siehe oben!).

Antiportionales Verhältnis

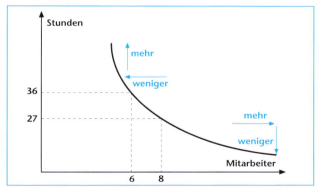

Aufgaben

Versuchen Sie auch hier sowohl das kaufmännische als auch das algebraische Verfahren anzuwenden.

1. Finden Sie einige Beispiele in Ihrem Betrieb, wo der ungerade Dreisatz angewendet werden kann (Beispiel: Portionsgröße).

2. Aus einem Stück Roastbeef können 14 Rumpsteaks mit je 190 g geschnitten werden. Wie viel Rumpsteaks mit je 170 g können aus einem Stück mit gleichem Gesamtgewicht geschnitten werden?

3. Für die Renovierung eines Hotels brauchen sechs Arbeitskräfte 76 Arbeitsstunden. Um wie viel Stunden verkürzt sich die Arbeitszeit, wenn zwei zusätzliche Arbeitskräfte eingesetzt werden können?

4. Der Weinvorrat eines Hotels reicht bei einem Tagesverbrauch von 24 Flaschen 12 Tage. Wie lange reicht der gleiche Vorrat, wenn sich der Tagesverbrauch um vier Flaschen erhöht?

5. Eine Berufsschulklasse mit 24 Hotelfachschülern plant einen Tagesausflug. Für die Reisekosten mit dem Bus muss jeder Schüler 17,00 DM aufbringen. Wegen Krankheit können vier Schüler nicht mitfahren.
Welchen Betrag muss jetzt jeder der verbleibenden Schüler bezahlen?

6. Der Heizölvorrat eines Hotelbetriebes reicht 40 Tage, wenn täglich 1,6 t verbraucht werden. Aufgrund eines Kälteeinbruchs muss der Tagesverbrauch um 0,4 t erhöht werden.
Wie lange reicht der gleiche Vorrat?

7. Aus einem Fass Wein können 250 Gläser Wein mit 0,2 l Inhalt ausgeschenkt werden.
Wie viel Gläser mit 0,25 l Inhalt können aus einem anderen Fass mit der gleichen Menge ausgeschenkt werden?

8. Es wird ein Tip auf 14 Mitarbeiter verteilt. Jeder soll 60,00 DM bekommen. Kurz vor der Verteilung stellt sich heraus, dass zwei weitere Mitarbeiter am Tip beteiligt werden sollen. Wie viel DM erhält jeder Mitarbeiter?

9. Der Tagungsraum eines Hotels soll mit Fliesen ausgelegt werden. Es wurden 40 Kartons Fliesen mit je 24 Stück in den Maßen 25 × 25 cm bestellt. Der Lieferer meldet sich etwas später: »Die Fliesen sind nur in den Maßen 30 × 30 cm lieferbar«.
   a) Wie viel Fliesen müssen verlegt werden?
   b) Wie viel Kartons müssen bestellt werden, wenn aufgrund der Größe nur noch 20 Fliesen in jedem Karton sind?

10. Der Swimmingpool eines Hotels kann in 12 Stunden gefüllt werden, wenn eine Pumpe mit einer Leistung von 50 m³/Stunde eingesetzt wird.
Um wie viel Stunden verkürzt sich die Zeit für das Füllen des Pools, wenn eine weitere Pumpe der gleichen Bauart eingesetzt wird, jedoch nur mit halber Leistung arbeitet?

11. Der hauseigene Chauffeur eines großen Hotelbetriebes holt einen Gast vom Flughafen ab. Er braucht für den Hinweg bei einer Durchschnittsgeschwindigkeit von 85 km/h insgesamt 45 Minuten. Aufgrund des hohen Verkehrsaufkommens kann er auf der Rückfahrt vom Flughafen zum Hotel nur noch eine Durchschnittsgeschwindigkeit von 65 km/h halten.
Wie viel Zeit brauchen die beiden für den Weg zum Hotel (auf volle Minuten aufrunden)?

12. Ein Vorrat von Mineralwasser reicht 15 Tage, wenn täglich 24 Flaschen an der Bar verkauft werden. Der Tagesabsatz steigt wegen des sonniges Wetters auf 40 Flaschen. Nach wie viel Tagen ist der Vorrat verkauft?
① 6 Tage   ② 16 Tage   ③ 10 Tage   ④ 9 Tage   ⑤ 7,5 Tage

13. Der Swimmingpool der Hotelanlage ist in fünf Stunden gefüllt, wenn alle drei Wasserpumpen gleichzeitig in Betrieb sind. Der Pool soll nach einer Reinigungsaktion wieder einmal gefüllt werden. Eine Pumpe ist allerdings ausgefallen. Wie lange dauert es dieses Mal?
① 8 Stunden   ② 7 Stunden   ③ $6\frac{1}{2}$ Stunden   ④ $7\frac{1}{2}$ Stunden   ⑤ $3\frac{1}{3}$ Stunden

5.3 Zusammengesetzter Dreisatz

Im Hotel »Schöne Aussicht« soll die Inventur durchgeführt werden. Da die Zeit in Tagen hierfür verkürzt werden soll, wird die tägliche Arbeitszeit – ausnahmsweise – erhöht.

Nun soll festgestellt werden, wie sich die Anzahl der benötigten Mitarbeiter verändert.

Sie haben gesehen, dass es sich um den direkten (proportionalen) oder indirekten (antiproportionalen) Dreisatz handelt, wenn aus drei bekannten Größen die vierte unbekannte Größe auszurechnen ist.

Wenn mehr als drei bekannte Größen vorliegen, um die unbekannte Größe zu ermitteln, handelt es sich um den zusammengesetzten Dreisatz.

Dieser Dreisatz kann aus mehreren direkten (proportionalen), mehreren indirekten (antiproportionalen) oder einer Kombination von direkten und indirekten Dreisätzen zusammengesetzt sein.

Beispiel:

Für die Inventur benötigten bisher 16 Mitarbeiter insgesamt zehn Tage bei einer täglichen Arbeitszeit von sieben Stunden. In diesem Jahr wird die tägliche Arbeitszeit auf acht Stunden heraufgesetzt. Wie viel Mitarbeiter sind jetzt einzusetzen, wenn die Inventur in fünf Tagen abgeschlossen sein soll?

Lösungsweg:

Der Ansatz lautet:
Bedingungssatz gegebene Vielheit   **10 Tage**   7 Stunden/Tag   16 Mitarbeiter
Fragesatz   gesuchte Vielheit   **5 Tage**   8 Stunden/Tag   x

1. Dreisatz (indirekt, antiproportional):

   10 Tage   **16 Mitarbeiter**
   5 Tage   x

Bei einer Arbeitsdauer von einem Tag wird das 10-fache an Mitarbeitern benötigt, also 16 × 10 Mitarbeiter. Bei einer Arbeitsdauer von fünf Tagen wird der 5. Teil hiervon benötigt, also

$$x = \frac{16 \cdot 10}{5}$$

2. Dreisatz (indirekt, antiproportional):

7 Stunden/Tag ≙ 16 Mitarbeiter
8 Stunden/Tag ≙ x

Bei einer täglichen Arbeitszeit von einer Stunde wird die 7-fache Zahl von Mitarbeitern erforderlich, also 7 · 16 Stunden. Wird täglich acht Stunden gearbeitet, wird der 8. Teil davon benötigt, also

$$x = \frac{16 \cdot 7}{8}$$

Die beiden Dreisätze werden jetzt zusammengesetzt. Damit ergibt sich der zusammengefasste Bruchstrich für die Lösung.

$$x = \frac{16 \cdot 10 \cdot 7}{5 \cdot 8} = 28 \text{ Mitarbeiter}$$

Antwort:

Es werden in diesem Jahr insgesamt 28 Mitarbeiter benötigt.

- Damit ein zusammengesetzter Dreisatz gelöst werden kann, muss er zunächst in seine einzelnen Dreisätze zerlegt werden. Bei jedem einzelnen Dreisatz ist dann zu überlegen, ob es sich jeweils um einen direkten (proportionalen) oder indirekten (antiproportionalen) handelt.

- Bei jedem einzelnen Dreisatz ist wie bekannt zu verfahren: Von der gegebenen Vielheit auf eine Einheit, dann auf die gesuchte Vielheit schließen. Ein Ausrechnen jedes einzelnen Dreisatzes ist nicht erforderlich.

- Dann werden die einzelnen Dreisätze so zusammengeschoben, dass ein endgültiger Lösungsbruchstrich entsteht.

   Der Wert, der bei den einzelnen Dreisätzen jeweils über dem x steht, wird im Zähler des endgültigen Bruchstriches nur *einmal* erfasst.
   In unserem Beispiel wird dadurch deutlich, dass sich sowohl die Tage als auch die Stunden/Tag gemeinsam auf die Anzahl der Mitarbeiter beziehen.

- Gehen Sie bei der Zusammenstellung des endgültigen Bruchstriches schrittweise vor. Prüfen Sie bei jedem Schritt, ob es sich um den Zusammenhang

   – je mehr,   desto mehr   oder
   – je weniger,   desto weniger   oder
   – je mehr,   desto weniger   oder
   – je weniger,   desto mehr

   handelt.

Das schrittweise Vorgehen wird Ihnen die Lösung von Aufgaben des zusammengesetzten Dreisatzes sehr erleichtern.

Aber: Eine eindeutige algebraische Rechenmethode und die grafische Darstellung für den zusammengesetzten Dreisatz sind wegen der vielfältigen Kombinationsalternativen nicht möglich.

Aufgaben

1. Finden Sie in Ihrem Betrieb oder nach Befragung Ihrer Mitschüler Beispiele, wo der zusammengesetzte Dreisatz angewendet werden kann.

5 Dreisatzrechnung

2. Der Swimmingpool des Hotels »Zur Sonne« fasst 30 000 l und kann in 15 Stunden gefüllt werden, wenn stündlich 2000 l eingelassen werden. Nach einer Grundreinigung sollen 28 000 l eingelassen werden. Die neue Pumpe hat eine Leistung von 2400 l/Stunde.
Nach welcher Zeit ist der Pool gefüllt? (Bitte Stunden und Minuten berechnen.)

3. Die Lohnbuchhaltung eines Hotelbetriebes ermittelt für eine Statistik, dass fünf Mitarbeiter einer Servicebrigade in 12 Tagen insgesamt 7.800,00 DM verdienen.
Die Buchhaltung soll ermitteln, wie viel sieben Mitarbeiter bei gleichem Durchschnittsverdienst in neun Tagen bekommen.

4. Für die Finanzierung der Neugestaltung der Rezeption will ein Hotelier einen Kredit aufnehmen. Er erkundigt sich bei zwei Banken nach den Konditionen und erhält folgende Angebote:

Hausbank AG	**Allgemeine Kreditbank AG**
Kreditsumme 15.000,00 DM	Kredit über 22.000,00 DM
Laufzeit 7 Monate	Laufzeit 5 Monate
9,5 % Zinsen p.a.	jährlicher Zinssatz 8,75 %

Bei welcher Bank müssen weniger Zinsen gezahlt werden?

5. Der Küchenchef eines großen Hotels ermittelt den Bedarf an Kartoffeln für Berner Rösti. Aufgrund der Rezeptur kann er feststellen, dass für 80 Portionen täglich in den letzten 12 Tagen insgesamt 240 kg Kartoffeln verbraucht wurden (ohne Abzug des Schälverlustes). Er rechnet für die nächsten neun Tage mit täglich 115 Portionen.
Welche Menge muss er einkaufen? (Auf volle 10 kg aufrunden.)

6. Im Hotel »Zur Sonne« sind 70 Glühbirnen mit einer Leistung von 60 W installiert, die täglich 18 Stunden eingeschaltet sind. Der Strompreis beträgt 0,45 DM/kWh.

Aus wirtschaftlichen und ökologischen Gründen werden Energiesparlampen mit einer Leistung von 15 W genommen, die 24 Stunden eingeschaltet werden. Der Strompreis bleibt gleich.

a) Wie hoch sind die gesamten monatlichen (30 Tage) Stromkosten für die Beleuchtung vor der Innovation?

b) Wieviel Energiesparlampen können zusätzlich eingesetzt werden, wenn die monatlichen Kosten aufgrund der Energiesparmaßnahme um 631,80 DM gesenkt werden?

7. Für die Renovierung des »Parkhotels« brauchen 14 Arbeitskräfte neun Tage, wenn sie täglich acht Stunden arbeiten. Die tägliche Arbeitszeit wird auf sieben Stunden verringert, jedoch soll die Renovierung bereits nach sechs Tagen abgeschlossen sein.
Wie viel Arbeitskräfte müssen zusätzlich in der Kolonne eingesetzt werden?

8. Das Hotel »Zur schönen Aussicht« hat 15 Zimmer mit je 24 m². Für das Heizen der Räume werden in 45 Tagen 12 960 l Heizöl verbraucht. Es sind zwei Zimmer mit je 25 m² hinzugekommen.
Für wie viel Tage reicht ein Heizölvorrat von 11 480 l für die 17 Zimmer?

9. Der Konferenzsaal des Schlosshotels soll mit Teppichboden ausgelegt werden. Bei einer Rollenbreite von 120 cm müssen 65 m bestellt werden. Der Teppichlieferant hat den gewünschten Teppichboden jedoch in einer Breite von 90 cm.
Wie viel laufende Meter müssen bestellt werden?

10. Für die Beleuchtung sind 80 Glühbirnen mit einer Leistung von je 60 W installiert. Sie sind acht Stunden täglich in Betrieb. Pro Tag entstehen Stromverbrauchskosten von 9,60 DM.
Im Rahmen einer Energie- und Kostensparmaßnahme werden Energiesparlampen installiert, die eine Leistung von 12 W haben. In zehn Stunden Betriebsdauer entstehen jetzt nur noch Verbrauchskosten von 3,60 DM/Tag. Wie viele der neuen Lampen konnten zusätzlich installiert werden?

① 120 Stück ② 48 Stück ③ 80 Stück ④ 60 Stück ⑤ 40 Stück

- Beim geraden Dreisatz gilt: Je mehr, desto mehr bzw. je weniger, desto weniger.
- Beim ungeraden Dreisatz gilt: Je mehr, desto weniger bzw. je weniger, desto mehr.
- Beim zusammengesetzten Dreisatz sind verschiedenen Kombinationen aus geraden Verhältnissen, ungeraden Verhältnissen oder aus beiden möglich.

6 Währungsrechnen

Viele Gäste im deutschen Gastgewerbe kommen aus dem Ausland. Daher ist es für die Mitarbeiter der Gastronomie erforderlich mit ausländischen Währungen umgehen zu können.

Auch wenn die Einführung des EURO in einigen europäischen Ländern bis zum Jahr 2002 vorgesehen ist, gehört das Umrechnen von Währungen zum Handwerkszeug in der Gastronomie.

Die Währung ist sowohl die staatlich festgelegte Geldordnung als auch die jeweilige als Zahlungsmittel anerkannte Geldeinheit.

Das Werteverhältnis zwischen einzelnen Währungen wird durch den Kurs ausgedrückt. Der Kurs ist also der »Preis«, der für eine bestimmte Menge ausländischer Währung zu zahlen ist. Der Kurs gibt grundsätzlich an, wie viel DM für 100 ausländische Geldeinheiten zu zahlen sind. (Ausnahmen: Italien 1.000 italienische Lire; USA und Kanada jeweils 1 Dollar; Großbritannien 1 britisches Pfund.)

Bei ausländischen Währungen wird zwischen Sorten (Münzen und Banknoten) und Devisen (Schecks, Reiseschecks, Überweisungen) unterschieden.

Für Sorten (Devisen) gilt: Der Ankaufskurs (Geldkurs) ist der DM-Betrag, der ausgezahlt wird, wenn ausländisches Geld in DM umgetauscht wird. Der Verkaufskurs (Briefkurs) ist der DM-Betrag, der zu bezahlen ist, wenn DM in ausländisches Geld umgetauscht werden.

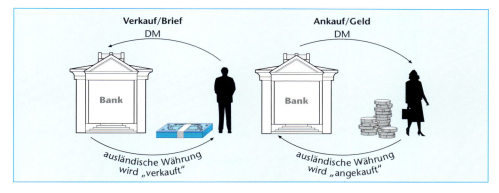

Auszug aus der Kurstabelle einer Bank (Stand Mai 1997):

Land	Währung	Devisen		Sorten	
		Geld	Brief	Ankauf	Verkauf
Australien	1 Dollar ($)	1,30	1,32	1,21	1,35
Belgien	100 Francs (bfrs)	4,84	4,86	4,69	4,99
Dänemark	100 Kronen (dkr)	26,20	26,31	25,20	27,45
Frankreich	100 Francs (FF)	29,63	29,75	28,45	30,70
Griechenland	100 Drachmen (Dr)	0,62	0,64	0,56	0,69
Großbritannien	1 Pfund (£)	2,79	2,80	2,68	2,88
Italien	1.000 Lire (Lit)	1,01	1,02	0,95	1,08
Japan	100 Yen (¥)	1,49	1,50	1,43	1,52
Kanada	1 Dollar ($)	1,23	1,24	1,18	1,30
Niederlande	100 Gulden (NLG)	88,83	89,05	87,80	90,30
Österreich	100 Schilling (öS)	14,19	14,23	14,10	14,39
Portugal	100 Escudos (Esc)	0,99	1,00	0,94	1,06
Schweden	100 Kronen (skr)	22,33	22,45	21,20	23,45
Schweiz	100 Franken (sfr)	120,41	120,61	118,80	121,80
Spanien	100 Peseten (Ptas)	1,18	1,19	1,12	1,25
USA	1 Dollar ($)	1,69	1,70	1,64	1,75

Für die Umrechnung eignet sich der direkte (proportionale) Dreisatz besonders gut.

6.1 Umrechnung von ausländischer Währung in DM

Bei der Reservierungsleiterin des Hotels »Schöne Aussicht«, Frau Woller, meldet sich Herr Marnier, ein Gast aus Frankreich.

Er hat nur französische Francs bei sich und bittet daher Frau Woller ihm die FF in DM umzutauschen. Frau Woller muss zunächst die französische Währung in DM umrechnen, bevor sie ihm das deutsche Geld auszahlen kann.

Beispiel:

Herr Marnier bittet Frau Woller ihm den Betrag von 2.400,00 FF in DM umzutauschen. Welchen Betrag wird Frau Woller ihm auszahlen? (Ankauf 28,45 Verkauf 30,70)

Lösungsweg:

Zunächst ist zu überlegen, welcher Kurs zugrunde zu legen ist. Herr Marnier gibt ausländische Währung »zum Verkauf« an das Hotel. Das Hotel »kauft« demnach die ausländische Währung, sodass der Ankaufskurs zu nehmen ist.

Nach dem (geraden) Dreisatz ist die Aufgabe leicht wie folgt zu lösen:

$$100{,}00 \text{ FF} \,\widehat{=}\, 28{,}45 \text{ DM}$$
$$2.400{,}00 \text{ FF} \,\widehat{=}\, x$$
$$x = \frac{28{,}45 \cdot 2.400{,}00}{100} = 682{,}80 \text{ DM}$$

Antwort:

Herr Marnier erhält 682,80 DM.

Für die Umrechnung von ausländischer Währung in DM gelten folgende Formeln:

$$\text{DM} = \frac{\text{Kurs} \cdot \text{Auslandswährung}}{100 \text{ (Italien 1.000)}}$$

$$\text{Für Aus/GB/USA: DM} = \text{Kurs} \cdot \text{Auslandswährung}$$

Beispiel:

Der Chef de service, Herr Matten, bringt von einer Geschäftsreise aus der Schweiz noch 80,00 Schweizer Franken mit. Er tauscht sie bei seiner Bank in DM um.

Wie viel DM erhält er bei folgenden Kursangaben:

Ankauf 118,00
Verkauf 124,00

Lösungsweg:

$$\text{DM} = \frac{\text{Kurs} \cdot \text{Auslandswährung}}{100} = \frac{118{,}00 \cdot 80{,}00}{100}$$
$$= 94{,}40 \text{ DM}$$

Aufgaben

Falls keine anderen Angaben gemacht sind, nehmen Sie bitte die Kursangaben aus der Kurstabelle.

1. Sie sind als Auszubildender in einem Hotel beschäftigt. Eines Tages kommt ein Gast aus Großbritannien zu Ihnen und möchte 130,00 £ in DM umgetauscht haben.
   Erkundigen Sie sich bei Ihrer Bank über die aktuellen ausländischen Kurse, damit Sie dem Gast den richtigen Betrag auszahlen können.
   Wie viel DM werden Sie bei einem Kurs von 2,65 DM auszahlen?

2. Rechnen Sie folgende ausländische Währungen in DM um:
   a) 2.600,00 bfrs   b) 85,00 £   c) 125,00 NLG   d) 345,00 US-$

3. Das Hotel »Schöne Aussicht« braucht für die Gäste aus Frankreich Wechselgeld.
   Wie viel DM muss der Portier, Herr Schmidt, zur Bank mitnehmen, wenn er für 1.200,00 FF Wechselgeld holen soll (Kurs 28,50)?

4. Ein Reisender aus Barcelona zahlt seine Hotelrechnung passend mit 23.000 ptas.
   Über welchen Betrag lautete die Rechnung?

5. Der Küchenchef, Herr Frei, war auf einer Schulungsveranstaltung in Japan. Er bringt auf seiner Rückreise noch 5.600 Yen wieder mit, die er bei seiner Bank umtauscht.
   Welchen Betrag bekommt er ausgezahlt, wenn die Bank 10 % Bearbeitungsgebühr abzieht?

6. Die Hotelleitung der »Schönen Aussicht« beabsichtigt neue Stühle zu kaufen. Es liegen zwei Angebote vor:
   – Ein Lieferant aus Schweden bietet 85 Stühle frachtfrei für 47.222 skr an (Kurs 22,50).
   – Ein dänischer Lieferant bietet 85 Stühle frachtfrei für 40.341 dkr an (Kurs 25,20).
   a) Welches Angebot ist günstiger?
   b) Was kostet jeweils ein Stuhl bei den zwei Lieferanten?

7. Der holländische Gast, Herr van Geldern, möchte 400 NLG an der Rezeption in DM umtauschen.
   Wie viel DM erhält er, wenn er der Rezeption 10,00 DM als Trinkgeld gibt?

8. Die »Schöne Aussicht« erhält eine Lieferung französischen Weines. Der Rechnungsbetrag lautet über 1.270,00 FF.
   Welchen DM-Betrag muss der Finanzbuchhalter, Herr Beck, dem Spediteur bezahlen, wenn von der Rechnungssumme noch 10% Rabatt abgezogen werden können (Kurs 28,50)? (Auf volle DM aufrunden.)

9. Ein Geschäftsreisender aus New York bezahlt ein Geschäftsessen mit 185,00 $, von denen 20 $ für den Tip gegeben werden. Über welche Summe lautet die Rechnung für den Verzehr und wie viel DM kommen in den Tip? (Kurs 1,60)

10. Die Auszubildende Erika Schmitz bringt verschiedene ausländische Währungen zur Bank: 1.260,00 bfrs; 145,00 £, 330,00 skr und 6.200 ptas.
    Welcher Betrag wird insgesamt in DM dem Konto gutgeschrieben?

11. Ein Gast aus der Schweiz kauft an der Rezeption einige kleinere Schmuckstücke, die in einer Vitrine ausgestellt sind, sowie einige andere Souvenirs. Insgesamt sind 219,00 DM zu bezahlen.

Wie viel DM erhält der Gast auf 200,00 sfrs zurück? (Kurs 117,90)

12. Sie waren in Ihrem Urlaub in Frankreich und haben noch 450,00 FF wieder mit nach Hause gebracht, die Sie bei Ihrer Bank umtauschen.

Welchen Betrag bekommen Sie bei folgenden Kursangaben ausgezahlt: Ankauf 28,60; Verkauf 31,20?

① 140,40 DM ② 128,02 DM ③ 138,15 DM ④ 128,70 DM ⑤ 129,00 DM

13. Ein Gast aus London bittet Sie an der Rezeption den Betrag von 175,00 £ in DM zu wechseln. Welchen Betrag zahlen Sie ihm aus? (Ankauf 2,65; Verkauf 2,85)

① 66,04 DM ② 498,75 DM ③ 463,75 DM ④ 61,40 DM ⑤ 469,00 DM

14. Ein italienischer Reiseveranstalter will im Rahmen einer Sonderaktion eine Reisegruppe in unserem Hotel unterbringen. Der Veranstalter ist jedoch nur bereit pro Tag und Gast einen Betrag von 45.000 lit zu bezahlen. Die Selbstkosten haben wir mit 45,00 DM pro Tag und Gast kalkuliert.

Bei welchem Kurs können wir dem italienischen Veranstalter eine Zusage machen?

① 0,99 ② 0,92 ③ 0,95 ④ 0,89 ⑤ 1,04 ⑥ 0,94

6.2 Umrechnung von DM in ausländische Währung

Die Empfangsdame der »Schönen Aussicht«, Frau Starke, will nach Spanien in Urlaub fahren. Damit sie in den ersten Tagen dort kein Geld umtauschen muss, geht sie zu ihrer Bank und tauscht DM in spanische Peseten um, damit sie bei ihrer Ankunft gleich die passende Landeswährung bei sich hat. Sie möchte z.B. ein Taxi zu ihrem Hotel nehmen, das sie in Peseten bezahlen will.

Beispiel:

Frau Starke tauscht 350,00 DM bei ihrer Bank in spanische Peseten (ptas) um. Wie viel ptas bekommt sie bei folgenden Kursangaben: Ankauf 1,12; Verkauf 1,25.

Lösungsweg:

Auch hier ist zu überlegen, mit welchem Kurs zu rechnen ist.

Frau Starke »kauft« von ihrer Bank die Peseten. Die Bank »verkauft« also die »Ware« Geld an sie. Daher ist bei der Umrechnung von DM in Peseten der Verkaufskurs zu nehmen.

Auch diese Umrechnung ist leicht nach dem direkten Dreisatz zu lösen:

$\quad$ 1,25 DM ≙ 100 ptas
350,00 DM ≙ x

$$x = \frac{100 \cdot 350,00}{1,25} = 28.000 \text{ ptas}$$

Antwort:

Frau Starke werden 28.000 ptas ausgezahlt.

6 Währungsrechnen

Für die Umrechnung von DM in ausländische Währung ergeben sich folgende Formeln:

$$\text{Auslandswährung} = \frac{\text{DM} \cdot 100 \text{ (Italien 1.000)}}{\text{Kurs}}$$

für Aus/GB/USA:

$$\text{Auslandswährung} = \frac{\text{DM}}{\text{Kurs}}$$

Beispiel:

Herr Sören aus Stockholm möchte seine Rechnung über 376,00 DM in schwedischen Kronen begleichen. Welchen Betrag hat er zu bezahlen?
(Ankauf 21,40; Verkauf 23,50)

Lösung:

$$\text{Auslandswährung} = \frac{\text{DM} \cdot 100}{\text{Kurs}} = \frac{376 \cdot 100}{23,50} = 1.600,00 \text{ skr}$$

Antwort:

Herr Sören hat 1.600,00 skr zu bezahlen.

Aufgaben

1. Sie bedienen im Restaurant an Tisch 6 eine Gruppe von vier Gästen. Der Gastgeber, Herr Tissot aus der Schweiz, möchte die Rechnung über insgesamt 303,00 DM in seiner Landeswährung bezahlen und gibt Ihnen 260,00 sfrs, in denen der Tip enthalten sein soll.
Wie viel sfrs sind abzurechnen und wie viel sfrs sind für den Tip? (Ankauf 118,50; Verkauf 121,20)

2. Die Hotelrechnung für einen Gast aus Belgien beträgt 362,00 DM. Er bezahlt mit acht 1.000-Franc-Scheinen und gibt den Rest als Tip.
Wie viel DM beträgt der Tip? (Ankauf 4,60; Verkauf 4,95)

3. Rechnen Sie folgende Beträge in die ausländische Währung um (Kurse siehe Kurstabelle, S. 57, Spalte »Verkauf«):
   a) 145,50 DM in FF
   b) 221,00 DM in bfrs
   c) 360,00 DM in kan$
   d) 86,00 DM in lit

4. Der dänische Reiseveranstalter »Trafic« bittet das Hotel »Schöne Aussicht« um ein Sonderangebot für eine Reisegruppe von 46 Personen und für eine Aufenthaltsdauer von fünf Tagen.
Wir können das Doppelzimmer pro Gast und Tag für 75,00 DM anbieten. Die Bezahlung kann auf Wunsch in dänischer Währung erfolgen. Über welche Gesamtsumme kann das Angebot lauten, wenn wir auf volle 100 dkr abrunden? (Kurs 27,20)

5. Der Gardemanager, Herr Eckert, will zu einem Fortbildunglehrgang nach Griechenland reisen. Er tauscht vor seiner Abreise 300,00 DM um.
Wie viel Drachmen bekommt er, wenn die Bank eine Bearbeitunggebühr von 5% berechnet? (Ankauf 0,55; Verkauf 0,75)

6. Aufgrund der 600-Jahr-Feier der Stadt bietet das Hotel »Schöne Aussicht« folgende Aktion an:

> **Für die große**
> **600-Jahr-Feier am Strand**
> vom 11. bis 14. März bieten wir an
>
> **Übernachtung mit Frühstücksbüffet** **55,00 DM**
> *Genießen Sie kultivierte Gastlichkeit*
> (Preis pro Person im Doppelzimmer)
>
> **Jubiläumsmenü GOLDENE KÜSTE** **40,00 DM**
> *Verwöhnen Sie Ihren Gaumen*
>
> **Sonderveranstaltung:**
> **STADTRUNDFAHRT** **30,00 DM**
> mit Besichtigung der historischen Stätten
> *Erleben Sie spannende Geschichte* (Dauer ca. 4 Stunden)   Preis pro Person

Es sind Gäste aus verschiedenen Ländern angekommen, die jeweils in Landeswährung bezahlen.

a) Wie viel FF hat eine Ehepaar aus Frankreich für Übernachtung/Frühstück zu bezahlen, das drei Tage bleibt? (Kurs 33,00)

b) Eine Reisegruppe aus Dänemark mit 26 Personen hat die Stadtrundfahrt gebucht. Welchen Betrag muss sie bezahlen? (Kurs 26,89; auf volle dkr abrunden.)

c) Ein Ehepaar aus den USA mit zwei Kindern hat zufällig von dem Angebot erfahren. Es werden für eine Nacht zwei Doppelzimmer gebucht sowie vier Menüs verzehrt. Außerdem nimmt die ganze Familie an der Stadtrundfahrt teil. Da die Familie aufgrund der bevorstehenden Rückreise keine DM mehr hat, bezahlt sie in 20-$-Noten; der Rest soll in den Tip gehen.
Berechnen Sie die Gesamtsumme und den Tip in $ (Kurs 1,72).

7. Ein Österreicher ist auf der Durchreise. Er will sich bei der Tourist-Information Stadtführer im Wert von 56,00 DM kaufen und bezahlt den Betrag in Schilling.
Wie viel öS muss er bezahlen? (Kurs 14,17)

8. Der Koch-Auszubildende, Peter Klein, will nach Griechenland in Urlaub fahren. Er tauscht bei seiner Bank 300,00 DM in Drachmen um.
Wie viel bekommt er bei folgenden Kursangaben: Ankauf 0,60; Verkauf 0,75?
① 22.500,00 Dr   ② 50.000,00 Dr   ③ 18.000,00 Dr
④ 40.000,00 Dr   ⑤ 43.480,00 Dr

9. Ein Hotelgast aus Frankreich hat eine Rechnung über 723,90 DM zu bezahlen.
Wie viel FF muss er bei einem Kurs von 28,50 zu bezahlen?
① 207,00 FF   ② 2.450,00 FF   ③ 2.054,00 FF   ④ 2.540,00 FF   ⑤ 2.064,00 FF

10. Ein Gast aus Großbritannien möchte seine Rechnung der »Schönen Aussicht« über 528,30 DM begleichen. Er hat nur noch 405,00 DM bei sich.
Mit wie viel £ muss er den Differenzbetrag ausgleichen? (Kurs 2,74)
① 193,00 £   ② 54,00 £   ③ 45,00 £   ④ 337,84 £   ⑤ 283,00 £

6.3 Berechnung des Wechselkurses

Das Zimmermädchen der »Schönen Aussicht«, Frau Reck, tauscht bei ihrer Bank DM in französische Währung um. Sie zählt die FF nach, weiß aber noch nicht, zu welchem Kurs die Bank gewechselt hat. Wie kann der Bankangestellte ihr den Kurs verdeutlichen?

Beispiel:

Frau Reck bekommt für 330,00 DM, die sie umtauscht, 1.200,00 FF ausgezahlt. Zu welchem Kurs wurde gewechselt?

Lösungsweg:

Es muss berechnet werden, wie viel DM für 100 FF zu zahlen gewesen wären, denn genau dieser Wert ist der Kurs. Mit Hilfe des Dreisatzes ergibt sich:

1.200,00 FF ≙ 330,00 DM
100,00 FF ≙ x

$$x = \frac{330,00 \cdot 100}{1200,00} = 27,50 \text{ DM}$$

Antwort:
Der Kurs beträgt 27,50.

Hier handelt es sich um den Verkaufskurs, da DM in ausländische Währung gewechselt wurde.

Allgemein gilt:
$$\text{Kurs} = \frac{\text{DM-Betrag} \cdot 100 \, (1.000)}{\text{ausländischer Betrag}}$$

für Aus/GB/USA:
$$\text{Kurs} = \frac{\text{DM-Betrag}}{\text{ausländischer Betrag}}$$

Beispiel:

Der Magazinverwalter der »Schönen Aussicht«, Herr Kern, erhält für 650,00 öS, die er aus dem Urlaub wieder mitbringt, 92,30 DM von seiner Bank ausgezahlt. Zu welchem Kurs wurde getauscht?

Lösungsweg:

$$\text{Kurs} = \frac{\text{DM-Betrag} \cdot 100}{\text{ausländischer Betrag}}$$

$$= \frac{92,30 \cdot 100}{650,00} = 14,20$$

Der Kurs beträgt 14,20.

Antwort:
Hier liegt der Ankaufskurs vor, da ausländische Währung in DM umgetauscht wurde.

Aufgaben

1. Gehen Sie zu Ihrer Bank und stellen Sie fest, welche aktuellen Kurse für die wichtigen Währungen der Welt zurzeit gelten. Versuchen Sie auch für einige selten erwähnte Länder (z.B. Israel, Südafrika, Tunesien, Zypern) die Kurse für Devisen und Sorten zu ermitteln.
   Wie hoch ist z.B. der Kurs für Tunesische Dinar, wenn Sie für 200,00 DM bei Ihrer Bank 100,00 Dinar (TND) bekommen?

2. Ein Gast aus Stockholm tauscht an der Rezeption 750,00 skr in DM um und bekommt 163,50 DM dafür.
   a) Um welchen Kurs handelt es sich?
   b) Zu welchem Kurs wurde getauscht?

3. Mr. Adams aus den USA reist ab. Er hat noch 86,00 DM bei sich und tauscht diesen Betrag in US$ um.
   a) Welcher Kurs muss genommen werden?
   b) Welcher Kurs liegt vor, wenn ihm 50,00 $ ausgezahlt werden?

4. Das Hotel »Schöne Aussicht« kauft bei einem dänischen Möbelhersteller Kleiderschränke. Der Hersteller berechnet 37.600,00 skr. Der Finanzbuchhalter, Herr Beck, überweist 10.058,00 DM.
   a) Welchen Kurs hat Herr Beck für die Umrechnung genommen?
   b) Wie hoch ist der Kurs, den Herr Beck für die Berechnung zugrunde gelegt hat?

5. Berechnen Sie die Kurse für folgende Abrechnungen:
   a) Beim Umtausch von 650,00 DM werden 196,30 FF ausgezahlt.
   b) Beim Umtausch von 108,80 DM werden 85,00 kan$ ausgezahlt.
   c) Beim Umtausch von 151,20 DM werden 135.000 lit ausgezahlt.

6. Das Hotel »Schöne Aussicht« bietet auf seiner Speisekarte für die Gäste aus dem In- und Ausland an:

   Tagesangebot

Spargelcremesuppe Schweinemedaillons in Calvadosrahm Gemüsevariationen Kartoffelkroketten Eisbecher »Hawaii«	**DM 34,50**	GB 12,80 £ F 120,00 FF A 250,00 öS I 36.000 lit NL 39,00 NLG DK 140,00 dkr

   Zu welchen Kursen ist das Menü jeweils für die verschiedenen Nationalitäten umgerechnet worden?

7. Señor Gonzales aus Madrid tauscht bei seiner Ankunft in Deutschland 13.000,00 ptas um und bekommt 152,10 DM dafür. Mit welchem Kurs wurde gerechnet?
   ① Verkauf 1,17   ② Ankauf 0,86   ③ Verkauf 0,86   ④ Ankauf 1,71   ⑤ Ankauf 1,17

8. Ein Geschäftsreisender aus Lissabon (Lisboa) bekommt bei einer Bank für 26.000,00 Esc den Betrag von 283,40 DM in bar ausgezahlt. Welcher Kurs wurde genommen?
   ① Verkauf 1,09   ② Ankauf 1,09   ③ Ankauf 0,92   ④ Verkauf 0,92   ⑤ Geld 0,92

7 Prozent- und Promillerechnung

Die Prozentrechnung ist eine Vergleichsrechnung, bei der die Zahl 100 (pro centum = vom Hundert) als Vergleichszahl bzw. als Bezugsgröße dient. Für »Prozent« kann auch v.H. (vom Hundert) gesagt werden. In der Praxis wird jedoch meistens das %-Zeichen benutzt.

In der Promillerechnung (pro mille = vom Tausend) dient die Zahl 1000 als Bezugsgröße. Es wird das ‰-Zeichen benutzt.

In der Prozent- bzw. Promillerechnung gibt es drei Größen, mit denen gerechnet wird:

Grundwert   Der Grundwert entspricht immer einem Ganzen (= 1), also immer 100 % bzw. 1000 ‰.

Prozent- bzw. Promillesatz: Der Prozentsatz bzw. Promillesatz gibt die Teile vom Grundwert an.
Beispiel: 3 % = 3 vom Hundert = 3 Hundertstel
           5 ‰ = 5 vom Tausend = 5 Tausendstel

Prozent- bzw. Promillewert: Der Prozentwert (Promillewert) ist der entsprechende Größenanteil von einem Grundwert, ausgedrückt z.B. in DM, Meter, Kilogramm, Stückzahl, Bratverlust, Auslastungsgrad usw.
Beispiel: 10 % von 200,00 DM

Grundwert		Prozentsatz		Prozentwert
200,00 DM	davon	10 %	=	20,00 DM

Beispiel:

Das Hotel »Schöne Aussicht« hat mit 94 Zimmern eine Jahreskapazität von 34 310 Übernachtungen. Im letzten Jahr wurden 27 448 Übernachtungen gebucht.
Das Hotel »Goldener Löwe« verzeichnete im selben Jahr bei einer Kapazität von 27 740 Übernachtungen insgesamt 19 418 Buchungen.
Welches Hotel hatte den besseren Auslastungsgrad?

Lösungsweg:

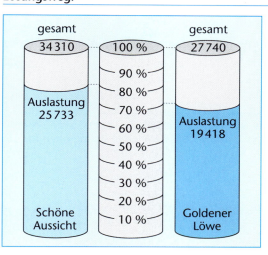

Schöne Aussicht:
34 310 ≙ 100 %
27 448 ≙ x
$$x = \frac{100 \cdot 27\,448}{34\,310} = 80\,\%$$

Goldener Löwe:
27 740 ≙ 100 %
19 418 ≙ x
$$x = \frac{100 \cdot 19\,418}{27\,740} = 70\,\%$$

Antwort:

Das Hotel »Schöne Aussicht« hatte eine Auslastung von 80 %, das Hotel »Goldener Löwe« eine Auslastung von 70 %.

7.1 Berechnung des Prozentwertes

Der Küchenchef der »Schönen Aussicht«, Herr Frei, will für eine Abendgesellschaft Rinderbraten zubereiten. Der Sous-chef, Herr Raff, hat auftragsgemäß ein Stück dieses Fleisches eingekauft. Für die Zubereitung muss jedoch berücksichtigt werden, dass nicht das ganze Stück serviert werden kann.

Beispiel:

Das Stück Rinderbraten wiegt 4,400 kg. Beim Braten entsteht ein Bratverlust von 12,5 %.
Wie viel Gramm verliert das Stück Fleisch beim Braten?

Lösungsweg:

Mit Hilfe des (geraden) Dreisatzes kann die Aufgabe folgendermaßen gelöst werden:

100 % ≙ 4,400 kg
12,5 % ≙ x

$$x = \frac{4,400 \cdot 12,5}{100} = 0,550 \text{ kg } (550 \text{ g})$$

Antwort:

Das Stück Fleisch verliert beim Braten 550 g.

Für die Berechnung des Prozentwertes/Promillewertes gelten folgende Formeln:

Prozentwert =

$$\frac{\text{Grundwert} \cdot \text{Prozentsatz}}{100} \quad \text{bzw.} \quad \frac{\text{Grundwert}}{100} \cdot \text{Prozentsatz}$$

Promillewert =

$$\frac{\text{Grundwert} \cdot \text{Promillesatz}}{1000} \quad \text{bzw.} \quad \frac{\text{Grundwert}}{1000} \cdot \text{Promillesatz}$$

Für die Berechnung des Prozentwertes/Promillewertes müssen Grundwert und Prozentsatz/Promillesatz gegeben sein.

Beispiel:

Ein Hotel schließt für das Gebäude im Wert von 2.350.000,00 DM eine Feuerversicherung ab. Die Versicherungsprämie beträgt 1,8 ‰. Welchen Betrag muss das Hotel bezahlen?

Lösungsweg:

$$\text{Promillewert} = \frac{\text{Grundwert} \cdot \text{Promillesatz}}{1000} = \frac{2.350.000,00 \cdot 1,8}{1000} = \textbf{4.230,00 DM}$$

Es sind 4.320,00 DM an Versicherungsprämie zu bezahlen.

7 Prozent- und Promillerechnung

Aufgaben

1. Erkunden Sie, wo überall in Ihrem Arbeitsbereich die Prozent-/Promillerechnung zu finden ist. Schreiben Sie sich zu den herausgefundenen Größen die entsprechenden Prozent-/ Promillesätze heraus und stellen Sie die Werte in einer Tabelle, auch per EDV, zusammen.

2. Für eine Lieferung von 60 Flaschen Wein im Gesamtwert von 375,00 DM gewährt der Lieferer einen Rabatt in Höhe von 14%. Welcher Betrag kann als Rabatt abgezogen werden und welcher Betrag muss dann noch bezahlt werden?

3. Ein Stück Fleisch wiegt 2,750 kg. Der Küchenmeister rechnet bei der Zubereitung mit einem Verlust von 30% an Knochen und Parüren sowie einem Bratverlust von 12%. Welches Gewicht hat das Fleisch noch nach dem Braten?

4. Ein Hotel hat 65 Zimmer mit insgesamt 108 Betten. Im letzten Jahr war das Haus zu 79,5% ausgelastet. Wie viel Übernachtungen konnten verzeichnet werden? (Auf ganze Zahl aufrunden.)

5. Die Lohnbuchhalterin der »Schönen Aussicht«, Frau Heine, schließt eine Lebensversicherung über 60.000,00 DM ab. Die Vermittlungsprovision für den Versicherungsvertreter beträgt 1,6‰ von der Versicherungssumme. Welchen Betrag rechnet der Vertreter für sich ab?

6. Einige Zimmer des Hotels sollen mit Fax-Geräten ausgestattet werden.
Die »Elektrocom GmbH« schickt folgendes Angebot:
Welcher Betrag muss bei Abnahme von 27 Stück überwiesen werden?

Angebot über FAX-Geräte
DM **379,00** /Stck
Bei Abnahme von mehr als:
20 Stück = 15% Rabatt
25 Stück = 18% Rabatt

7. Wie viel Portionen zu je 160 g/Stück können aus einem Stück Rinderfilet, das 5,350 kg wiegt, serviert werden, wenn der Küchenchef, Herr Frei, mit einem Bratverlust von 12% rechnen muss?

8. Das Hotel »Schöne Aussicht« kauft im Großmarkt Obst und Gemüse für 1.235,50 DM. Bei sofortiger Zahlung (»Barzahlung«) können 3% Skonto abgezogen werden. Welcher Betrag muss noch bezahlt werden?

9. Der Preis für eine Übernachtung mit Frühstück beträgt 125,00 DM. Aufgrund von Kostensteigerungen muss der Preis um 8% erhöht werden. Wie viel muss ein Gast nach der Preiserhöhung bezahlen?

10. Für eine Festtagsgesellschaft wird ein Blumengebinde als Tischdekoration bestellt. Der Nettopreis beträgt 185,00 DM. Welcher Gesamtpreis ist zu bezahlen, wenn noch 7% Umsatzsteuer hinzuzurechnen sind?

11. In der Küche des Hotels »Schöne Aussicht« werden in einem Monat 720 kg Kartoffeln verbraucht. Der Schälverlust beträgt 23%. Wie viel kg Kartoffeln können noch insgesamt serviert werden?
① 165,600 kg ② 545,400 kg ③ 560,000 kg ④ 554,400 kg ⑤ 489,600 kg

12. Für frischen Grapefruitsaft werden 14,500 kg Grapefruits ausgepresst. Der Saftanteil beträgt 60%. Wie viel Gläser mit je 0,2 l Inhalt können serviert werden? (1 l entspricht 1 kg)
① 19 Gläser ② 44 Gläser ③ 29 Gläser ④ 43 Gläser ⑤ 34 Gläser

7.2 Berechnung des Prozentsatzes

Im Magazin soll auf Anweisung des Magazinleiters, Herrn Kern, der Bestand an Kaffee aufgefüllt werden, weil der Meldebestand erreicht ist. Der Auszubildende, Olaf Jansen, soll den aktuellen Kaffeepreis herausbekommen. Wegen einer schlechten Kaffee-Ernte in diesem Jahr muss Olaf Jansen leider eine Preiserhöhung feststellen.

Beispiel:

Olaf Jansen hat den aktuellen Preis ermittelt: Für 1 kg Kaffee ist der Preis von 14,00 DM um 2,10 DM gestiegen. Wie viel Prozent beträgt die Preissteigerung?

Lösungsweg:

Auch hier ist der (gerade) Dreisatz gut anwendbar:

14,00 DM $\widehat{=}$ 100%
2,10 DM $\widehat{=}$ x

$$x = \frac{100 \cdot 2{,}10}{14{,}00} = \mathbf{15{,}0\%}$$

Antwort:

Die Preissteigerung beträgt 15%.

Allgemein gilt:

Prozentsatz = $\frac{\text{Prozentwert} \cdot 100}{\text{Grundwert}}$ bzw. Prozentsatz = Prozentwert : $\frac{\text{Grundwert}}{100}$

Promillesatz = $\frac{\text{Promillewert} \cdot 1000}{\text{Grundwert}}$ bzw. Promillesatz = Promillewert : $\frac{\text{Grundwert}}{1000}$

Es müssen Prozentwert/Promillewert und Grundwert gegeben sein.

Beispiel:

Für eine Feuerversicherung muss bei einer Versicherungssumme von 435.000,00 DM eine Jahresprämie von 348,00 DM bezahlt werden. Welchem Promillesatz entspricht dies?

Lösungsweg:

435.000,00 DM $\widehat{=}$ 1000‰
348,00 DM $\widehat{=}$ x

$$x = \frac{348{,}00 \cdot 1000}{435.000{,}00} = \mathbf{0{,}8\text{‰}}$$

Antwort:

Die Jahresprämie beträgt 0,8‰.

Aufgaben

1. Erweitern Sie die Tabelle, die Sie aufgestellt haben (Kapitel 7.1, Aufgabe 1), um die passenden Prozentwerte.

2. Für die Renovierung einer Etage werden 160 m² Teppichboden geliefert. Beim Auslegen wird festgestellt, dass 12 m² fehlerhaft sind und nicht verwendet werden können. Wie viel Prozent müssen reklamiert werden?

3. Für eine Sendung Getränke in einem Gesamtwert von 1.286,00 DM können wegen sofortiger Zahlung 32,15 DM Skonto abgezogen werden. Wie viel Prozent Skonto gewährt der Lieferant?

4. Die Personalkosten betragen in einem Abrechnungszeitraum 71.251,00 DM. Der Umsatz beträgt im gleichen Zeitraum 165.700,00 DM. Wie viel Prozent des Umsatzes betragen die Personalkosten?

5. Der Chef de bar, Herr Mix, bezieht ein Bruttogehalt von 3.126,30 DM. Er bekommt 2.119,60 DM ausgezahlt. Wie viel Prozent des Bruttogehaltes betragen die Gesamtabzüge?

6. Nach dem Putzen von 6,600 kg frischen Blumenkohl können noch 4,290 kg verarbeitet werden. Wie viel Prozent beträgt der Putzverlust?

7. Nach Abzug aller Steuern, des Solidaritätszuschlages und der Sozialabgaben bekommt die Büglerin, Frau Kamm, von ihrem Bruttogehalt, das 3.430,00 DM beträgt, noch 2.263,80 DM ausgezahlt. Wie viel Prozent betragen die gesamten Abzüge?

8. In einer Tageszeitung finden Sie nebenstehende Anzeige:

   Um wie viel Prozent liegt der Probierpreis unter dem normalen Angebotspreis?

9. Der Gesamtumsatz im Restaurant beträgt an einem Tag 9.456,00 DM. Die Einnahmen des Demi-chef, Herrn Buck, betragen an diesem Tag 1.276,60 DM. Wie viel Prozent der Gesamteinnahmen entfallen auf Herrn Buck?

10. Im Hotel »Schöne Aussicht« werden 120 Glühbirnen (60 W) durch Energiesparlampen ersetzt. Die bisherigen Stromkosten können durch diese ökologische Maßnahme von 58,32 DM auf 11,66 DM (gleiche Nutzungsdauer, gleicher Verbrauchspreis pro kWh) gesenkt werden.
    Wie viel Prozent Energieeinsparung bewirken die Energiesparlampen?

11. Der Großmarkt bietet an:

Frische Erdbeeren	bisher 39,60 DM für 10 kg
heutiger Aktionspreis:	29,88 DM für 10 kg.

    Um wie viel Prozent liegt der Aktionspreis unter dem alten Preis?

12. Für eine Versicherung mit einer Versicherungssumme von 120.000,00 DM werden 168,00 DM an Vertreterprovision berechnet. Wie viel Promille sind dies?

13. Von einem Tronc in Höhe von insgesamt 5.725,00 DM entfallen 480,90 DM auf den Commis de bar.
Welchem Prozentanteil entspricht dies?
① 8,4 %   ② 8,5 %   ③ 7,9 %   ④ 9 %   ⑤ 4,8 %

14. An einem Wochenende im Februar sind von den 55 Mitarbeitern des Hotels »Schöne Aussicht« sechs an Grippe erkrankt. Wie hoch ist der Krankenstand?
① 6,0 %   ② 10,0 %   ③ 5,5 %   ④ 10,9 %   ⑤ 11,0 %

7.3 Berechnung des Grundwertes

Die Abteilungsköchin, Frau Reich, bereitet für eine Geburtstagsfeier Schmorbraten zu. Sie muss dabei berücksichtigen, dass beim Zubereiten ein Schmorverlust entsteht.

Beispiel:

Beim Schmoren des Bratenstückes entsteht ein Schmorverlust von 630 g, das sind 18 % des ursprünglichen Gewichtes. Wie viel wog das Bratenstück vor dem Schmoren?

Lösungsweg:

Bei Anwendung des (geraden) Dreisatzes ergibt sich folgende Lösung:

$18\% \triangleq 630$ g
$100\% \triangleq$ x

$$x = \frac{630 \cdot 100}{18} = 3500 \text{ g } (3,500 \text{ kg})$$

Antwort:

Das Stück Fleisch wog vor dem Braten 3,500 kg.

Allgemein gilt:

Grundwert =

$$\frac{\text{Prozentwert} \cdot 100}{\text{Prozentsatz}} \text{ bzw. Grundwert = Prozentwert} : \frac{\text{Prozentsatz}}{100}$$

Grundwert =

$$\frac{\text{Promillewert} \cdot 1000}{\text{Promillesatz}} \text{ bzw. Grundwert = Promillewert} : \frac{\text{Promillesatz}}{1000}$$

Es müssen Prozentwert/Promillewert und Prozentsatz/Promillesatz gegeben sein.

7 Prozent- und Promillerechnung

Beispiel:

Das Hotel »Brauner Hirsch« hatte im letzten Jahr eine Bettenauslastung von 74,5 %. Es wurden insgesamt 17 433 Übernachtungen ermittelt. Wie hoch war die gesamte Übernachtungskapazität?

Lösungsweg:

74,5 % ≙ 17 433 Übernachtungen
100 % ≙ x

$$x = \frac{17\,433 \cdot 100}{74,5} = 23\,400 \text{ Übernachtungen}$$

Antwort:

Das Hotel verfügte über eine Kapazität von 23 400 Übernachtungen.

Aufgaben

1. Ermitteln Sie anhand unterschiedlicher Preisveränderungen auf verschiedenen Belegen und anderen Unterlagen (z.B. Speisenkarte, Lieferantenrechnungen) die jeweiligen prozentualen Abweichungen.

2. Der Preis eines Menüs wird um 3,50 DM erhöht. Das sind 14 % mehr als der bisherige Preis auf der Speisenkarte. Welchen Betrag haben die Gäste bisher für das Menü bezahlt?

3. Der Umsatzsteueranteil beim Kauf eines Anrufbeantworters mit Fax beträgt 87,20 DM. Zu welchem Nettopreis wird das Gerät angeboten?

4. Die Finanzbuchhaltung der »Schönen Aussicht« zieht von einer Rechnung, die für den Kauf eines neuen PC ausgestellt wurde, 3 % Skonto ab. Der Rechnungsbetrag verringert sich dadurch um 103,35 DM.
   a) Über welchen Betrag lautet die ursprüngliche Summe?
   b) Welcher Betrag muss nach Abzug von Skonto noch überwiesen werden?

5. Ein Erwachsener zwischen 25 und 51 Jahren sollte täglich 900 mg Calcium zu sich nehmen.
   Herr Sana möchte $\frac{2}{3}$ seines Calciumbedarfs durch Milch decken (frische Trinkmilch, 3,5 % Fett). Wie viel Gläser mit 0,2 l Inhalt muss er trinken? (1 kg = 1 l)

6. Der Putzverlust von Paprika beträgt 25 %. An einem Tag fallen 4,600 Paprikaabfall an.
   Wie viel Rohpaprika ist vorbereitet worden?

7. Im Rahmen einer Werbeaktion wird der Preis für ein Menü um 20 % gesenkt. Es ist jetzt 6,50 DM günstiger als während der übrigen Zeit.
   a) Zu welchem Preis wurde das Menü bisher auf der Karte angeboten?
   b) Was muss der Gast jetzt noch bezahlen?

8. Für eine Gebäudeversicherung wird eine Versicherungsprämie von 1,7 ‰ berechnet. Im letzten Jahr wurden 1.335,35 DM Prämie bezahlt.
   Welcher Gebäudewert wurde zugrunde gelegt?

9. Im Restaurant der »Schönen Aussicht« konnte aufgrund erfolgreicher Werbe- und Servicemaßnahmen eine Umsatzsteigerung von 12 % erreicht werden. Im Monat Mai wurden 11.310,00 DM mehr eingenommen als im April.

   Berechnen Sie den April-Umsatz und die Gesamteinnahmen im Mai.

10. Während der Spargelsaison melden sich 35 Personen zum Spargelessen an. Für jeden sollen 260 g Spargel zubereitet werden. Wie viel Spargel ist einzukaufen, wenn mit einem Putzverlust von 35 % gerechnet wird?

    ① 9,100 kg   ② 16,900 kg   ③ 14,000 kg   ④ 12,500 kg   ⑤ 9,900 kg

11. Die Buchhaltung ermittelt für das letzte Geschäftsjahr einen durchschnittlichen Personalkostenanteil von 42,7 % der gesamten Betriebskosten. Im Monat März wurden für einen Bereich Personalkosten in Höhe von 23.695,50 DM festgestellt. Wie hoch (in vollen DM) waren im gleichen Zeitraum die Betriebskosten?

    ① 55.439,00 DM   ② 41.353,00 DM   ③ 10.118,00 DM   ④ 51.471,00 DM
    ⑤ 55.493,00 DM

7.4 Prozentrechnung bei vermehrtem Grundwert

Ein vermehrter Grundwert liegt dann vor, wenn zum Grundwert (100 %) ein bestimmter Prozentwert hinzugerechnet wird.

Um den Grundwert bzw. die absolute Vermehrung berechnen zu können, müssen der vermehrte Wert und der Prozentsatz der Vermehrung gegeben sein.

Das Hotel »Schöne Aussicht« will im Rahmen einer Modernisierungsmaßnahme unter anderem neues Geschirr verwenden. Nach dem Vergleich verschiedener Angebote wird bei der »Schmidt & Blumental OHG, Hotel- und Gastronomiebedarf« ein Geschirr bestellt, das den Erwartungen entspricht. Die Eingangsrechnung wird umgehend Herrn Beck, dem Finanzbuchhalter, zugeleitet. Er prüft die Rechnung auf inhaltliche und rechnerische Richtigkeit.

Beispiel:

Für die Lieferung Geschirr muss das Hotel inklusiv 16 % Mehrwertsteuer insgesamt 14.500,00 DM bezahlen. Welchen Nettopreis und MWSt-Anteil wird Herr Beck ermitteln?

Lösungsweg:

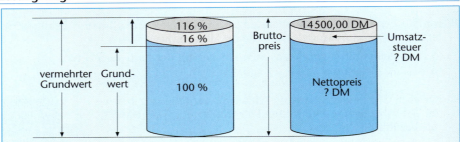

Der (gerade) Dreisatz bietet – hier für die Berechnung des Nettopreises – folgende Lösung:

116 % ≙ 14.500,00 DM
100 % ≙ x

$$x = \frac{14.500{,}00 \cdot 100}{116} = 12.500{,}00 \text{ DM}$$

hier vereinfachend: 14.500,00 : 1,16 = **12.500,00 DM**

Antwort:

Der Nettopreis beträgt 12.500,00 DM. Damit ergibt sich der MWSt-Anteil in Höhe von 14.500,00 DM – 12.500,00 DM = 2.000,00 DM.
Zur Kontrolle: 16 % MWSt von 12.500,00 DM (netto) = 2.000,00 DM.

Die Formel für die Berechnung des Grundwertes, wenn der vermehrte Grundwert gegeben ist, lautet:

$$\text{Grundwert} = \frac{\text{vermehrter Grundwert} \cdot 100}{100 + \text{Prozentsatz}}$$

$$\text{Grundwert} = \frac{\text{vermehrter Grundwert} \cdot 1000}{1000 + \text{Promillesatz}}$$

Es müssen der vermehrte Grundwert sowie der Prozentsatz/Promillesatz gegeben sein.

Beispiel:

Die Personalkosten eines Bereiches stiegen um 12 % auf 22.960,00 DM. Wie hoch waren sie vorher und wie viel DM betrug die Steigerung?

Lösungsweg:

$$\text{Grundwert} = \frac{\text{vermehrter Wert} \cdot 100}{100 + \text{Prozentsatz}}$$

$$= \frac{22\,960{,}00 \cdot 100}{100 + 12}$$

$$= \frac{22\,960 \cdot 100}{112} = 20.500{,}00 \text{ DM}$$

Antwort:

Die bisherigen Personalkosten betrugen 20.500,00 DM, die Steigerung 2.460,00 DM (22.960,00 DM – 20.500,00 DM bzw. auch 12 % von 20.500,00 DM).

Aufgaben

1. Ermitteln Sie aus verschiedenen Belegen/Unterlagen (z.B. Lieferantenrechnungen, Speisenkarten) den Umsatzsteuersatz sowie dann die entsprechenden Nettobeträge.

2. Die Monatsmiete für 15 gemietete Pkw-Stellplätze wurde um 25 % auf insgesamt 1.500,00 DM erhöht.
   a) Um wie viel DM hat sich die Gesamtmiete erhöht?
   b) Welche Monatsmiete musste ursprünglich für einen Stellplatz bezahlt werden?

3. Eine Flasche Sekt wird auf der Getränkekarte zu einem Preis von 24,00 DM angeboten. Wie hoch darf der Einkaufspreis einer Flasche höchstens sein, wenn mit einem Gesamtaufschlag von 275 % gerechnet wird?

4. Der Chef de rang, Herr Dressel, hat an einem Abend insgesamt 2.041,00 DM inkl. 16 % MWSt eingenommen. Berechnen Sie den Nettoumsatz und den MWSt-Anteil.

5. Das Controlling stellt nach einer genauen Analyse fest, dass der Umsatz im Restaurant an einem Mittwoch 4,6 ‰ höher war als am Tag zuvor. Welcher Umsatz konnte am Dienstag verzeichnet werden, wenn am Mittwoch 24.110,20 DM eingenommen wurden?

6. In der »Schönen Aussicht« wird eine Übernachtung mit Frühstück (Einzelzimmer) für 120,00 DM angeboten. Wie hoch dürfen die Selbstkosten höchstens sein, wenn das Hotel mit einem Gesamtaufschlag von 54 % kalkuliert?

7. Für das Magazin wird Bier bestellt. Die Lieferung kostet inkl. 16 % MWSt. 574,20 DM. Berechnen Sie den Nettopreis.

8. Der Auszubildende Jens Großer lädt seine Freundin in ein griechisches Restaurant zum Essen ein und bekommt diesen Beleg:

    Aufgrund fehlerhaften Ausdrucks sind der Nettobetrag und die MWSt nicht mehr erkennbar. Berechnen Sie diese beiden Beträge.

Griechische Spezialitäten	01.06.98	02	Tisch 7
2 Pils 0,4		4,20	8,40
1 0,2-Kokinelli			5,00
1 36-TO"Roxani			17,50
1 56-Rhodos-Te			17,50
Total Bar-Zahl			**48,40**
enth. MWSt 16 %			
Nettobetrag			
Es bediente Sie:			Bed. 1

9. Nach einer Umsatzsteigerung von 5,25 % wird in einer Etage ein Umsatz von 27.786,00 DM festgestellt. Berechnen Sie den vorherigen Umsatz und die Steigerung in DM.

10. Der Preis für eine Flasche guten Weinbrandes wird bei einem Lebensmittelgroßhändler um 6,25 % erhöht und beträgt jetzt 13,60 DM.
    Was kostete der Weinbrand vor der Preiserhöhung?

11. Ein Menü wird auf der Speisenkarte mit 54,00 DM angeboten.
    Wie hoch sind die Materialkosten für das Menü, wenn mit einem Gesamtaufschlag von 260 % kalkuliert wird?

12. Nach einer Gehaltserhöhung von 3,2 % erhält der Chef de rang ein Gehalt in Höhe von 3.988,68 DM.
    Wie hoch war das ursprüngliche Gehalt?
    ① 3.865,00 DM ② 3.861,04 DM ③ 3.856,00 DM ④ 3.865,31 DM
    ⑤ 4.116,32 DM

13. Der Preis für einen PC wurde erst um 10 %, dann noch einmal um 5 % gesenkt und beträgt jetzt 2.052,00 DM.
    Wie hoch war der ursprüngliche Preis?
    ① 2.414,00 DM ② 2.400,00 DM ③ 2.360,00 DM ④ 2.160,00 DM
    ⑤ 2.370,00 DM

7.5 Prozentrechnung bei vermindertem Grundwert

Bei der Rechnung mit vermindertem Grundwert handelt es sich um eine Berechnung, bei der ein Wert vorliegt, der kleiner als 100% ist. Der Grundwert (100%) ist um einen bestimmten Prozentsatz vermindert worden.

> In der Abteilung Rechnungswesen der »Schönen Aussicht« überprüft die Controlling-Stelle monatlich die Anzahl der verkauften Übernachtungen. Damit sollen einerseits die angefallenen Kosten und Leistungen festgestellt werden, andererseits auch eine Vergleichs- bzw. Kontrollrechnung von Kosten und Leistungen durchgeführt werden, um gegebenenfalls entsprechende betriebliche Maßnahmen durchzuführen.

Beispiel:

Die kaufmännische Direktorin, Frau Best, stellt fest, dass die Anzahl der Übernachtungen von August bis September um 20% auf 3120 zurückgegangen ist. Wie viel Übernachtungen wurden im August verzeichnet?

Lösungsweg:

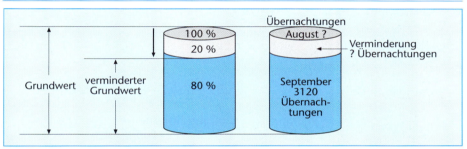

Die Anwendung des (geraden) Dreisatzes führt zu folgender Lösung:

80% ≙ 3120 Übernachtungen
100% ≙ x

$x = \dfrac{3120 \cdot 100}{80} = 3900$ Übernachtungen

Antwort:

Im Vormonat August wurden 3900 Übernachtungen (Ü) gebucht. Im September wurden 780 Übernachtungen weniger verzeichnet.
Zur Kontrolle: 20% von 3900 Ü sind 780 Ü. 3900 Ü – 780 Ü sind 3120 Ü.

Daraus ergibt sich folgende Formel für die Berechnung des Grundwertes:

$$\text{Grundwert} = \dfrac{\text{verminderter Grundwert} \cdot 100}{100 - \text{Prozentsatz}}$$

$$\text{Grundwert} = \dfrac{\text{verminderter Grundwert} \cdot 1000}{1000 - \text{Promillesatz}}$$

Es müssen der verminderte Grundwert und der Prozentsatz/Promillesatz gegeben sein.

Beispiel:

Beim Braten von Schweinefleisch entsteht ein Bratverlust von 15 %. Es sollen für elf Gäste je 170 g Schweinebraten serviert werden. Wie viel Schweinefleisch ist vorzubereiten?

Lösung:

$$\text{Grundwert} = \frac{\text{verminderter Grundwert} \cdot 100}{100 - \text{Prozentsatz}}$$

$$= \frac{1870 \, (!) \cdot 100}{100 - 15}$$

$$= \frac{1870 \cdot 100}{85} = 2200 \text{ g}$$

Antwort:

Es sind 2200 g (2,200 kg) zum Braten vorzubereiten.
Zur Kontrolle: 85 % von 2200 g = 1870 g; 1870 : 170 = 11 Portionen.

- In der Prozentrechnung/Promillerechnung gibt es drei Größen, mit denen gerechnet wird.
- Es müssen immer zwei Größen gegeben sein, um die gesuchte zu berechnen.
- Die Prozentrechnung/Promillerechnung kann mit Hilfe des geraden (proportionalen) Dreisatzes leicht durchgeführt werden.
- Es gelten folgende Formeln:

$$\text{Prozent(Promille)wert} = \frac{\text{Grundwert} \cdot \text{Prozent(Promille)satz}}{100 \, (1000)}$$

$$\text{Prozent(Promille)satz} = \frac{\text{Prozent(Promille)wert} \cdot 100 \, (1000)}{\text{Grundwert}}$$

$$\text{Grundwert} = \frac{\text{Prozent(Promille)wert} \cdot 100 \, (1000)}{\text{Prozent(Promille)satz}}$$

$$\text{Grundwert bei } \textit{vermehrtem} \text{ Wert} = \frac{\textit{vermehrter} \text{ Grundwert} \cdot 100 \, (1000)}{100 \, (1000) + \text{Prozent(Promille)satz}}$$

$$\text{Grundwert bei } \textit{vermindertem} \text{ Wert} = \frac{\textit{verminderter} \text{ Grundwert} \cdot 100 \, (1000)}{100 \, (1000) - \text{Prozent(Promille)satz}}$$

Aufgaben

1. Ermitteln Sie Werte in Ihrem Betrieb oder in Ihrem privaten Bereich, bei denen Ihnen die absolute Verminderung (DM, kg usw.) sowie die relative Verminderung (in %) bekannt sind. Berechnen Sie anschließend die ursprünglichen Werte und stellen Sie die Ergebnisse in einer Tabelle, auch per EDV, zusammen.

2. Die »Schöne Aussicht« bestellt bei einem Textilfabrikanten Tischwäsche. Nach Abzug von 22 % Rabatt werden noch 1.918,80 DM bezahlt. Über welchen Betrag lautete der ursprüngliche Rechnungsbetrag?

3. Die »Schöne Aussicht« bezahlt die Rechnung einer Lieferung für die Neuausstattung der Rezeption mit folgender Überweisung:

a) Über welchen Betrag lautete die Rechnung?
b) Wie viel DM Skonto konnten abgezogen werden?

4. Für eine Vertreterkonferenz bucht ein Küchengerätehersteller sieben Einzelzimmer (Ü/F).
Entgegen der Reservierung reisen die Gäste nicht an. Wegen der kurzfristigen Absage werden dem Hersteller 812,00 DM in Rechnung gestellt, das sind 20% weniger als die vereinbarten Übernachtungskosten.
a) Welcher Betrag war für die sieben Einzelzimmer ursprünglich vereinbart?
b) Zu welchem Preis war ein Zimmer angeboten worden?

5. Die Zahl der Übernachtungen sank von Januar bis Februar um 10%, von Februar bis März noch einmal um 5%. Im März wurden 2 052 Übernachtungen festgestellt.
a) Wie viel Übernachtungen wurden im Januar bzw. Februar verzeichnet?
b) Um wie viel Prozent ist die Zahl der Übernachtungen insgesamt zurückgegangen?
c) Um wie viel Prozent war die Zahl der Übernachtungen im Januar größer als im März?

6. Nach Abzug von 10% Rabatt und 2,5% Skonto werden für eine Bestecklieferung noch 7.364,70 DM überwiesen.
a) Wie hoch war der Rechnungsbetrag?
b) Wie viel DM und Prozent (vom Rechnungsbetrag) wurden abgezogen?

7. Für eine Öko-Aktion wird der Preis für Energiesparlampen um 25% gesenkt. Diese kosten jetzt noch 10,50 DM. Wie viel kosteten sie vorher?

8. Es wird Geschirr in Kisten angeliefert. Durch unsachgemäße Verpackung sind 7,5% der bestellten Teller zu Bruch gegangen. Es konnten nur noch 296 Teller in fehlerfreiem Zustand festgestellt werden. Wie viel Teller waren bestellt worden?

9. Sie sollen für 39 Portionen Spargelessen Spargel einkaufen. Jedem Gast sollen 400 g serviert werden. Wie viel müssen Sie beim Großmarkt einkaufen, wenn bei Spargel mit einem Schälverlust von 35 % zu rechnen ist?

10. Der Umsatz einer Station sank im letzten Monat um 4,5 % und betrug noch 17.524,25 DM. Wie hoch war der Umsatz im vorletzten Monat?
① 18.350,00 DM   ② 18.313,10 DM   ③ 16.735,66 DM   ④ 18.400,46 DM
⑤ 18.035,00 DM

11. Ein Küchenherd wurde jährlich mit jeweils 20 % vom letzten Wert abgeschrieben. Nach zwei Nutzungsjahren steht er noch mit 2.944,00 DM zu Buche.

a) Wie hoch war der Anschaffungswert?
① 3.680,00 DM   ② 4.500,00 DM   ③ 4.600 DM
④ 4.121,60 DM   ⑤ 4.239,36 DM

b) Wie viel DM sind bisher insgesamt abgeschrieben worden?
① 3.680,00 DM   ② 1.565,00 DM   ③ 1.840,00 DM
④ 1.656,00 DM   ⑤ 1.665,00 DM

c) Wie viel Prozent vom Anschaffungswert sind insgesamt abgeschrieben worden?
① 40 %   ② 36 %   ③ 24 %   ④ 42 %   ⑤ 60 %

8 Zinsrechnung

Die Zinsen (census, lat. = Schätzung) sind das Entgelt, also der »Preis« für die Überlassung von Geld bzw. Kapital (capus, lat. = Anzahl von Köpfen), das für einen bestimmten Zeitraum ausgeliehen wurde. Die Zinsrechnung wird bei Sparguthaben, z.B. Sparbüchern, Gewährung von Krediten, Girokonten (Habenzinsen bei Guthaben und Sollzinsen bei Kontoüberziehung bzw. Kontokorrentkredit), Gewährung von Krediten sowie bei bestimmten Anlageformen, z.B. festverzinsliche Wertpapiere, angewendet.

Die Zinsrechnung ist eine erweiterte Form der Prozentrechnung, zu der als 4. Größe der Faktor Zeit hinzukommt.

Prozentrechnung	Zinsrechnung
Grundwert	Kapital: K
Prozentsatz	Zinssatz, Zinsfuß: p
Prozentwert	Zinsen: Z
–	Zeit: t (von tempus, lat. = Zeit): Jahre, Monate, Tage

Kapital Das Kapital ist der überlassene Geldbetrag und entspricht dem Grundwert in der Prozentrechnung, ist also immer 100%.

Zinssatz Der Zinssatz entspricht dem Prozentsatz der Prozentrechnung und bezieht sich, wenn nichts anderes angegeben ist, immer auf ein Jahr (p.a. = per annum, lat. = pro Jahr).

Zeit Es ist der Zeitraum, für den ein bestimmtes Kapital zinsbringend zur Verfügung gestellt wird.

In der deutschen Zinsrechnung wird das Zinsjahr mit 360 Tagen, der Zinsmonat mit 30 Tagen (außer wenn bis Ende Februar gerechnet wird: dann sind es 28/29 Tage) gerechnet.

> Neuerdings gilt – nur für die Diskontrechnung – folgende neue Eurozinsmethode:
>
> Bei der Diskontrechnung (Abrechnung bei Ankauf und Verkauf von Wechseln) werden die Tage für jeden Monat taggenau gerechnet:
> - Januar, März, Mai, Juli, August, Oktober, Dezember jeweils 31 Tage
> - April, Juni, September, November je 30 Tage
> - Februar 28 Tage (Schaltjahr 29 Tage)
> - Das Zinsjahr hat jedoch nach wie vor 360 Tage.

Zinsen Die Zinsen entsprechen dem Prozentwert in der Prozentrechnung. Sie sind der Betrag, der das Kapital vergrößert.

In der Zinsrechnung müssen immer drei Werte gegeben sein, damit der vierte berechnet werden kann. Grundsätzlich gilt die Regel, dass die Zinsen steigen, wenn das Kapital, der Zinssatz oder die Zeit größer wird. Auch Kombinationen sind möglich.

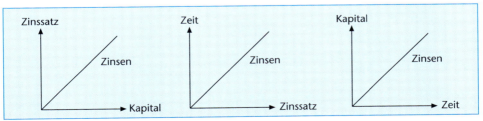

8.1 Berechnung der Zinsen

Der Auszubildende Jens Großer hat fleißig seine Trinkgelder in sein Sparschwein gesteckt. Es sind schon 700,00 DM zusammengekommen. Als er dies dem Finanzbuchhalter erzählt, meint dieser: »Warum bringen Sie das Geld nicht zur Bank und zahlen es auf ein Sparbuch ein? Dort bekommen Sie doch noch Zinsen dazu.«

Beispiel:

Die »Allgemeine Kreditbank« gewährt auf Spareinlagen 2,5 % Zinsen (p.a.). Wie viel Zinsen bekommt Jens, wenn er seine Ersparnisse drei Jahre auf dem Sparbuch hat? (Anmerkung: Die Zinsen werden jeweils am Jahresende abgehoben.)

Lösungsweg:

100,00 DM — 1 % — 1 Jahr — 1,00 DM Zinsen
700,00 DM — 2,5 % — 3 Jahre — x

$$x = \frac{1{,}00 \cdot 700{,}00 \cdot 2{,}5 \cdot 3}{100{,}00 \cdot 1} = \mathbf{52{,}50\ DM}$$

Antwort:

Jens erhält in den drei Jahren 52,50 DM Zinsen.

Variante 1:

Wie viel Zinsen würde Jens bekommen, wenn er das Geld sieben Monate auf seinem Sparbuch hätte?

Lösungsweg:

100,00 DM — 12 Monate — 2,50 DM Zinsen
700,00 DM — 7 Monate — x

$$x = \frac{700{,}00 \cdot 2{,}5 \cdot 7}{100 \cdot 12} = \mathbf{10{,}21\ DM}$$

Antwort:

Für den Zeitraum von sieben Monaten bekommt er 10,21 DM Zinsen.

Variante 2:

Welche Zinsen würden ihm gutgeschrieben werden, wenn das Geld 231 Tage auf dem Sparbuch läge?

Lösungsweg:

100,00 DM — 360(!) Tage — 2,50 DM Zinsen
700,00 DM — 231 Tage — x

$$x = \frac{700{,}00 \cdot 2{,}5 \cdot 231}{100 \cdot 360} = \mathbf{11{,}23\ DM}$$

Antwort:

Für die 231 Tage werden Jens 11,23 DM Zinsen gutgeschrieben.

Aus diesen Berechnungen ist leicht die allgemeine Formel für die Zinsberechnung abzuleiten:

$$\text{Jahreszinsen} = \frac{\text{Kapital} \cdot \text{Prozentsatz} \cdot \text{Jahre}}{100} = \frac{K \cdot p \cdot t}{100}$$

$$\text{Monatszinsen} = \frac{\text{Kapital} \cdot \text{Prozentsatz} \cdot \text{Monate}}{100 \cdot 12} = \frac{K \cdot p \cdot t}{100 \cdot 12}$$

$$\text{Tageszinsen} = \frac{\text{Kapital} \cdot \text{Prozentsatz} \cdot \text{Tage}}{100 \cdot 360} = \frac{K \cdot p \cdot t}{100 \cdot 360}$$

8.1.1 Berechnung der Jahreszinsen

Im Hotel »Schöne Aussicht« sollen die Zimmer der 1. Etage mit Möbeln und Beleuchtungskörpern neu eingerichtet und gestaltet werden. Für diese Investition ist eine Teilfinanzierung durch Kreditaufnahme bei der Hausbank erforderlich, da die liquiden Mittel zurzeit anderweitig benötigt werden.

Beispiel:

Die Hausbank gewährt ohne weiteres einen Kredit in Höhe von 12.500,00 DM für einen Zeitraum von vier Jahren. Wie viel Zinsen sind insgesamt bei einem Zinssatz von 8,5 % zu zahlen?

Lösungsweg:

Mit Anwendung der Formel kann die Aufgabe wie folgt gelöst werden:

$$Z = \frac{K \cdot p \cdot t}{100} = \frac{12\,500{,}00 \cdot 8{,}5 \cdot 4}{100} = 4.250{,}00 \text{ DM}$$

Antwort:

Die Zinsen betragen 4.250,00 DM.

Aufgaben

1. Ermitteln Sie bei Ihrer Bank die aktuellen Zinssätze für vier verschiedene Anlageformen (Sparbuch, Girokonto, Bundesschatzbriefe usw.).
Beispiel: Sparbuch mit 3-monatiger Kündigungsfrist, 1-jähriger Kündigungsfrist usw., Spareinlage 1.500,00 DM, Laufzeit 1 Jahr.

2. Die Zentralheizung muss modernisiert werden. Für die Neuinstallation einiger Geräte muss ein Kredit in Höhe von 28.300,00 DM aufgenommen werden. Bank A bietet einen Zinssatz von 9,75 % bei einer Laufzeit von vier Jahren, Bank B 8,25 % bei einer Laufzeit von fünf Jahren. Bei welcher Bank sollte der Kredit aufgenommen werden?

3. Auf dem Sparbuch von Frau Klotz sind 3.000,00 DM. Sie hat das Geld für zwei Jahre angelegt und bekommt daher 3,75 % Zinsen. Welchen Betrag hat sie nach dieser Zeit auf ihrem Sparbuch? (Die Zinsen werden aus Vereinfachungsgünden nicht verzinst.)

4. Eine Hypothek von 200.000,00 DM wird mit 6% verzinst und mit 1% getilgt (= Abbau der Hypothekensumme).
   a) Welcher Betrag ist am Ende des 1. Jahres an Zins und Tilgung zu zahlen?
   b) Wie viel Zinsen werden am Ende des 2. Jahres bezahlt, wenn der gesamte Zahlungsbetrag unverändert bleibt?
   c) Welche Schlussfolgerung können Sie daraus ziehen?

5. Wie hoch ist der Zinsbetrag für einen Kredit in Höhe von 6.500,00 DM in drei Jahren bei einem Zinssatz von 10,5%?

6. Herr Mücke legt 8.000,00 DM in festverzinslichen Wertpapieren an. Die Laufzeit beträgt sieben Jahre, der Zinssatz 6,25%. Wie hoch sind die gesamten Zinsen, die jährlich ausgezahlt werden?
   ① 350,00 DM   ② 3.500,00 DM   ③ 25.000,00 DM   ④ 12.229,04 DM
   ⑤ 3.600,00 DM

8.1.2 Berechnung der Monatszinsen

Die »Schöne Aussicht« hat einen gebrauchten Kleinbus günstig angeboten bekommen. Sie will die Gelegenheit nutzen, kann aber den Wagen wegen anderer Zahlungsverpflichtungen nicht sofort vollständig bezahlen. Der Wagen muss daher teilweise fremdfinanziert werden. Dafür müssen jedoch Zinsen bezahlt werden.

Beispiel:

Die »Schöne Aussicht« kann vom Gesamtkaufpreis von 21.000,00 DM den Betrag von 13.800,00 sofort bezahlen. Den Rest finanziert sie bei ihrer Bank über eine Laufzeit von neun Monaten zu 9,5%. Wie viel Zinsen muss sie bezahlen?

Lösungsweg:

Bei Anwendung der Formel sieht die Berechnung wie folgt aus:

$$Z = \frac{K \cdot p \cdot t}{100 \cdot 12} = \frac{7.200,00(!) \cdot 9,5 \cdot 9}{100 \cdot 12} = 513,00 \text{ DM}$$

Antwort:

Die »Schöne Aussicht« muss 513,00 DM Zinsen bezahlen. Das Auto kostet sie also insgesamt 21.513,00 DM.

Aufgaben

1. Der Entremetier, Herr Linz, benötigt einen Konsumentenkredit in Höhe von 5.000,00 DM. Er kann das Geld nach acht Monaten zurückzahlen. Er lässt sich von zwei Banken die Konditionen mitteilen:
   – Bank A berechnet einen Zinssatz von 11,5%.
   – Bank B berechnet 10% Zinsen für die ersten sechs Monate und 12,5% Zinsen für die restliche Zeit.

   Für welche Bank wird sich Herr Linz entscheiden?

2. Herr Vollmer hat 3.500,00 DM für 20 Monate zu einem Zinssatz von 4,25 % angelegt.
   Über welchen Betrag kann er nach Ablauf dieser Zeit verfügen?

3. Ein Kredit über 8.500,00 DM ist nach sieben Monaten fällig (Zinssatz 10,5 %). Der Schuldner bittet die Bank darum die Laufzeit auf $1\frac{1}{2}$ Jahre zu verlängern. Die Bank berechnet jetzt für den zusätzlichen Zeitraum einen Zinssatz, der um $\frac{1}{3}$ größer ist als der ursprünglich vereinbarte. Welcher Gesamtbetrag ist nach $1\frac{1}{2}$ Jahren insgesamt zurückzuzahlen?

4. Ein Kredit von 12.600,00 DM muss nach 15 Monaten einschließlich 12,3 % Zinsen zurückgezahlt werden. Welchen Betrag muss der Schuldner am Fälligkeitstag überweisen?

5. Wie viel Zinsen bringt ein Kapital von 1.947,00 DM in acht Monaten bei einem Zinssatz von $4\frac{1}{4}$ %?
   ① 55,57 DM   ② 55,81 DM   ③ 55,71 DM   ④ 55,17 DM   ⑤ 551,17 DM

8.1.3. Berechnung der Tageszinsen

Der Auszubildende Olaf Jansen will sich ein Motorrad kaufen. Bei einem Freund kann er ein günstiges Krad für 2.500,00 DM kaufen. Auf dem Sparbuch hat er jedoch nur noch 1.850,00 DM. Den Rest muss er fremdfinanzieren. Er weiß, dass er dafür Zinsen bezahlen musss.

Beispiel:
Olaf muss sein Girokonto für 25 Tage um den Betrag von 650,00 DM überziehen. Seine Bank berechnet ihm hierfür 9,75 % Überziehungszinsen. Welche Zinsbelastung muss Olaf in Kauf nehmen?

Lösungsweg:
Mit der Formel sind die Zinsen leicht zu berechnen:

$$Z = \frac{K \cdot p \cdot t}{100 \cdot 360(!)} = \frac{650,00 \cdot 9,75 \cdot 25}{100 \cdot 360} = 4,40 \text{ DM}$$

Antwort:
Olaf muss für die Überziehung seines Kontos 4,40 DM Überziehungszinsen zahlen.

Aufgaben

1. Berechnen Sie die Zinsen:

	Kapital	Tage	Zinssatz
a)	12.435,60 DM	124	7,55 %
b)	7.958,50 DM	67	10,35 %
c)	2.985,00 DM	267	8,85 %
d)	10.060,00 DM	144	$9\frac{3}{8}$ %

2. Welcher Betrag ist einschließlich Zinsen zurückzuzahlen?

	Kapital	Tage	Zinssatz
a)	7.005,50 DM	286	$6\frac{1}{4}\%$
b)	21.150,00 DM	354	$8\frac{1}{3}\%$
c)	15.985,30 DM	97	10,375 %

3. Ein Kurzkredit in Höhe von 3.100,00 DM wurde für einen Zeitraum von 90 Tagen aufgenommen (Zinssatz 11,5 %). Der Kredit kann jedoch schon 43 Tage vorher ausgeglichen werden. Welcher Betrag wird einschließlich Zinsen zurückgezahlt?

4. Für eine Rechnung über Küchengeräte über 7.350,00 DM bietet uns der Lieferer folgende Kondition an: Zahlung 30 Tage netto Kasse, innerhalb von 10 Tagen 3 % Skonto.

Wir würden gern Skonto in Anspruch nehmen, müssen aber den Zahlungsbetrag (!) zu einem Zinssatz von 12,5 % für den Restzeitraum als Kontoüberziehung in Anspruch nehmen. Lohnt es sich die Rechnung mit Skontoabzug bei Überziehung des Kontos zu bezahlen?

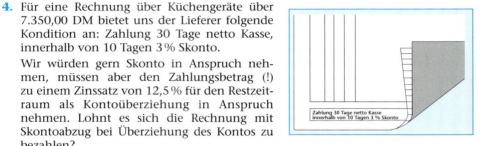

5. Ein Küchengerätehersteller hat bei uns für eine Wochenendtagung noch eine Rechnung in Höhe von 5.124,50 DM zu begleichen. Der Rechnungsbetrag wurde trotz Mahnung nicht beglichen, sodass wir einen letzten Zahlungstermin setzten und eine Belastung von 12,5 % Verzugszinsen bei Nichteinhaltung des Termins setzten. Der Hersteller bezahlt die Rechnung erst 28 Tage nach Fälligkeit. Über welchen Gesamtbetrag lautet die Überweisung?

① 5.175,00 DM   ② 5.147,32 DM   ③ 5.765,06 DM   ④ 5.124,50 DM   ⑤ 5.174,32 DM

8.1.4 Berechnung der Tageszinsen mit Berechnung der Zinstage

Frau Engelke benötigt für den Kauf eines Autos einen Kredit.
Sie wendet sich daher an ihre Bank.
Am Schalter fragt sie, für wie viel Tage die anfallenden Zinsen berechnet werden.

Beispiel:

Der Betrag wird vom 11. März bis zum 25. Juni gewährt. Wie viel Zinsen muss Frau Engelke für diesen Zeitraum bezahlen, wenn sie 3.700,00 DM zu einem Zinssatz von 9,5 % aufnimmt?

Lösungsweg:

Zunächst sind die Zinstage zu berechnen.
Zur Erinnerung: Zinsjahr 360 Tage, Zinsmonat 30 Tage.

Für Frau Engelke bedeutet dies:

März noch 30 (!) – 11 =	19 Tage
April	30 Tage
Mai	30 Tage (!)
Juni	25 Tage
zusammen	104 Tage

$$Z = \frac{K \cdot p \cdot t}{100 \cdot 360} = \frac{3.700{,}00 \cdot 9{,}5 \cdot 104}{100 \cdot 360} = 101{,}54 \text{ DM}$$

Antwort:

Frau Engelke muss Zinsen in Höhe von 101,54 DM bezahlen. Die Rückzahlung beträgt also insgesamt 3.801,54 DM.

Für die Berechnung der Zinstage wird grundsätzlich der 1. Tag nicht mitgezählt, hingegen aber der letzte. Jeder Zinsmonat hat 30 Tage, auch der Februar, aber nur dann, wenn über den Februar hinaus gerechnet wird.

Beispiel für die Berechnung von Zinstagen:

a) 13.03. – 29.03.   16 Zinstage (29 – 13)
b) 01.02. – 28.02.   27 Zinstage (28 – 1)
c) 01.02. – 01.03.   30 Zinstage (!) = 1 ganzer Zinsmonat
d) 06.01. – 11.03.

1. Möglichkeit:	06.01. – 31.01.	24 Tage (!)
	Februar	30 Tage (!)
	01.03. – 11.03.	11 Tage
	zusammen	65 Tage
2. Möglichkeit:	06.01. – 06.03.	
	(2 volle Monate)	60 Tage
	06.03. – 11.03.	5 Tage
	zusammen	65 Tage

e) 18.07. – 11.10.

3. Möglichkeit:	18.07. – 18.10.	
	(3 volle Monate)	90 Tage
abzüglich zu viel gezählte Tage		
	(18.10. – 11.10.)	7 Tage
	zusammen	83 Tage

Aufgaben

1. Berechnen Sie die Zinstage:
   a) 12.04. – 29.08.
   b) 25.10. – 31.12.
   c) 18.12. – 28.02. n.J.
   d) 11.03. – 03.11.

2. Ein säumiger Gast hat noch zwei Rechnungen zu begleichen. Die 1. Rechnung lautet über 485,50 DM und war am 22.04. fällig, die 2. Rechnung über 789,00 DM war am 17.05. fällig. Wir berechnen dem Gast 8 % Verzugszinsen bis zum 30.06.
Welche Summe stellen wir dem Gast jetzt in Rechnung, wenn er die Auslagen von 6,00 DM ebenfalls zu zahlen hat?

3. Ein Gast hat eine Rechnung über 875,20 DM, fällig am 14.04., zu begleichen. Da er den Betrag nicht bezahlt, berechnen wir ihm Verzugszinsen von 12,6 % und 10,00 DM Bearbeitungsgebühren.
Welchen Betrag zahlt er am 31.05.?

4. Der Commis d'étage, Dieter Groß, zahlt am 18.05. den Betrag von 670,00 DM auf ein neues Sparbuch ein. Am 12.10. kommen 435,00 DM dazu. Welchen Betrag schreibt ihm die Bank am Jahresende einschließlich 2,25% Zinsen gut?

5. Verschiedene Kredite werden am Jahresende zurückgezahlt. Wann wurden sie jeweils bei folgenden Zinstagen aufgenommen?
   a) 112 Tage
   b) 45 Tage
   c) 276 Tage
   d) 99 Tage
   e) 57 Tage

6. Die 1. Hausdame, Frau Birke, hat ihr Girokonto vom 02.05. bis Ende des Monats um 835,25 DM überzogen. Hierfür berechnet ihre Bank 11,5% Überziehungszinsen.
Mit wie viel Zinsen wird das Konto belastet?

7. An welchem Tag müssen folgende Kredite zurückgezahlt werden?

	Datum der Kreditaufnahme	Restlaufzeit
a)	25.04.	74 Tage
b)	28.02.	111 Tage
c)	29.10.	286 Tage
d)	15.01.	77 Tage

8. Ein Kurzkredit über 3.680,00 DM wird vom 02.10. bis Ende Februar n.J. (Schaltjahr) zu einem Zinssatz von $9\frac{3}{8}$% ausgeliehen. Wie hoch ist die Rückzahlung einschließlich Zinsen?

9. Die Rechnung der Brauerei »Hopfen & Malz KG« über 1.946,00 DM war am 23.06. fällig. Wir haben diesen Termin leider übersehen. So schickt uns die Brauerei am 25.07. eine Zahlungserinnerung und berechnet bis zu diesem Tag 6,5% Verzugszinsen sowie 5,00 DM Bearbeitungsgebühren.
Welchen Betrag müssen wir jetzt überweisen?

10. Die Empfangsdame, Frau Starke, zahlt am 14.07. den Betrag von 2.645,30 DM auf ein neu eröffnetes Sparbuch ein.
Welchen Betrag hat sie am 31.12. einschließlich 2,5% Zinsen?
① 2.675,98 DM ② 2.675,79 DM ③ 2.711,43 DM ④ 2.675,61 DM
⑤ 2.675,97 DM

8.2 Berechnung des Kapitals

Die Patissierin der »Schönen Aussicht«, Frau Braun, hat sich von ihrem Gehalt Einiges sparen können. Sie setzt sich das Ziel, innerhalb einer bestimmten Zeit einen bestimmten Zinsbetrag zu erreichen. Nun stellt sich die Frage, welchen Betrag sie anlegen muss, um innerhalb einer bestimmten Zeit die geplanten Zinsen zu erreichen.

8 Zinsrechnung

Beispiel:

Welches Kapital muss Frau Braun anlegen, um in 200 Tagen bei einem Zinssatz von 2,5 % genau 50,00 DM Zinsen zu erhalten?

Lösungsweg:

Die Vorüberlegung sieht so aus:
 2,50 DM Zinsen — 360 Tage — 100,00 DM Kapital
50,00 DM Zinsen — 200 Tage — x

$$x = \frac{50,00 \cdot 100,00 \cdot 360}{2,50 \cdot 200} = 3.600,00 \text{ DM}$$

Antwort:

Frau Braun muss 3.600,00 DM anlegen.

Die allgemeine Formel, die auch durch die Umstellung der Formel für die Berechnung der Zinsen ermittelt werden kann, sieht dann so aus:

$$\text{Kapital} = \frac{\text{Zinsen} \cdot 100 \cdot 360}{\text{Zinssatz} \cdot \text{Tage}} = \frac{Z \cdot 100 \cdot 360}{p \cdot t}$$

Im Zähler steht bei gegebenen Monaten die Zahl 12, bei gegebenen Jahren die 1.

Aufgaben

1. Gehen Sie davon aus, dass Sie innerhalb einer bestimmten Zeit 50,00 DM Zinsen »kassieren« wollen. Gehen Sie zu Ihrer Bank und erkundigen Sie sich, welchen Betrag Sie anlegen müssen. Lassen Sie sich für ein Sparbuch die verschiedenen Zinssätze geben, je nach Dauer der Anlage. Nehmen Sie an, Sie wollten 50,00 DM in einem Jahr bei 4 % bekommen.

2. Berechnen Sie das Kapital:

	Zinsen	Zinssatz	Zeit
a)	64,30 DM	8 %	45 Tage
b)	3,94 DM	3 %	116 Tage
c)	1.772,16 DM	5,4 %	64 Tage
d)	184,30 DM	3,5 %	01.05. – 31.08.
e)	32,59 DM	$8\frac{1}{3}$ %	14.01. – Ende Februar
f)	635,50 DM	4,5 %	08.11. – 12.03. n.J.

3. Jens bekommt für seine Ersparnisse in 90 Tagen bei einem Zinssatz von 2,5 % doppelt so viel Zinsen wie Peter, der 4.000,00 DM bei einem Zinssatz von 3 % für $1\frac{1}{2}$ Monate angelegt hat.
   a) Wie viel Zinsen werden Peter gutgeschrieben?
   b) Welchen Betrag hat Jens angelegt?

4. Unser EDV-Fachmann der »Schönen Aussicht«, Herr Falkner, hat einen festen Betrag in Form von Kommunalobligationen angelegt, für die er bei einem Zinssatz von 6,5 % Zinsen in Höhe von 780,00 DM gutgeschrieben bekommt.
   Welchen Betrag hat er angelegt?

5. Es fand vor einiger Zeit eine Tagung in unserem Hotel statt. Das gastgebende Unternehmen hat es leider versäumt die am 25.04. fällige Rechnung zu bezahlen. Die Überweisung erfolgte erst am 19.06. einschließlich 77,40 DM Verzugszinsen (p = 8%). Über welchen Betrag lautete die Rechnung?

6. Herr Neumann, unser Bademeister, hat für seinen Kredit, den er 5 Monate ausgeliehen hatte, bei einem Zinssatz von 9,25% insgesamt 331,46 DM Zinsen zu zahlen. Wie hoch war der Kredit? (Auf volle DM abrunden.)

7. Wie hoch war ein Kredit, der vom 14.06. bis zum 24.08. ausgeliehen war und für den bei einem Zinssatz von 9% 84,00 DM Zinsen zu zahlen waren?

8. Die »Schöne Aussicht« plant einen Erweiterungsbau. Die Finanzierung soll über eine Hypothek zu 8,4% erfolgen. Nach den Daten des Rechnungswesens kann eine monatliche Zinsbelastung von 1.330,00 DM verkraftet werden.

Welche Investitionshöhe darf nicht überschritten werden?
① 190.000,00 DM   ② 158.333,00 DM   ③ 15.833,33 DM   ④ 159.600,00 DM
⑤ 199.500,00 DM

9. Ein Gast, der seine am 20.07. fällige Rechnung erst am 31.08. bezahlt, wird von uns mit 11,20 DM Verzugszinsen belastet. Wir rechnen mit einem Zinssatz von 8%. Wie hoch war der Rechnungsbetrag?
① 1.229,27 DM   ② 1.292,31 DM   ③ 1.206,00 DM   ④ 1.260,00 DM   ⑤ 1.237,50 DM

8.3 Berechnung des Zinssatzes

Unser EDV-Fachmann, Herr Falkner, will sich einen neuen PC kaufen, damit er auch bei sich zu Hause einige Arbeiten erledigen kann. Für den Kauf benötigt er einen Kleinkredit. Er kalkuliert einen festen Zinsbetrag ein, den er bereit ist zu zahlen. Nun erkundigt er sich bei seiner Bank, ob dort seine Bedingung erfüllt werden kann.

Beispiel:

Herr Falkner möchte einen Kleinkredit über 4.200,00 DM. Nach 80 Tagen kann er den Kredit wieder zurückzahlen. Es sollen nicht mehr als 84,00 DM Zinsen anfallen. Welchen Zinssatz wird die Bank berechnen?

Lösungsweg:

Vorüberlegung: 4.200,00 DM — 80 Tage — 84,00 DM Zinsen
                100,00 DM — 360 Tage — x

$$x = \frac{84,00 \cdot 100 \cdot 360}{4.200,00 \cdot 80} = 9\%$$

Antwort:

Der Zinssatz darf höchstens 9% betragen.

8 Zinsrechnung

Auch hier kann durch Umstellung der Ausgangsformel für die Berechnung der Zinsen folgende Formel erstellt werden:

$$\text{Zinssatz} = \frac{\text{Zinsen} \cdot 100 \cdot 360}{\text{Kapital} \cdot \text{Tage}} = \frac{Z \cdot 100 \cdot 360}{K \cdot t}$$

Bei gegebenen Monaten steht im Zähler die 12, bei Jahren die 1.

Aufgaben

1. Überlegen Sie, wie viel DM Zinsen Sie für einen bestimmten Betrag innerhalb einer von Ihnen festgelegten Zeit erzielen wollen. Holen Sie sich bei verschiedenen Banken die entsprechenden Angebote ein und lassen Sie sich die dafür angebotenen Zinssätze geben.

2. Erika Schmitz legt 720,00 DM, die sie zum Geburtstag geschenkt bekommen hat, am 29.03. auf ihrem Sparbuch an und kann am 19.08. insgesamt 729,80 DM abheben. Zu welchem Zinssatz hat die Bank ihr Sparguthaben verzinst?

3. Ein säumiger Gast, dessen Rechnung über 1.560,00 DM am 18.10. fällig war, überweist am 04.12. einschließlich Zinsen den Gesamtbetrag von 1.580,45 DM. Wie viel Prozent Verzugszinsen haben wir berechnet?

4. Das Konto eines Restaurants war vom 03.06. bis zum 18.07. um 6.120,00 DM überzogen. Hierfür berechnet die Bank 93,72 DM Überziehungszinsen. Welcher Zinssatz liegt zugrunde?

5. Die »Schöne Aussicht« hat für eine Investition eine Hypothek von 70.000,00 DM aufgenommen. Vierteljährlich sind 1.137,50 DM Zinsen zu bezahlen. Welchem Zinssatz entspricht dies?

6. Wir kaufen einen neuen Küchenherd für 3.900,00 DM, die bei sofortiger Zahlung zu zahlen wären. Wir können jedoch nur $\frac{2}{3}$ des Kaufpreises sofort bezahlen, sodass wir dem Lieferer nach 60 Tagen jetzt 1.325,50 DM überweisen müssen.
Welchen Zinssatz hat der Lieferer in Rechnung gestellt?

7. Auf einer Liefererrechnung heißt es bei den Zahlungsbedingungen: »Zahlbar innerhalb von 60 Tagen netto Kasse, bei Zahlung innerhalb von 14 Tagen 3% Skonto.«
Welchem Jahreszinssatz entspricht dies, wenn wir die Rechnung am letzten Tag der Skontofrist begleichen?

8. Herr Paulsen hat am 26.06. den Betrag von 15.000,00 DM fest angelegt. Am 31.08. weist sein Konto ein Guthaben von 15.224,00 DM auf. Zu welchem Zinssatz war das Geld angelegt?
① 8,5 %   ② 8,4 %   ③ 8,25 %   ④ 8,3 %   ⑤ 8,35 %

9. Olaf Jansen bittet Peter Klein ihm kurzfristig 1.500,00 DM für den Kauf eines gebrauchten Motorrollers zu leihen. Peter ist einverstanden, will aber nach $2\frac{1}{2}$ Monaten 1.550,00 wieder zurückhaben. Wie hoch ist der Zinssatz, zu dem Peter bereit ist, Olaf das Geld zu leihen?
① 14,5 %   ② 12,5 %   ③ 15 %   ④ 14,5 %   ⑤ 16 %

8.4 Berechnung der Zeit

Unsere Journalführerin, Frau Brandt, hat einige Ersparnisse und will dafür innerhalb einer bestimmten Zeit einen bestimmten Zinsbetrag erzielen und überlegt nun, wie lange sie das Geld anlegen muss.

Beispiel:

Frau Brandt möchte für 6.000,00 DM, die sie zu 4% anlegt, 60,00 DM Zinsen erzielen. Wie lange muss sie das Geld anlegen?

Lösungsweg:

Hier sieht die Vorüberlegung wie folgt aus:

  100,00 DM   —   4,00 DM Zinsen   —   360   Tage
6.000,00 DM   —   60,00 DM Zinsen —   x

$$x = \frac{360 \cdot 100 \cdot 360}{6.000,00 \cdot 60} = 90 \text{ Tage}$$

Antwort:

Frau Brandt muss das Geld 90 Tage anlegen.

Hier die allgemeine Formel zur Berechnung der Zeit:

$$\text{Tage} = \frac{\text{Zinsen} \cdot 100 \cdot 360}{\text{Kapital} \cdot \text{Prozentsatz}} = \frac{Z \cdot 100 \cdot 360}{K \cdot p}$$

Sollen die Monate bzw. Jahre berechnet werden, so steht im Zähler die 12 bzw. die 1.

Aufgaben

1. Informieren Sie sich bei Ihrer Bank, wie lange Sie den Betrag, den Sie auf Ihrem Sparbuch haben, liegen lassen müssen, um 1% des Sparbetrages als Zinsgutschrift bei verschiedenen Zinssätzen zu bekommen. (Beispiel: 800,00 DM, Zinssatz 3%)

2. Herr Dressel hat sein Konto um 1.450,00 DM überzogen. Er zahlt bei einem Zinssatz von 9,25% Zinsen in Höhe von 29,06 DM.
   Wie lange steht sein Konto im Soll?

3. Die Rechnung eines Gastes in Höhe von 1.360,00 DM, die am 25.02. fällig war, wurde einschließlich 9% Verzugszinsen mit 1.368,16 DM beglichen.
   Wann erfolgte die Zahlung?

4. Wie lange muss Erika Schmitz 2.100,00 DM, die sie am 15.05. auf ihr Sparbuch einzahlt und die mit 3% verzinst werden, liegen lassen, damit sie genauso viel Zinsen bekommt wie Frau Heine, die 5.460,00 DM zum gleichen Zinssatz vom 12.01. bis 27.02. anlegt?

5. Ein Darlehen von 28.500,00 DM wurde am 03.11. zu 7,5% ausgeliehen. Wann erfolgt die Rückzahlung einschließlich Zinsen mit 28.880,00 DM?

8 Zinsrechnung

6. Für einen Kredit von 6.960,00 DM zahlen wir bei einem Zinssatz von $6\frac{2}{3}\%$ am 15.10. einschließlich 10,00 DM Bearbeitungsgebühr insgesamt 7.109,20 DM zurück. Wann wurde der Kredit in Anspruch genommen?

7. Herr Teetz legt 5.200,00 DM für 16 Monate zu einem Zinssatz von 6% an. Wie lange muss Herr Jansen den Betrag von 4.800,00 DM anlegen, um bei einem Zinssatz von 8% die doppelten Zinsen zu bekommen wie Herr Teetz?

8. Ein Kredit in Höhe von 12.400,00 DM wurde einschließlich 10,5% Zinsen am 31.07. mit 12.562,75 DM zurückgezahlt. Wann wurde der Kredit aufgenommen?
① 16.06.   ② 15.08.   ③ 14.06.   ④ 01.06.   ⑤ 15.06.

9. Unsere Reservierungssekretärin, Frau Mai, hat 7.000,00 DM, am 01. Mai zu 6% festverzinslich anlegt. An welchem Tag hat sich ihr Kapital um 5% erhöht?
① 31.12.   ② 28.02. n.J.   ③ 02.03. n.J.   ④ 29.02. n.J.   ⑤ 01.03. n.J.

- Die Zinsrechnung entspricht der Prozentrechnung. Der Faktor »Zeit« wird zusätzlich berücksichtigt.
- Es müssen immer drei Größen vorliegen, damit die vierte berechnet werden kann.
- Die gesuchte Größe kann jeweils entweder mit dem (geraden, proportionalen) Dreisatz oder mit Hilfe der entsprechenden Formel berechnet werden.
- Das Zinsjahr hat immer 360 Tage, der Zinsmonat immer 30 Tage
  (Ausnahme: Berechnungen bis Ende Februar 28 bzw. 29 Tage)
- Formeln in der Zinsrechnung:

Jahreszinsen	Monatszinsen	Tageszinsen
$Z = \dfrac{K \cdot p \cdot t}{100}$	$Z = \dfrac{K \cdot p \cdot t}{100 \cdot 12}$	$Z = \dfrac{K \cdot p \cdot t}{100 \cdot 360}$
$K = \dfrac{Z \cdot 100}{p \cdot t}$	$K = \dfrac{Z \cdot 100 \cdot 12}{p \cdot t}$	$K = \dfrac{Z \cdot 100 \cdot 360}{p \cdot t}$
$p = \dfrac{Z \cdot 100}{K \cdot t}$	$p = \dfrac{Z \cdot 100 \cdot 12}{K \cdot t}$	$p = \dfrac{Z \cdot 100 \cdot 360}{K \cdot t}$
$t = \dfrac{Z \cdot 100}{K \cdot p}$	$t = \dfrac{Z \cdot 100 \cdot 12}{K \cdot p}$	$t = \dfrac{Z \cdot 100 \cdot 360}{K \cdot p}$

- Bei der Berechnung von Kapital K, Zinssatz p und Zeit t heißt der Zähler immer:
  $Z \cdot 100 \cdot 1$ (oder 12), (oder 360).
  Die restlichen Größen stehen immer im Nenner.

9 Verteilungsrechnung

Oftmals werden Kosten für den Bau gemeinsamer Einrichtungen, Veranstaltungen oder für Auftragsarbeit von mehreren Hotels, Restaurants und Gaststätten getragen. Die Frage nach der Kostenaufteilung spielt in diesem Zusammenhang eine große Rolle, ist ihre zufrieden stellende Beantwortung doch der Grundstein für eine weitere harmonische, wirtschaftliche Zusammenarbeit von Betrieben. Es handelt sich vor allem um die Verteilung von Versandkosten, Frachtkosten, Rollgeld, Frachtkostenversicherung, Werbekosten, Heizkosten, Energiekosten, Reinigungskosten, Jahresgewinn, Reparaturkosten und Baukosten.

Die Hotels »Schöne Aussicht«, »Kaiserkrone« und »Kleeblatt« müssen die Kosten für die Schneeräumung und Streuung eines gemeinsamen ca. 1,5 Kilometer langen Zufahrtsweges bezahlen. Der kaufmännische Direktor des Nachbarhotels »Kaiserkrone« schlägt vor die Aufteilung nach Übernachtungszahlen vorzunehmen, während der kaufmännische Direktor des »Kleeblatt« eine Aufteilung nach Größe der Hotelgrundstücke bevorzugt. Die kaufmännische Direktorin des Hotels »Schöne Aussicht«, Frau Best, versucht ihre Kollegen für eine Aufteilung nach Bettenzahlen zu gewinnen.

Beispiel 1:

Frau Best bittet Herrn Beck die Aufteilung der Schneeräumkosten für den Dezember in Höhe von 13.500,00 DM nach Bettenzahlen zu berechnen.

Lösungsweg :

Herr Beck weiß, dass die »Kaiserkrone« 71 Betten hat und das »Kleeblatt« 85 Betten. Er addiert die Bettenzahlen (Teile). Da die »Schöne Aussicht« 94 Betten aufweist, ergeben sich: 94 + 71 + 85 = 250 Teile.

Nun ermittelt er die Schneeräumkosten pro Teil: 13.500,00 : 250 =   54,00 DM

Anschließend berechnet er die Kosten pro Hotel:

»Schöne Aussicht«:	94 · 54,00	= 5.076,00 DM
»Kaiserkrone«:	71 · 54,00	= 3.834,00 DM
»Kleeblatt«:	85 · 54,00	= 4.590,00 DM

Der Lösungsweg kann in der Tabelle noch einmal nachvollzogen werden.

Teilhaber	»Schöne Aussicht«	»Kaiserkrone«	»Kleeblatt«	Gesamt
Anteile beim Teilungsverhältnis (94 : 71 : 85)	94	71	85	94 + 71 + 85 = 250
Betrag (je Teilhaber)	$\frac{13.500,00}{250} \cdot 94$ = 5.076,00 DM	$\frac{13.500,00}{250} \cdot 71$ = 3.834,00 DM	$\frac{13.500,00}{250} \cdot 85$ = 4.590,00 DM	5.076,00 DM + 3.834,00 DM + 4.590,00 DM 13.500,00 DM

Antwort:

Hotel »Schöne Aussicht« bezahlt 5.076,00 DM, Hotel »Kaiserkrone« 3.834,00 DM und Hotel »Kleeblatt« 4.590,00 DM.

Beispiel 2:

Das Hotel »Schöne Aussicht« erhält eine Sendung Wein bestehend aus

400 Fl. Traber Andreasgarten	5,80 DM/Flasche
200 Fl. Lautenfelder Gold zu	7,20 DM/Flasche
150 Fl. Heldinger Krone zu	6,70 DM/Flasche
250 Fl. Talheimer Wanne zu	7,50 DM/Flasche

Die Frachtkosten in Höhe von 650,00 DM sollen, nach Flaschenzahl aufgeteilt, den einzelnen Sorten zugeschlagen werden. Die Transportgutversicherung kostet zusätzlich 75,00 DM und wird ebenfalls, nach Warenwert aufgeteilt, den einzelnen Sorten zugeschlagen.
a) Welche Teilbeträge entfallen auf die einzelnen Sorten?
b) Wie hoch sind die Flaschenpreise der einzelnen Sorten nach Aufteilung der Fracht- und Versicherungskosten?

Lösungsweg:

a) Die Sendung enthält 400 + 200 + 150 + 250 = 1000 Flaschen, sodass sich Frachtkosten von 650,00 : 1000 = 0,65 DM/Flasche ergeben. Die Frachtkostenaufteilung nach Sorten ergibt also:

Traber Andreasgarten:	0,65 · 400 = 260,00 DM
Lautenfelder Gold:	0,65 · 200 = 130,00 DM
Heldinger Krone:	0,65 · 150 = 97,50 DM
Talheimer Wanne:	0,65 · 250 = 162,50 DM

b) Zur Aufteilung der Versicherungskosten muss der Warenwert jeder Sorte ermittelt werden.

Traber Andreasgarten:	400 · 5,80 = 2.320,00 DM
Lautenfelder Gold:	200 · 7,20 = 1.440,00 DM
Heldinger Krone:	150 · 6,70 = 1.005,00 DM
Talheimer Wanne:	250 · 7,50 = 1.875,00 DM
	6.640,00 DM

Die Frachtkosten werden im Verhältnis 2320 : 1440 : 1005 : 1875 aufgeteilt. Insgesamt ergeben sich 2320 + 1440 + 1005 + 1875 = 6640 Teile, sodass wir an Versicherungskosten für die einzelnen Sorten folgende Beträge ermitteln:

Traber Andreasgarten:	$\frac{75,00}{6640} \cdot 2320$	= **26,20 DM**
Lautenfelder Gold:	$\frac{75,00}{6640} \cdot 1440$	= **16,27 DM**
Heldinger Krone:	$\frac{75,00}{6640} \cdot 1005$	= **11,35 DM**
Talheimer Wanne:	$\frac{75,00}{6640} \cdot 1875$	= **21,18 DM**

Die Versicherungskosten pro Flasche der einzelnen Sorte berechnen sich nach Division durch die Flaschenzahlen bei kaufmännischer Rundung wie folgt.

Traber Andreasgarten:	26,20 : 400 = 0,07 DM/Flasche
Lautenfelder Gold:	16,27 : 200 = 0,08 DM/Flasche
Heldinger Krone:	11,35 : 150 = 0,08 DM/Flasche
Talheimer Wanne:	21,18 : 250 = 0,08 DM/Flasche

Damit erhalten wir folgende Flaschenpreise für die einzelnen Sorten:

Traber Andreasgarten: 5,80 + 0,65 + 0,07 = 6,52 DM/Flasche
Lautenfelder Gold: 7,20 + 0,65 + 0,08 = 7,93 DM/Flasche
Heldinger Krone: 6,70 + 0,65 + 0,08 = 7,43 DM/Flasche
Talheimer Wanne: 7,50 + 0,65 + 0,08 = 8,23 DM/Flasche

Ergebnis:

Die Antworten zu den Fragen a) und b) sind in der Tabelle zusammengestellt.

Sorte	Frachtkostenanteil	Versicherungskostenanteil	Kosten/Flasche
Traber Andreasgarten	260,00 DM	26,20 DM	6,52 DM
Lautenfelder Gold	130,00 DM	16,27 DM	7,93 DM
Heldinger Krone	97,50 DM	11,35 DM	7,43 DM
Talheimer Wanne	162,50 DM	21,18 DM	8,23 DM

Aufgaben:

1. Öffnen Sie eine Dose Spargel, lassen Sie den Spargel gut in eine Schale abtropfen und wiegen Sie anschließend sowohl den Spargel als auch die Flüssigkeit. Stellen Sie das Anteilverhältnis von Flüssigkeit und Spargel auf.

2. Fragen Sie nach, was für eine Betonmischung das Verhältnis 4 : 1 bedeutet.

3. Informieren Sie sich über den Begriff »Erschließungsbeitrag« und »anteilige Straßenbaukosten«. (Hinweis: Die Mitarbeiter des Bauamtes ihrer Gemeinde oder Stadt geben bei höflicher Nachfrage sicherlich bereitwillig Auskunft.)

4. Hotel Krenzler erhält eine Sendung Wein bestehend aus

400 Fl. Traber Andreasgarten 5,80 DM/Flasche
200 Fl. Lautenfelder Gold zu 7,20 DM/Flasche
150 Fl. Heldinger Krone zu 6,70 DM/Flasche
250 Fl. Talheimer Wanne zu 7,50 DM/Flasche

Die Frachtkosten in Höhe von 520,00 DM sollen, nach Flaschen aufgeteilt, den einzelnen Sorten zugeschlagen werden. Die Transportgutversicherung, nach Warenwert berechnet, kostet zusätzlich 60,00 DM und wird ebenfalls den einzelnen Sorten zugeschlagen.

a) Welche Teilbeträge entfallen auf die einzelnen Sorten? Wie hoch sind die Flaschenpreise nach Aufteilung der Fracht- und Versicherungskosten?

b) Rechtzeitig vor dem Versand wird die Bestellung erweitert um
180 Fl. Wiener Kapelle zu 9,00 DM/Flasche
70 Fl. Boden Classic zu 9,60 DM/Flasche.

Die Frachtkosten erhöhen sich dadurch um 80,00 DM und die Versicherung um 24,00 DM.

Welche Teilbeträge entfallen auf die einzelnen Sorten?

9 Verteilungsrechnung

5. Der Betrieb eines Liftes hat 12.000,00 DM Gewinn erbracht, der auf die drei Eigentümer Haber, Heber und Huber aufzuteilen ist. Haber hat zum Bau des Liftes 60.000,00 DM beigesteuert, Heber 40.000,00 DM und Huber 50.000,00 DM.
  a) Welchen Betrag erhält jeder von ihnen?
  b) Heber verkauft seinen Anteil an die beiden anderen Teilhaber. Haber kauft 25.000,00 DM und Huber 15.000,00 DM. Im Folgejahr fallen 8.000,00 DM Instandhaltungskosten an.
  Welchen Betrag muss jeder der beiden Teilhaber davon bezahlen?

6. a) Die Geschäftsführer der Hotels »Am Schlosspark«, »Am Golfplatz« und »Am Burgberg« bestellen in der französischen Partnerstadt Spezialitäten des Landes.
  Hotel »Am Schlosspark« für 6.700,00 FF
  Hotel »Am Golfplatz« für 7.800,00 FF
  Hotel »Am Burgberg« für 8.700,00 FF
  Die Frachtkosten betragen 750,00 FF.
  Welchen Frachtkostenbeitrag muss jedes Hotel bezahlen?
  b) Der Geschäftsführer des Hotels »Am Goldsee« bestellt einen Monat später Delikatessen für 5.200,00 FF, während die Geschäftsführer der anderen Hotels ihre Bestellung um 500,00 FF erhöhen. Die Frachtkosten belaufen sich dadurch auf 1.000,00 FF. Berechnen Sie nunmehr deren Aufteilung.

7. Die Hotels »Jägerhof«, »Waidmannsheil«, »Heidepark«, »Forelle« und »Elbblick« beteiligen sich, aufgeschlüsselt nach Bettenzahl, mit 100.000,00 DM an den Baukosten einer Tennishalle.
Welchen Betrag bezahlt jedes Hotel bei folgenden Bettenzahlen:
  Hotel »Jägerhof«: 90 Betten,
  Hotel »Waidmannsheil«: 50 Betten,
  Hotel »Heidepark«: 45 Betten,
  Hotel »Forelle«: 60 Betten und
  Hotel »Elbblick«: 75 Betten?

8. Die Kosten eines Werbe- und Informationsstands, der auf verschiedenen Messen eingesetzt wird, betragen 28.000,00 DM. Sie sollen auf die drei Orte einwohnerbezogen aufgeteilt werden. Sandhausen hat 1300 Einwohner, Felstal 2000 und Kiesbach 2300.
  a) Welche Anteile müssen die einzelnen Orte tragen?
  b) Nach 5 Jahren betragen die Kosten 35.000,00 DM. Die Einwohnerzahlen haben sich allerdings durch Zuwanderung verändert und betragen für Sandhausen 1800 Einwohner, Felstal 2400 und Kiesbach 2500.
  Welche Anteile sind nun von den einzelnen Orten zu tragen?

9. Die Teilhaber des Hotels »Am Schlosspark«, *Viering, Fünfmann, Neuner* und *Siebring*, wollen 2.000.000,00 DM in eine Erweiterung investieren und diese Summe im Verhältnis ihrer bisherigen Beteiligung von 4 : 5 : 9 : 7 aufteilen. Welcher Investitionsbetrag fällt auf jeden Teilhaber?
Schreiben Sie die richtige Antwort auf.

Viering
① 320.000,00 DM ② 340.000,00 DM ③ 410.000,00 DM ④ 280.000,00 DM
⑤ 300.000,00 DM

Fünfmann
① 380.000,00 DM ② 400.000,00 DM ③ 420.000,00 DM ④ 450.000,00 DM
⑤ 390.000,00 DM

Neuner
① 600.000,00 DM ② 670.000,00 DM ③ 780.000,00 DM ④ 690.000,00 DM
⑤ 720.000,00 DM

Siebring
① 480.000,00 DM ② 490.000,00 DM ③ 560.000,00 DM ④ 550.000,00 DM
⑤ 520.000,00 DM

10. Die Hotelanlage »Am Heiligenholz« besteht aus den drei Gästehäusern *König* mit 36 Betten, *Prinz* mit 20 Betten und *Herzog* mit 30 Betten. Die Außenanlagen werden für 15.000,00 DM pro Jahr von einer Gartenbaufirma gepflegt.

    Berechnen Sie den Beitrag jedes der drei Gästehäuser zu den Gartenpflegekosten. Schreiben Sie die richtige Antwort auf.

Haus *König*
① 6.597,38 DM
② 7.283,14 DM
③ 6.152,37 DM
④ 6.279,07 DM
⑤ 7.129,68 DM

Haus *Herzog*
① 5.127,65 DM
② 5.232,56 DM
③ 4.802,36 DM
④ 4.963,24 DM
⑤ 4.798,18 DM

Haus *Prinz*
① 3.488,37 DM
② 3.503,14 DM
③ 2.897,46 DM
④ 2.962,83 DM
⑤ 3.256,37 DM

11. Für die Gästehäuser *König*, *Prinz* und *Herzog* entstehen insgesamt 80.000,00 DM Heizkosten, die nach umbautem Raum aufgeteilt werden. Haus König weist 9.100 m³, Haus Prinz 4.200 m³ und Haus Herzog 6.800 m³ umbauten Raum auf. Welche Kosten entfallen auf die einzelnen Häuser? Schreiben Sie die richtige Antwort auf.

Haus *König*
① 34.600,00 DM ② 42.800,00 DM ③ 38.200,00 DM ④ 40.300,00 DM
⑤ 36.400,00 DM

Haus *Herzog*
① 24.600,00 DM ② 26.800,00 DM ③ 28.400,00 DM ④ 27.500,00 DM
⑤ 25.700,00 DM

Haus *Prinz*
① 15.400,00 DM ② 14.600,00 DM ③ 17.500,00 DM ④ 18.300,00 DM
⑤ 16.800,00 DM

10 Mischungsrechnung

Zur Herstellung von Obstsalaten, Mischgemüse, Aufschnittplatten, Likören u.a.m. werden verschiedene Sorten Obst und Gemüse, Wurst und Schinken und Flüssigkeiten entweder miteinander gemischt oder kombiniert. Der Bestimmung von Mischungspreis, Mischungsverhältnis und Sortenmengen kommt daher eine besondere Bedeutung zu.

10.1 Berechnung des Mischungspreises

Im Hotel »Schöne Aussicht« möchte man anlässlich einer großen Sonderveranstaltung einen neuen Rekord aufstellen und bereitet ein Riesen-Früchte-Dessert zu, das zum Selbstkostenpreis verkauft werden soll.

Beispiel:

Das rekordverdächtige Dessert für 400 Personen besteht aus 25 kg Himbeeren zu 10,00 DM/kg und 15 kg Johannisbeeren zu 6,00 DM/kg. Wie hoch ist der Dessertpreis pro kg?

Lösungsweg:

Wir orientieren uns an der Tabelle.

	Himbeeren	Johannisbeeren	**Dessertmischung**
Menge	25 kg	15 kg	40 kg
Preis (je Mengeneinheit)	10,00 DM/kg	6,00 DM/kg	x
Wert = Menge · Preis	250,00 DM	90,00 DM	340,00 DM

Es ist klar, dass die Dessertmischung 40 kg umfasst. Ihr Wert berechnet sich als Summe der Werte des Himbeeranteils und des Johannisbeeranteils zu 340,00 DM. Der Mischungspreis ergibt sich nun, indem man 340,00 DM durch 40 kg teilt.

Wir erhalten $x = \frac{340{,}00}{40} = 8{,}50$ **DM/kg**.

Antwort:

Der Dessertpreis beträgt 8,50 DM/kg.

10.2 Berechnung des Mischungsverhältnisses

Der Gärtner der »Schönen Aussicht«, Herr Eisfeld, hat die Aufgabe Gras zu säen, denn der Hotelpark wurde gerade neu erweitert.

Die Erfahrung hat Herrn Eisfeld gezeigt, dass man den schönsten Rasen erhält, wenn man die Grassamensorten »Wachshoch« und »Wachsbreit« nach seinem »Geheimrezept« miscnt.

Der Gärtner steht jedoch vor dem Problem, dass die Grassamen unterschiedliche Preise haben und ihm nur ein begrenztes finanzielles Budget zur Verfügung steht.

Beispiel:

Zwei Sorten Grassamen »Wachshoch« und »Wachsbreit« zu 30,00 DM/kg und 12,00 DM/kg sollen eine Mischung zu 20,00 DM/kg ergeben. In welchem Mengenverhältnis muss gemischt werden?

Lösungsweg:

Der Preis von Sorte »Wachshoch« liegt um 10,00 DM/kg über dem Mischungspreis und der Preis von Sorte »Wachsbreit« um 8,00 DM/kg darunter. Diese unterschiedlichen Beiträge zum Mischungspreis werden ausgeglichen, wenn man 8 kg von Sorte »Wachshoch« und 10 kg von Sorte »Wachsbreit« nimmt. Dann steht einem Mehrbeitrag durch Sorte »Wachshoch« von 80,00 DM ein Minderbeitrag durch Sorte »Wachsbreit« vom gleichen Betrag gegenüber.

Sorte »Wachshoch«	Mischungs-verhältnis	Sorte »Wachsbreit«
10,00 DM/kg über dem Mischungspreis		unter dem Mischungspreis 8,00 DM/kg
Mehrwert 8 kg · 10,00 DM/kg = 80,00 DM	8 : 10	Minderwert 10 kg · 8,00 DM/kg = 80,00 DM

Die gleiche Wirkung wird mit 4 kg von Sorte »Wachshoch« und 5 kg von Sorte »Wachsbreit« erreicht.

Das Mischungsverhältnis der Sorten beträgt demnach
a : b = 8 : 10 oder gekürzt a : b = 4 : 5.

Antwort:

Es muss im Verhältnis a : b = 8 : 10 gemischt werden.

Als beliebte Gedächtnisstütze zur Ermittlung des Mischungsverhältnisses dient das **Mischungskreuz**.

Es nimmt im Falle der vorangegangenen Aufgabe folgende Gestalt an:

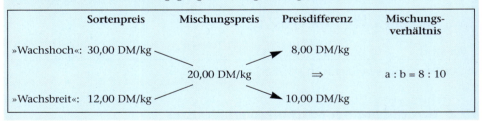

10.3 Berechnung von Sortenmengen

Auf einer großen Sonderveranstaltung zu einem wohltätigen Zweck bietet man den Gästen nicht nur ein überdimensionales Dessert mit Früchten aus der Heimat. Auch viele tropische Spezialitäten werden zu diesem Anlass angeboten. So wird beispielsweise original Tee aus dem Hochland von Sri Lanka offeriert.

Beispiel:

Zwei Teesorten »BOPF« und »BOP« zu 36,00 DM/kg und 20,00 DM/kg sollen 50 kg einer Mischung zu 30,00 DM/kg ergeben. Wie groß müssen die Anteilsmengen der beiden Sorten sein?

Lösungsweg:

Nach dem Vorangegangenen berechnet man zunächst das Mischungsverhältnis der Sorten mit dem Mischungskreuz.

	Sortenpreis	Mischungspreis	Preisdifferenz	Mischungs-verhältnis
»BOPF«:	36,00 DM/kg		10,00 DM/kg	
		30,00 DM/kg	$\Rightarrow$	$a : b = 10 : 6$
»BOP«:	20,00 DM/kg		6,00 DM/kg	

Das gekürzte Mischungsverhältnis beträgt demnach $a : b = 5 : 3$.

Nun ermitteln wir die Sortenmengen nach den Regeln der Verteilungsrechnung.

Sorte BOPF: $a = \frac{50}{8} \cdot 5 = 31,25$ kg und Sorte BOP : $b = \frac{50}{8} \cdot 3 = 18,75$ kg

Antwort:

Es müssen 31,25 kg von Sorte BOPF und 18,75 kg von Sorte BOP genommen werden.

Aufgaben

1. Öffnen Sie eine Dose Erbsen-Karotten-Gemüse, wiegen Sie die reinen Erbsen und Karotteninhalte und berechnen Sie die Mischungsanteile.

2. Messen Sie die Temperatur von Wasser aus dem Kaltwasserhahn und Wasser aus dem Warmwasserhahn. Mischen Sie anschließend 2 l Kaltwasser mit 3 l Warmwasser und messen Sie die Temperatur der Mischung. Versuchen Sie die Mischtemperatur zu berechnen. Begründen Sie eventuelle Abweichungen zwischen Rechnung und Messung.

3. Zwei Kekssorten »Leicht« zu 18,80 DM/kg und »Locker« zu 13,90 DM/kg sollen im Verhältnis 3 : 7 gemischt werden.
   a) Ist ein Mischungspreis von 16,00 DM/kg zu vertreten?
   b) Bei welchem Mischungsverhältnis ergibt sich ein Mischungspreis von 16,00 DM/kg?

4. Zwei Weinsorten A zu 7,40 DM/l und B zu 3,20 DM/l sollen im Verhältnis 1 : 2 verschnitten werden.
   a) Wie hoch ist der Mischungspreis?
   b) Wie müsste das Mischungsverhältnis bei einem Mischungspreis von 5 DM/l lauten?

5. Ein Rohkostsalat wird aus 7,5 kg Möhren zu 0,90 DM/kg, 3 kg Sellerie zu 0,80 DM/kg, 2 kg Paprika zu 5,60 DM/kg und 0,5 kg Lauchzwiebeln zu 1,90 DM/kg hergestellt. Wie teuer sind 250 g Salat?

6. 12 kg Möhren zu 0,88 DM/kg, 8 kg Blumenkohl zu 1,80 DM/kg und 10 kg Broccoli zu 3,00 DM/kg werden zu Mischgemüse in 500-g-Portionen verarbeitet. Berechnen Sie den Portionspreis.

7. 13 kg Tee zu 52,00 DM/kg und 28 kg Tee zu 64,00 DM/kg werden gemischt. Wie teuer sind 100 g der Mischung?

8. 600 hl Wein zu 3,20 DM/l, 250 hl zu 5,80 DM/l und 350 hl zu 4,20 DM/l werden verschnitten und auf Flaschen gefüllt. Welchen Preis pro Flasche soll der Winzer verlangen, wenn sich die sonstigen Kosten auf 1,20 DM/Flasche belaufen?

9. Aus 5 kg Salami zu 34,90 DM/kg, 8 kg Putenbrust zu 32,00 DM/kg, 12 kg Bratenaufschnitt zu 37,00 DM/kg und 3 kg rohen Schinkens zu 42,00 DM/kg werden 25 Aufschnittplatten belegt. Wie teuer ist der Belag einer Platte?

10. Aus 5,2 kg Käse zu 9,80 DM/kg, 2,8 kg zu 18,60 DM/kg, 1,2 kg zu 22,60 DM/kg und 3,6 kg zu 14,50 DM/kg werden 5 Käseplatten belegt. Wie teuer ist der Belag einer Platte?

11. 2,5 kg Bonbons zu 7,20 DM/kg, 3,8 kg zu 6,50 DM/kg und 1,3 kg zu 9,60 DM/kg werden gemischt. Wie teuer sind 250 g der Mischung?

12. Ein Rohkostsalat wird aus 7,5 kg Möhren zu 0,90 DM/kg, 3 kg Sellerie zu 0,80 DM/kg, 2 kg Paprika zu 5,60 DM/kg und 0,5 kg Lauchzwiebeln zu 1,90 DM/kg im Mengenverhältnis 20 : 10 : 5 : 2 hergestellt. Wie teuer sind 250 g?

13. Möhren zu 0,88 DM/kg, Blumenkohl zu 1,80 DM/kg und Broccoli zu 3,00 DM/kg werden zu Mischgemüse im Verhältnis 10 : 8 : 6 verarbeitet. Berechnen Sie den Preis einer 700-g-Portion.

14. Tee zu 52,00 DM/kg und Tee zu 64,00 DM/kg werden im Verhältnis 9 : 7 gemischt. Wie teuer sind 50 g der Mischung?

15. Kaffee einer Sorte zu 13,00 DM/kg, einer anderen zu 18,00 DM/kg und einer Sorte zu 16,00 DM/kg werden im Verhältnis 3 : 8 : 5 gemischt. Wie teuer sind 250 g der Mischung?

16. Aus Salami zu 34,90 DM/kg, Putenbrust zu 32,00 DM/kg, Bratenaufschnitt zu 37,00 DM/kg und rohem Schinken zu 42,00 DM/kg werden Aufschnittplatten im Mengenverhältnis 5 : 7 : 4 : 2 belegt. Wie teuer ist der Belag einer Platte mit 2500 g Aufschnitt?

17. Aus Käse zu 9,80 DM/kg, zu 18,60 DM/kg, zu 22,60 DM/kg und zu 14,50 DM/kg werden Käseplatten im Mengenverhältnis 6 : 8 : 3 : 2 belegt. Wie teuer ist der Belag einer Käseplatte zu 1,8 kg?

18. Bonbons zu 7,20 DM/kg, zu 6,50 DM/kg und zu 9,60 DM/kg werden im Verhältnis 4 : 2 : 3 gemischt. Wie teuer sind 100 g der Mischung?

19. In welchem Verhältnis muss Kaffee einer Sorte zu 12,80 DM/kg mit einer Sorte zu 17,20 DM/kg gemischt werden, wenn 500 g der Mischung 7,80 DM kosten sollen?

20. Winzerei Traube will 600 hl Wein zu 2,60 DM/l mit Wein zu 3,80 DM/l und Wein zu 5,20 DM/l verschneiden, damit ein Preis von 4,20 DM/l für den Weinverschnitt zu Stande kommt. Welche Mengen der beiden anderen Sorten müssen hinzugenommen werden? Geben Sie drei verschiedene Lösungen an.

21. 3 kg Bonbons zu 7,20 DM/kg werden mit Bonbons zu 6,50 DM/kg und Bonbons zu 9,60 DM/kg gemischt, damit ein Mischungsverhältnis von 0,80 DM/100 g zu Stande kommt. Welche Mengen der beiden anderen Sorten müssen hinzugenommen werden? Geben Sie drei verschiedene Lösungen an.

22. 20 kg Möhren zu 0,95 DM/kg, Blumenkohl zu 2,20 DM/kg und Broccoli zu 3,60 DM/kg werden zu Mischgemüse in 500-g-Portionen verarbeitet, damit ein Portionspreis von 1,50 DM zu Stande kommt. Welche Mengen der beiden anderen Sorten müssen hinzugenommen werden? Geben Sie drei verschiedene Lösungen an.

23. Aus 15 Liter 96%-igen Alkohols und einem abgekühlten Kräutersud soll 38%-iger Magenbitter hergestellt werden. Wie viel Sud ist dazu nötig?

24. Branntwein mit einem Alkoholgehalt von 38% und 80%-iger Alkohol sollen eine Flambiermischung von 60% Alkoholgehalt ergeben. In welchem Verhältnis muss gemischt werden? Berechnen Sie die benötigten Mengen für 2 l Flambierflüssigkeit.

25. 100 Liter 75%-iger Alkohol werden mit 150 l Rotwein zu 10% Alkoholgehalt und 30 l Gewürzessenz zu dem Speziallikör »Magenfreund« gemischt. Welchen Alkoholgehalt hat der »Magenfreund«?

26. Eine Kundenumfrage hat ergeben, dass der »Magenfreund« mit einem Alkoholgehalt von 25% noch bekömmlicher wäre. Wie viel 75%-igen Alkohol müsste man den 150 l Rotwein (10% Alkoholgehalt) und den 340 l Gewürzessenz hinzumischen?

27. 3 Liter 48%-iger Whiskey wird mit einer Kaffee-Sahne-Mischung zu Irish Coffee verarbeitet, der 28% Alkoholgehalt haben soll. Welche Menge Kaffee-Sahne-Mischung muss genommen werden?

28. 5 kg Kaffee einer Sorte zu 13,00 DM/kg, 3 kg einer anderen zu 18,00 DM/kg und 5 kg einer Sorte zu 16,00 DM/kg werden gemischt.
Wie teuer sind 500 g der Mischung? Schreiben Sie die richtige Antwort auf.
① 7,25 DM   ② 8,65 DM   ③ 7,90 DM   ④ 8,20 DM   ⑤ 7,65 DM

29. Wein zu 3,60 DM/l, zu 5,70 DM/l und zu 4,50 DM/l soll im Verhältnis 5 : 2 : 4 verschnitten und auf 0,75-Liter-Flaschen gefüllt werden. Welchen Preis pro Flasche soll der Winzer verlangen, wenn sich die sonstigen Kosten auf 1,20 DM/Flasche belaufen? Schreiben Sie die richtige Antwort auf.
① 4,23 DM   ② 3,91 DM   ③ 3,25 DM   ④ 4,76 DM   ⑤ 4,42 DM

30. In welchem Verhältnis muss Tee zu 48,00 DM/kg und Tee zu 65,00 DM/kg gemischt werden, wenn 50 g der Mischung 2,80 DM kosten sollen? Schreiben Sie die richtige Antwort auf.
① 7 : 8   ② 8 : 9   ③ 9 : 8   ④ 8 : 7   ⑤ 5 : 6

31. Aus 30 Liter 38%-igem Kirschwasser, 100 Liter 48%-igem Rum und 60 Liter Kirschmost soll »Kirsch mit Rum«-Likör hergestellt werden.
Wie viel Alkoholgehalt hat der Likör? Schreiben Sie die richtige Antwort auf.
① 29,8%   ② 28,9%   ③ 32,1%   ④ 31,3%   ⑤ 30,9%

32. 7 Liter 32%-iger Branntwein wird mit einer Eier-Milch-Emulsion zu Eierlikör verarbeitet, der 20% Alkoholgehalt haben soll. Welche Menge Eier-Milch-Emulsion muss genommen werden? Schreiben Sie die richtige Antwort auf.
① 3,9 Liter   ② 4,0 Liter   ③ 3,8 Liter   ④ 4,2 Liter   ⑤ 4,1 Liter

11 Rohstoffmengen für die Küche

Ziel der Küchenarbeit ist es aus Rohstoffen appetitliche Speisen mit vorzüglichem Geschmack herzustellen. Rohstoffveränderungen lassen sich jedoch nicht ohne Verluste erzielen. Küchenabfälle erkennt jeder sofort als Verlust, aber es gibt auch Verluste, die wir mit unseren Augen kaum wahrnehmen. Aus zwei Gründen hat es Sinn Rohstoffmengen genau zu berechnen: Wir brauchen zum einen verlässliche Angaben für die Preisberechnung. Zum anderen ermöglichen uns genaue Zahlen dort etwas zu verändern, wo zu große Verluste entstehen.

11.1 Verarbeitungsverluste bei Lebensmitteln

Der Abteilungskoch der »Schönen Aussicht«, Fritz Neuber, schickt Peter ins Kühlhaus mit der Aufforderung: »Hole 7 Köpfe Rotkohl! Du weißt schon, für das Wildessen heute abend brauchen wir 70 Portionen.« Auf dem Weg ins Kühlhaus überlegt Peter, ob er statt der 7 Köpfe lieber 8 mitnehmen soll. Vor 14 Tagen musste er zweimal Nachschub holen und Fritz war immer noch nicht zufrieden.

Ist es möglich schon vorher genau zu ermitteln, wie viele Kohlköpfe zu holen sind? Wenn ja, wie kann man es berechnen?

1. Beispiel:

Ein Rotkohlkopf wiegt 2,200 kg, nach dem Putzen hat er noch ein Gewicht von 1,804 kg. Berechnen Sie den Putzverlust in %.

Lösungsweg:

1. Für derartige Aufgaben muss immer der Verarbeitungsweg in Gedanken nachvollzogen werden.

Rotkohl ungeputzt	–	beschädigte, welke Blätter, Strunk Abfall	=	geputzter Rotkohl
Wareneinsatz (= 100%)	**–**	**Verlust**	**=**	**Ausbeute**

2. Gegebene Gewichte zuordnen, fehlendes Gewicht berechnen.

   2,200 kg   –   ? kg   =   1,804 kg
   2,200 kg   –   1,804 kg   =   0,396 kg

3. Eine Dreisatz-, Prozentrechnung liefert den gesuchten Putzverlust.

   2,200 kg ≙ 100 %
   0,396 kg ≙   x

   $$x = \frac{0{,}396 \cdot 100}{2{,}200} = 18\,\%$$

Antwort:

Der Putzverlust beträgt 18 %.

Der Wareneinsatz entspricht immer 100 %.

2. Beispiel:

70 Portionen Rotkohl zu je 180 g sind bestellt. Wie viele Köpfe Rotkohl mit einem durchschnittlichen Gewicht von 2,200 kg sind hierfür zu putzen, wenn erfahrungsgemäß ein Putzverlust von 18 % anfällt?

Lösungsweg:

1. Die sogenannte Rückrechnung geht vom gleichen Herstellungsweg aus.

    ← **Rückrechnung** ←

    Rohgewicht – Putzverlust = geputztes Gemüse

2. Gegebene Prozentsätze zuordnen, fehlenden Prozentsatz berechnen.

    100 % – 18 % = 82 %

3. Bestelltes Gewicht zuordnen.

    70 · 180 g = 12 600 g

4. Der Dreisatz bringt die Schlussfolgerung auf das Ergebnis.

    82 % ≙ 12,600 kg
    100 % ≙ x

    $x = \dfrac{100 \cdot 12{,}600}{82}$ = 15,366 kg Rohgewicht

5. Berechnung der Kopfzahl.

    15,366 kg : 2,200 kg = 6,98 Stück ~ **7 Stück**

Antwort:

7 Köpfe Rotkohl reichen für die bestellte Gemüsemenge aus.

Im Dreisatz müssen direkt übereinander stehende Einheiten gleich sein.

Aufgaben

1. a) Wiegen Sie von verschiedenen Gemüsesorten je nach Saison eine bestimmte Menge vor dem Putzen und danach ab. Tragen Sie diese Gewichte in die Tabelle ein.

   b) Berechnen Sie aus diesen Werten für jedes Gemüse getrennt den Putzverlust.

	Gemüse a)	Gemüse b)	Gemüse c)	Gemüse d)
Rohgewicht g				
geputzt g				
Putzverlust g				
Putzverlust %				

2. Wiegen Sie mehrere Zitronenhälften vor und nach dem Auspressen. Ermitteln Sie daraus den Saftanteil in Prozent.

3. Ermitteln Sie den prozentualen Schälverlust verschiedener Obst- und Nussarten, z.B. Bananen, Apfelsinen, Äpfel, ... ; Walnüsse, Mandeln, Haselnüsse, ...

Rohgewicht (g)						
Schälverlust (g)						
Schälverlust (%)						

4. Es werden 30 Portionen Rote Bete zu je 160 g für einen Rohkostsalat vorbereitet. Wie viel kg Rote Bete müssen bereitgestellt werden, wenn der Putzverlust 20 % beträgt?

5. 4,300 kg frische Bohnen werden geputzt. Dabei entsteht ein Verlust von 473 g. Wie viel ganze Portionen zu je 125 g Rohgewicht können daraus noch hergestellt werden?

6. a) Ein Kalbsnierenstück wiegt 5,250 kg. Beim Auslösen entstehen 915 g Knochen. An Parierverlusten entstehen 625 g Fett und 100 g Fleischabschnitte. Ermitteln Sie den Gesamtverlust in Gramm und Prozent.
b) Ein Kalbssteak wiegt roh 180 g. Berechnen Sie, wie viele Steaks aus dem parierten Nierenstück geschnitten werden können.

7. Ein Küchenchef lässt 25 kg Kartoffeln schälen. Er rechnet mit 16 % Schälverlust. Wie viele Portionen geschälte Kartoffeln erhält er, wenn er eine Portion mit 120 g ansetzt?

8. Eine Kalbsschulter mit einem Gewicht von 5,600 kg soll zu Kalbsrollbraten verarbeitet werden. Nach dem Auslösen und Vorbereiten beträgt der Verlust 28 %. Wie viele kg Rollbraten erhält man?

9. Ein Küchenchef kauft 17,750 kg Heilbutt ein. Nach dem Filetieren erhält er 48 Portionen zu je 220 g. Wie viele kg beträgt der Verlust beim Filetieren?

10. Es wurden 2,500 kg Champignons geliefert. Beim Putzen entstand ein Verlust von 300 g. Mit wie viel Gramm Putzverlust ist bei der Verarbeitung von 4,000 kg Champignons der gleichen Sorte zu rechnen?

11. Schweinenacken wird ausgelöst und zum Braten vorbereitet. 22 % Knochenanteil sind dabei zu erwarten. Ermitteln Sie die bratfertigen Gewichte folgender Nackenstücke: a) 2,480 kg; b) 2,890 kg; c) 2,975 kg.

12. Zur Vorbereitung von Kasseler Rippenspeer entbeint man Kotelettstränge.
Folgende Kotelettstränge werden geliefert:
a) 13,700 kg   b) 12,400 kg   c) 11,900 kg.
Berechnen Sie jeweils das Fleischgewicht, wenn 16 % Auslöseverlust entstehen.

13. In der Spargelsaison wird als Spezialität Spargel mit zerlassener Butter und Kartoffeln angeboten. Pro Portion garen wir 500 g geputzten Spargel. Je nach Qualität entstehen auch bei den besten Sorten unterschiedliche Putzverluste:
a) 23 %   b) 25 %   c) 27 %   d) 30 %
Berechnen Sie die jeweils erforderlichen Mengen an Rohware für eine Portion.

11 Rohstoffmengen für die Küche

14. Wird Kabeljau frisch verarbeitet, rechnen wir mit 18 % Putzverlust, um garfertige Filets zu erhalten. Vier Fische mit folgenden Gewichten stehen zur Verfügung: 2,400 kg, 2,680 kg, 2,800 kg und 2,800 kg.
Überprüfen Sie, ob die Fische für 40 Portionen zu je 190 g Rohgewicht ausreichen.

15. Die Lagerkartei des Magazins gibt einen Bestand von 175,000 kg Mehl an. Als Tagesbedarf fordern an: der Pâtissier 21,000 kg, der Entremetier 7,500 kg, der Saucier 3,000 kg.
Wie viele kg beträgt der Lagerbestand am Ende des Tages, wenn aufgrund des Wiegeverlustes 3 % mehr abgewogen wurden als gefordert?

16. Eine Rehkeule hat bratfertig ein Gewicht von 1550 g. Der Bratverlust beträgt 20 %. Es werden 8 Portionen geschnitten. Wie viel Gramm wiegt eine durchgebratene Portion?

17. Für Wiener Apfelstrudel verlangt das Rezept 1,600 kg geschälte, entkernte und blättrig geschnittene säuerliche Äpfel. Welche Apfelmenge muss für das dreifache Rezept abgewogen werden, wenn der Verlust 26 % beträgt.
① 5486 g ② 5972 g ③ 6325 g ④ 6486 g ⑤ 7345 g ⑥ 7365 g

18. Das Fleisch einer ausgelösten Kalbskeule wiegt 12,840 kg. Ihr Gewicht mit Knochen betrug 16,460 kg. Wie hoch war der Knochenanteil in Prozent?
① 19 % ② 20 % ③ 21 % ④ 22 % ⑤ 23 % ⑥ 25 %

19. Für das Freitagsmenü werden 29 kg Goldbarsch geliefert. Beim Putzen entstehen 41 % Verlust. Berechnen Sie die Anzahl der Portionen zu je 180 g Rohgewicht.
① 19 ② 47 ③ 66 ④ 93 ⑤ 95 ⑥ 105

20. a) Für ein Extraessen sind 18 Portionen Wildschweinrücken bestellt, pro Portion 150 g gegartes Wildfleisch. Berechnen Sie das Mindestgewicht des bratfertigen Wildschweinrückens, wenn 22 % Bratverlust zu erwarten sind.

b) Wählen Sie aus den vorhandenen 4 Wildschweinrücken denjenigen aus, bei dem der Rest am geringsten ausfällt. Der Auslöseverlust beträgt 18 %.
① 3,900 kg ② 4,300 kg ③ 5,100 kg ④ 5,500 kg

11.2 Garverluste

> Es kommt nicht sehr häufig vor, dass Peter seinen Chef Fritz Neuber direkt anspricht, um ein fachliches Problem zu klären. Er weiß genau, dass meist eine Frage oder ein Auftrag folgen. Und dennoch will Peter heute Folgendes wissen: »Welcher Verlust ist denn höher, der Putzverlust oder der Garverlust?« Wie vermutet kommt die Reaktion von Herrn Neuber: »Probier's doch aus!«

Garverluste lassen sich fast immer auf zwei Ursachen zurückführen: Wasser verdampft, Fett schmilzt und tropft ab. Schlimm wäre es, wenn wir mit viel Mühe einen vorzüglichen Braten zubereiteten und dieser anschließend nicht für die bestellte Portionenzahl ausreicht. Oder umgekehrt, was geschieht mit einem beachtlichen Rest? Beides lässt sich durch Rechnen vermeiden. Alle Koch-, Brat-, Schmor-, Backverluste errechnen sich nach dem gleichen Schema wie die Vorbereitungsverluste. Wichtig ist es den Weg entsprechend dem Herstellungsgang zu verfolgen.

 braten  portionieren

Verluste beim Portionieren werden meist vernachlässigt.

Beispiel:

Ein Bratenstück wiegt vor dem Braten im Rohzustand 1500 g. Nach dem Braten hat das gleiche Stück nur noch ein Gewicht von 1200 g. Berechnen Sie den Bratverlust in Prozent.

Lösungsweg:

Die Berechnung des Prozentsatzes erfolgt in zwei Schritten:

1. Der Bratverlust in g ergibt sich, indem das kleinere Endgewicht vom größeren Rohgewicht abgezogen wird:

    1500 g Rohgewicht
 – 1200 g gebraten
     300 g Bratverlust

2. Die folgende Prozentrechnung geht nach dem Dreisatzschema:

1500 g $\cong$ 100 %
 300 g $\cong$ x

$$x = \frac{300 \cdot 100}{1500} = 20\,\%$$

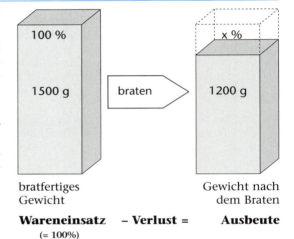

Wareneinsatz – **Verlust** = **Ausbeute**
(= 100%)

Antwort:

Der Bratverlust beträgt 20 %.

Bei Rückrechnungen ändern sich die Prozentsätze nicht.
Rückrechnungen beginnen beim geringeren, gegarten Gewicht und schließen auf das größere Rohgewicht (100 %).

Aufgaben

1. Um den Bratverlust zu ermitteln werden mehrere Filetmedaillons vor und nach dem Braten gewogen.
   a) Berechnen Sie den Bratverlust in Gramm und Prozent.
   b) Ermitteln Sie den durchschnittlichen Bratverlust in Prozent.

roh (g)					
gebraten (g)					
Verlust in g					
Verlust in %					

2. Suchen Sie fünf möglichst verschieden große Kartoffeln aus.
   a) Wiegen Sie die Kartoffeln vor und nach dem Kochen und ermitteln Sie den jeweiligen Kochverlust.
   b) Berechnen Sie aus den Werten den durchschnittlichen Kochverlust für Pellkartoffeln.

3. Wiegen Sie verschiedene Gemüse, die ohne Zerkleinerung zubereitet werden, vor und nach dem Garen, z.B. Blumenkohl, und berechnen Sie aus den Gewichten den jeweiligen Garverlust.

4. Ein geputzter Blumenkohl von 640 g Gewicht wiegt nach dem Kochen nur noch 499 g. Berechnen Sie den Kochverlust in Prozent.

5. Eine ausgenommene Forelle wiegt vor dem Räuchern 875 g, danach nur noch 695 g. Berechnen Sie den Räucherverlust in Gramm und in Prozent.

6. 24 kg geschälte Kartoffeln werden zu Salzkartoffeln verarbeitet. Es entstehen 108 Portionen zu je 180 g. Ermitteln Sie den Kochverlust in Prozent.

7. Berechnen Sie aus folgender Tabelle die Garverluste verschiedener Fleischsorten und Zubereitungsarten:

	roh	gegart		roh	gegart
a) Filetsteak	160 g	128 g	e) Kassler, gekocht	170 g	141 g
b) Hammelbraten	220 g	132 g	f) Roastbeef	150 g	123 g
c) Kalbsbraten	150 g	100 g	g) Rouladen	130 g	79 g
d) Kalbssteak	180 g	137 g	h) Schweinebraten	150 g	97 g

8. Neun servierfertige Portionen zu je 200 g entstehen aus einem Schweinenacken von 2400 g Rohgewicht. Wie hoch war der Bratverlust in Gramm und in Prozent?

9. Ein pariertes Roastbeef wiegt 4,200 kg. Es wird gebraten und kalt angerichtet. Man verwendet pro Portion 80 g und erhält so 42 Portionen. Wie viel Prozent beträgt der Bratverlust?

10. Auf einer Dose mit »Grünkohl grob gehackt« steht: »Gemüseeinwaage 590 g; Gewichtsverlust durch Erhitzen«.
    Berechnen Sie das Abtropfgewicht, wenn erfahrungsgemäß 10% Sterilisierungsverlust auftreten.

11. Bratfertiges Fleisch wiegt 15,000 kg; der Bratverlust beträgt 20%. Wie viele Portionen ergeben sich, wenn je Person 150 g tafelfertiges Fleisch kalkuliert wird?

12. Eine Rehkeule hat ein bratfertiges Gewicht von 1600 g. Der Bratverlust beträgt 21%. Es werden acht Portionen geschnitten.
    Wie viel Gramm wiegt eine Portion?

13. Mehrere parierte Lammkeulen werden vor und nach dem Braten gewogen. Berechnen Sie den durchschnittlichen Bratverlust in Prozent.

Rohgewicht	4320 g	4710 g	4750 g	5020 g	5080 g
gebraten	2850 g	3158 g	3206 g	3414 g	3505 g

14. Kalbssteaks sollen servierfertig 140 g wiegen. Wir rechnen mit einem durchschnittlichen Bratverlust von 24 %. Berechnen Sie die Menge an pariertem Fleisch, die für folgende Mengen vorbereitet werden müssen:
   a) 30 Portionen
   b) 50 Portionen
   c) 80 Portionen
   d) 110 Portionen

15. Gegrillte Hähnchenhälften sollen servierfertig 450 g wiegen. Erfahrungsgemäß ist mit 25 % Grillverlust zu rechnen. Wie schwer müssen die grillfertigen Hähnchen sein?
   ① 660 g   ② 740 g   ③ 1125 g   ④ 1160 g   ⑤ 1200 g   ⑥ 1400 g

16. Bei Bohnen rechnet man mit 7 % Garverlust. Pro Portion werden 200 g gegarte Bohnen ausgegeben. Eine Kantine hat 420 Portionen vorzubereiten. Berechnen Sie die Menge an geputzten Bohnen.
   ① 89,323 kg   ② 90,023 kg   ③ 90,123 kg   ④ 90,323 kg   ⑤ 91,323 kg

17. Für ein Vereinsessen von 85 Personen wird u.a. Roastbeef in Scheiben bestellt. Der Küchenchef schlägt 90 g pro Portion vor und beauftragt Charly das Fleisch vorzubereiten. Von welchem Fleischrohgewicht muss Charly ausgehen, wenn er für den Brat- und Aufschneideverlust insgesamt 29,5 % berücksichtigen muss?
   ① 1,085 kg   ② 9,907 kg   ③ 10,851 kg   ④ 14,279 kg   ⑤ 11,325 kg

11.3 Gewichtszunahme bei der Verarbeitung

> Peter wendet sich kleinlaut an Herrn Neuber: »Ich soll Lebensmittel zusammenstellen, die bei der Zubereitung an Gewicht zunehmen! Obst, Gemüse, Fleisch, Fisch, Wild – überall nur Verluste!«
>
> Fritz Neuber antwortet längere Zeit nichts. Plötzlich ruft er laut quer durch die Küche: »Giovanni, klär' ihn mal auf!« – Giovanni lässt erschrocken eine Handvoll Spaghetti ins siedende Wasser gleiten.

Kein Koch kann zaubern, eine Gewichtszunahme ist nichts anderes als Quellung, Wasseraufnahme. Im Fall der Teigwaren verkaufen wir tatsächlich etwa 50 Prozent Wasser. Läuft hier die Berechnung etwa umgekehrt?

Beispiel:

Durch Quellung entstehen aus 2 kg rohen Spaghetti 5,200 kg servierfertige. Wie viel Prozent beträgt die Gewichtszunahme?

Lösungsweg:

Wie bei allen Gewichtsveränderungen während der Zubereitung wird der Herstellungsweg nachvollzogen. Das Ursprungsgewicht entspricht auch hier 100 %.

11 Rohstoffmengen für die Küche

1. Die Differenz der Gewichte ergibt die Gewichtszunahme:

   5,200 – 2,000 = 3,200 kg

2. Aus einer Dreisatz-, Prozentrechnung bekommt man den gesuchten Prozentsatz:

   2,000 kg ≙ 100 %
   3,200 kg ≙ x

   $x = \dfrac{3{,}200 \cdot 100}{2{,}000} = 160\,\%$

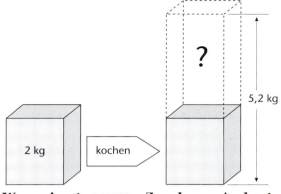

Wareneinsatz (=100%) + **Zunahme** = **Ausbeute**

Antwort:
Die Gewichtszunahme bei der Spaghettizubereitung beträgt 160 %.

Überlegen Sie genau, ob das **Gesamtendgewicht** oder nur die **Gewichtszunahme** verlangt ist.

Aufgaben

1. Wiegen Sie jeweils 50 g von folgenden Rohstoffen vor dem Garen und nach dem Garen. Bestimmen Sie aus den Gewichten den Zubereitungsgewinn: Grieß, parboiled Reis, Naturreis, Wildreis, Milchreis, verschiedene Teigwaren.

2. Berechnen Sie in folgender Tabelle die fehlenden Werte:

	a) Bandnudeln	b) Pilawreis	c) Weizengrieß	d) Wildreis	e) Spinatnudeln
Wareneinsatz	750 g	1,800 kg	?	?	2,350 kg
Gewichtszunahme	155 %	?	165 %	390 %	150 %
Ausbeute	?	5,580 kg	180 g	1,092 kg	?

3. Die Diätküche benötigt insgesamt 155 Reisportionen mit einem Serviergewicht von 120 g. Sie rechnet bei dieser Reissorte mit 205 % Dünstgewinn. Wie viel Reis sind im Magazin anzufordern?

4. Zwei Köche bereiten Spaghetti zu. Alfonso erzielt aus 2,200 kg eine Ausbeute von 5,720 kg, Gina dagegen 5,830 kg. Berechnen Sie den jeweiligen Gewinn in Prozent.

5. Schweinekamm wiegt vor dem Pökeln 4,800 kg und danach 5,184 kg. Ermitteln Sie den Pökelgewinn in Gramm und Prozent.

6. a) Ein Kotelettstrang von 6,950 kg nimmt durch Pökeln 8,1 % Gewicht zu. Berechnen Sie das entsprechende Endgewicht.
   b) Das gepökelte Kotelettstück wird unmittelbar nach dem Pökeln heiß geräuchert. Dabei entsteht ein Räucherverlust von 3 %. Ermitteln Sie das Gewicht des geräucherten Strangs.
   c) Vergleichen Sie das fertig geräucherte Gesamtgewicht mit demjenigen des ungepökelten Kotelettstrangs, und berechnen Sie, welche prozentuale Gewichtszunahme im Endeffekt nach beiden Vorgängen zugrunde gelegt werden kann.

7. Ein Schweineschinken von 5,650 kg Gewicht nimmt beim Pökeln 429 g zu. Berechnen Sie den Pökelgewinn in Prozent.
   ① 6,6 %   ② 6,8 %   ③ 7,2 %   ④ 7,4 %   ⑤ 7,6 %   ⑥ 7,8 %

8. Vier Schweineschinken werden vor und nach dem Pökeln gewogen, um daraus den durchschnittlichen Pökelgewinn zu ermitteln. Geben Sie ihn in Prozent an.

roh	4,940 kg	5,280 kg	5,500 kg	5,620 kg
gepökelt	5,306 kg	5,660 kg	5,929 kg	6,074 kg

① 7,03 %   ② 7,25 %   ③ 7,43 %   ④ 7,52 %   ⑤ 7,60 %   ⑥ 7,63 %

9. Eine Schweineschulter wiegt nach dem Pökeln 3,240 kg. Wie schwer war sie vor dem Pökeln, wenn mit einer Ausbeute von 106,7 % gerechnet wird?
   ① 2,975 kg   ② 2,980 kg   ③ 3,037 kg   ④ 3,090 kg   ⑤ 3,095 kg

11.4 Kombination von Verarbeitungsverlusten

> Peter löst gerne Fleisch aus. Christian pariert die Fleischteile und nutzt dies für ein Fachgespräch: »Was meinst du, bleibt von dem Stück nach dem Braten noch übrig?« Er legt den noch nicht ausgelösten Nacken auf die Waage. Die Antwort kommt prompt und mit Überzeugung: »Höchstens 50 %, das ist doch klar!«

Einzelne Verarbeitungsverluste sind kein Problem. Aber was geschieht, wenn zwei, eventuell drei Verluste nacheinander auftreten? Ist die Reihenfolge der Berechnung beliebig? Kann man alle Verluste zusammenfassen?

Beispiel:

Ein Schweinerücken wiegt 6700 g. Erst fallen 22 % Knochen und Parüren an. Das Braten verursacht 35 % Verlust. Berechnen Sie das Gewicht des fertigen Bratens.

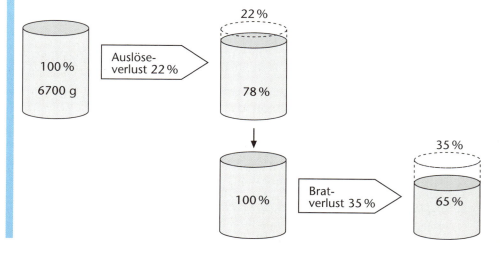

11 Rohstoffmengen für die Küche

Lösungsweg:

Wieder gilt die Regel: Der Herstellungsweg gibt den Rechengang vor. Demzufolge sind zwei getrennte Prozentrechnungen erforderlich, denn die Grundwerte sind verschieden: einmal mit, einmal ohne Knochen.

Die gesuchten Fleischgewichte in Prozent ergeben sich einfach:

100 % − 22 % = 78 %   und   100 % − 35 % = 65 %

1. Dreisatz
$$6700 \text{ g} \triangleq 100\,\%$$
$$x \triangleq 78\,\%$$
$$x = \frac{78 \cdot 6700}{100} = 5226 \text{ g}$$

2. Dreisatz
$$5226 \text{ g} \triangleq 100\,\%$$
$$x \triangleq 65\,\%$$
$$x = \frac{65 \cdot 5226}{100} = 3397 \text{ g}$$

Antwort:

Das Gewicht des fertigen Bratens beträgt 3397 g.

Allgemein:
Wareneinsatz – Vorbereitungsverlust – vorbereitetes Gewicht – **Garverlust = Ausbeute**

> Berechnen Sie verschiedene Verarbeitungsverluste niemals in *einem* Schritt. Die Reihenfolge ergibt sich aus dem Herstellungsweg.
> Die Rückrechnung vollzieht den Herstellungsweg in umgekehrter Richtung, und zwar ebenfalls in mehreren Einzelschritten

Aufgaben

1. Wiegen Sie fünf Kartoffeln im rohen Zustand, geschält und gekocht. Berechnen Sie aus diesen Zahlen den Schälverlust, Garverlust und den Gesamtverlust.

2. Stellen Sie aus fünf Kartoffeln Pommes frites her. Bestimmen Sie das Rohgewicht, wiegen Sie die Kartoffeln geschält und nach dem Fritieren. Ermitteln Sie den Schäl-, Gar- und Gesamtverlust.

3. Drei verschiedene Schweinenacken stehen zur Verfügung: a) 5350 g, b) 5520 g, c) 5490 g. Sie werden ausgelöst (25 % Knochenverlust) und gebraten (27 % Bratverlust). Berechnen Sie, wie viele Bratenportionen zu je 160 g daraus insgesamt geschnitten werden können.

4. Es werden 9500 g Gulaschfleisch gekauft. Der Parierverlust beträgt 3 % und der Schmorverlust 30 %. Wie viel kg tafelfertiges Fleisch erhält man?

5. Aus dem Magazin werden 20,000 kg ungeschälte Kartoffeln angefordert, um daraus Pommes frites herzustellen. Der Schäl- und Schneideverlust beträgt insgesamt 17 %, der Backverlust 65 %. Wie viel kg tellerfertige Pommes frites können hergestellt werden?

6. Von 10 kg Kartoffeln bleiben nach dem Schälen noch 6,940 kg, nach dem Kochen noch 6,107 kg übrig. Berechnen Sie den Schäl- und Kochverlust jeweils in Gramm und in Prozent.

7. Vier Rehkeulen wurden ausgelöst, gebraten und gewogen, um die Verluste zu ermitteln:

	a) 8,260 kg	b) 7,930 kg	c) 7,850 kg	d) 7,700 kg
roh				
ausgelöst	6,773 kg	6,463 kg	6,359 kg	6,314 kg
gebraten	5,283 kg	5,009 kg	4,991 kg	4,609 kg

Berechnen Sie den Auslöse- und Bratverlust jeweils in Prozent.

8. Hähnchen sollen die Grundlage für Frikassee liefern. Vor dem Ausbeinen (Knochenverlust 22 %) werden die Hähnchen gekocht und verlieren dabei 24 % ihres Rohgewichts.
Berechnen Sie das gegarte Fleischgewicht bei folgenden Rohgewichten:
a) 10,400 kg
b) 14,000 kg
c) 16,760 kg

9. Das Rezept für indirekt geführten Hefeteig lautet: 250 g Milch, 100 g Zucker, 500 g Weizenmehl, 100 g Butter, 30 g frische Hefe, 4 Eigelb (je 20 g), 1 g Salz, 4 g Vanillezucker.
3 % Gärverlust sind zu erwarten und beim Backen entstehen 12 % Gewichtsverlust.
Wie schwer wird der aufgegangene Hefeteig und das fertige Gebäck?

10. Unsere Spezialität ist selbst gebeizter Lachs. Beim Putzen und Filetieren entstehen 46 % Verlust, der Beizverlust beträgt 13 % und beim Aufschneiden fallen 11 % Abschnitte an. Für das kalte Büfett sollen 4 kg aufgeschnitten und angerichtet werden. Errechnen Sie das Lachsrohgewicht.

11. Wie bei allen Lebensmitteln entscheidet die Qualität und Frische ganz erheblich die Verarbeitungsverluste. Für Brechbohnen der Sorte A muss mit 12 %, für B mit 14 % und bei Sorte C mit 17 % Putzverlust gerechnet werden. Der Garverlust bleibt mit 5 % immer gleich.
Berechnen Sie das Rohgewicht ungeputzt, wenn pro Portion 200 g Brechbohnen tellerfertig serviert werden und wenn insgesamt 42 Portionen verarbeitet werden.

12. Champignons unterschiedlicher Größe führen zu verschiedenen Putzverlustanteilen. Sorte A erzeugt 8 %, Sorte B 10 % und Sorte C 12 % Abfall. Berechnen Sie den jeweiligen Gesamtverlust in Prozent, wenn 1000 g gegarte Pilze entstehen sollen und der Garverlust in allen drei Fällen 36 % beträgt.

13. Für Filetsteaks setzt man 17 % Bratverlust und 10,5 % Parierverlust an.
Wie viele Portionen zu je 150 ergibt ein Rinderfilet von 2,1 kg?
① 8 ② 9 ③ 10 ④ 11 ⑤ 12 ⑥ 13 Portionen

14. Pro Portion gebratene Lammkeule servieren wir 180 g tafelfertiges Fleisch. Bei der Herstellung gilt es drei Verluste zu berücksichtigen: Auslöseverlust 22 %, Parüren 3 % Bratverlust 22 %.
Berechnen Sie das Gesamtrohgewicht, die Gewichte ausgelöst, pariert und gebraten, wenn 28 Portionen vorbereitet werden sollen.
① 8844 g ② 8541 g ③ 8351 g ④ 6662 g ⑤ 6462 g

15. Für das Mittagsgeschäft geht man von 32 Portionen kurz gebratenem Rotbarschfilet aus, tellerfertig 170 g. Die Zubereitung verursacht 35 % Putzverlust, da nur kleinere Fische vorrätig sind, und 28 % Bratverlust. Von welcher Fischmenge müssen Sie ausgehen?
① 11,325 kg ② 11,425 kg ③ 11,625 kg ④ 12,625 kg ⑤ 14,265 kg

16. 5,2 kg Roastbeef sollen rosa gebraten und aufgeschnitten angerichtet werden. Wir kalkulieren mit 27 % Verlust beim Braten und mit 1,8 % Aufschnittverlust.
Wie viel g Roastbeef können serviert werden?
① 2728 g ② 2828 g ③ 3628 g ④ 3700 g ⑤ 3728 g ⑥ 3796 g

11.5 Verarbeitungsverluste verändern die Rohstoffpreise

Noch während Peter und Christian Fleisch vorbereiten, kommen sie auf Preise zu sprechen. Christian: »Wenn du schon so schlau bist, kannst du mir sicher sagen, wie sich beim Verarbeiten von Fleisch die Kilopreise verändern!« Ohne lange zu überlegen wollte Peter antworten, dass sie sich überhaupt nicht ändern, wie sollten sie. Doch dann bekommt er selbst Zweifel und meint: »Na los, nun erklär's mir schon, im Kopfrechnen bist du doch sowieso besser!«

Verluste lassen sich nie ganz vermeiden. Wie wirken sie sich aber auf die Preise aus? Erhöhen sich die Preise etwa um den gleichen Prozentsatz?

Beispiel:
Ein Stück Fleisch wiegt mit Knochen 1,5 kg und kostet pro kg 9,00 DM. Bei der Zubereitung entsteht ein Gesamtverlust von 30 %.
Um wie viel DM verändert sich der Kilopreis?

Lösungsweg:
Das Ermitteln der Lösung erfordert zwei getrennte Berechnungen:

1. Die **Gewichtsberechnung** benutzt den Lösungsweg, wie er in den vorherigen Kapiteln erklärt wurde.

   $100\% \mathrel{\widehat{=}} 1{,}5 \text{ kg}$
   $70\% \mathrel{\widehat{=}} x$

   $x = \dfrac{70 \cdot 1{,}5}{100} = \mathbf{1{,}050 \text{ kg}}$

2. Bei der **Preisberechnung** muss davon ausgegangen werden, dass der ursprünglich bezahlte Preis nun einem verringerten Gewicht entspricht. Folglich erhöht sich der Kilopreis.
   1,5 kg · 9,00 DM/kg = 13,50 DM (Einkaufspreis)
   1,050 kg kosten 13,50 DM
   1,000 kg kostet 13,50 DM : 1,050 kg = 12,86 DM/kg (erhöhter Material-Kilopreis)

3. Aus dem **Vergleich der beiden Kilopreise** ergibt sich die Veränderung:
   12,86 DM/kg – 9,00 DM/kg = **3,86 DM/kg**.

Antwort:
Die Verarbeitung des Fleisches führt zu einer Preiserhöhung von 3,86 DM/kg.

Beachten Sie, dass alle Verarbeitungsverluste die Rohstoffkilopreise erhöhen.

Aufgaben

1. a) Wiegen Sie einen Apfel und ermitteln Sie den Kilopreis und die Materialkosten dieses Apfels.
    b) Schälen Sie ihn, wiegen Sie ihn erneut und berechnen sie den Kilopreis des geschälten Apfels.

2. a) Wiegen Sie mehrere Schweinefleischportionen vor dem Auslösen. Bringen Sie den Kilopreis in Erfahrung und errechnen Sie aus dem Gewicht nach dem Auslösen den Kilopreis für ausgelöstes Schweinefleisch.
    b) Welcher Preiserhöhung in DM entspricht dies?

3. Orangen werden in Kisten zu 10 kg bfn angeboten, die Kiste für 16,90 DM.
    a) Berechnen Sie den Netto-Kilopreis, wenn die leere Kiste 960 g wiegt.
    b) Ermitteln Sie den Preis für 1 l (= 1 kg) Orangensaft, wenn beim Saften 35 % Verlust entstehen.

4. Für eine Veranstaltung werden 20,000 kg Lachs eingekauft. Der Preis je kg beträgt 15,00 DM. Nach dem Filetieren bleiben noch 12,000 kg übrig. Wie viel DM kostet 1,000 kg Filet?

5. Der Händler A bietet Kabeljau als ganzen Fisch zu 7,20 DM je kg, der Händler B Kabeljaufilet zu 14,20 DM je kg an. Es muss mit 45 % Filetierverlust gerechnet werden. Um wie viel DM je kg ist das Angebot des Händlers B teurer als das des Händlers A?

6. 100,000 kg Lachs kosten im Einkauf 1300,00 DM. Beim Filetieren entsteht ein Verlust von 35 %. Wie viel DM kostet 1,000 kg filetierter Lachs?

7. 1,000 kg Schweinefleisch zum Braten kostet im Einkauf 9,80 DM. Man rechnet mit 300 g Bratverlust. Wie viel DM kostet 1,000 kg Braten?

8. Vier Sorten Schweinefleisch ohne Knochen unterscheiden sich sowohl im Preis als auch in der Qualität, was u.a. in den Verlusten zum Ausdruck kommt.
    Berechnen Sie die Kilopreise für servierfertiges Fleisch.

Einkaufspreis je kg	a) 9,65 DM	b) 9,80 DM	c) 10,70 DM	d) 11,40 DM
Parüren	8,5 %	8 %	6 %	5 %
Bratverlust	37 %	36 %	34 %	33 %

9. Es werden 20,000 kg tiefgefrorenes Rinderfilet zum Preis von 616,40 DM gekauft. Beim Auftauen entsteht ein Verlust von 1,600 kg. Wie viel DM kostet 1 kg aufgetautes Filet?

10. Es werden 15 Portionen Hirschkeule zu je 160 g tafelfertig benötigt. 1,000 kg Hirschkeule kostet im Einkauf 23,50 DM. Wie viel DM beträgt der Materialwert einer Portion, wenn mit insgesamt 600 g Schmorverlust gerechnet werden muss?

11. Der Küchenchef kauft insgesamt 14 kg Champignons zum Kilopreis von 6,90 DM. Putz- und Garverlust ergeben insgesamt 22 %.
    a) Berechnen Sie den Kilopreis der gegarten Pilze.
    b) Berechnen Sie den Materialwert für 90 g servierfertige Pilze.

11 Rohstoffmengen für die Küche

12. Der Feinkosthändler bietet Salami frisch zum Kilopreis von 18,80 DM. Voll getrocknet und ausgereift kostet eine Salami von 1380 g 30,65 DM. Die Trocknung führt zu 8% Gewichtsverlust. Welcher Kilopreis liegt der ausgereiften Salami zugrunde?
① 17,52 DM ② 18,43 DM ③ 19,43 DM ④ 20,10 DM ⑤ 20,43 DM

13. Eine Ananasfrucht wiegt 1,350 kg und muss im Einkauf mit 4,70 DM/kg bezahlt werden.
Beim Vorbereiten von Ananasscheiben ist mit 49% Abfall zu rechnen.
Berechnen Sie den Materialpreis der Ananasscheiben pro kg.
① 8,22 DM ② 8,56 DM ③ 8,74 DM ④ 9,22 DM ⑤ 9,88 DM

14. Chicorée wird garfertig vorbereitet und in 200-g-Portionen aufgeteilt. Der durchschnittliche Verlust beträgt 20%. Berechnen Sie den Materialpreis für eine Portion bei einem Einkaufspreis von 3,95 DM/kg.
① 0,74 DM ② 0,89 DM ③ 0,92 DM ④ 0,99 DM ⑤ 1,10 DM

15. Wir kaufen Spargel direkt vom Erzeuger, das Kilogramm für 12,40 DM. Als Schälverlust hat sich in dieser Saison und bei dieser Sorte ein Anteil von 28% herausgestellt.
Wie hoch müssen wir den Materialwert für ein Pfund garfertigen Spargel ansetzen?
① 8,61 DM ② 8,64 DM ③ 8,68 DM ④ 8,70 DM ⑤ 8,72 DM

16. Unser Hotel bezahlt für 8 Steigen Weintrauben mit einem Bruttogewicht von 108 kg einen Preis je kg von 3,25 DM bfn. Die Tara beträgt pro Kiste 1200 g. Für Obstsalat rechnen wir mit einer Ausbeute von 76%. Berechnen Sie, welchen Materialwert man für 300 g halbierte und entkernte Trauben ansetzen muss.
① 1,41 DM ② 1,43 DM ③ 1,45 DM ④ 1,48 DM ⑤ 1,98 DM

11.6 Umrechnung von Rezepten

> Peter kommt kleinlaut zu Christian: »Immer trifft es mich! Der Küchenchef drückt mir dieses Rezept in die Hand und verlangt, dass ich die Rohstoffe für 25 Portionen vorbereite. Hier steht aber deutlich, Rezept für vier Portionen. – Hat er denn keines nur für eine Portion?« Christian überlegt eine Weile und fragt zurück: »Was würdest du tun, wenn statt der 25 nur 24 Portionen bestellt wären?«

Umrechnungen sind immer erforderlich, auch wenn das Rezept nur für eine Portion gilt. Ist das nicht der Fall, genügt eine kleine Rechnung vorab, um danach die entsprechenden Zutatenmengen zu ermitteln.

Beispiel:

Folgendes Käseauflaufrezept gilt für 4 Portionen:

450 ml Milch, 200 g Butter, 360 g Weizenmehl, 7 Eier, 150 g Greyerzerkäse (gewürfelt), 20 g Butter zum Ausstreichen der Formen, Salz, Kräuter, Gewürze nach Geschmack

Berechnen Sie die Zutaten für 25 Personen.

Der umständliche Weg benutzt sechsmal hintereinander den Dreisatz. Er schließt von 4 Portionen auf eine und multipliziert das Zwischenergebnis mit 25. Einfacher geht es so:

Lösungsweg:

Die Rechnung wird in zwei Schritte aufgeteilt.

1. Schritt:
Berechnung des Multiplikators

Durch Dividieren wird festgestellt, wie oft das ganze Rezept für die gewünschte Portionszahl erforderlich ist.

25 : 4 = **6,25** (Multiplikator)

2. Schritt:
Zutatenberechnung

gewünschte Anzahl $6\frac{1}{4}$ mal das Rezept

Jeder einzelne Rezeptposten muss jetzt nur noch mit 6,25 multipliziert werden, um die Zutatenmengen zu bekommen.

450 ml · 6,25   = **2812,5 ml** Milch
200 g · 6,25   = **1250 g** Butter
360 g · 6,25   = **2250 g** Weizenmehl
7 · 6,25   = **43,75 Eier** (aufgerundet 44 Eier!)
150 g · 6,25   = **937,5 g** Greyerzer Käse
20 g · 6,25   = **125 g** Butter zum Ausstreichen
Salz, Gewürze, Kräuter nach Geschmack

Antwort:

Die Zutaten für den Käseauflauf für 25 Personen lauten: 2812,5 ml Milch, 1250 g Butter, 2250 g Weizenmehl, 44 Eier, 937,5 g Greyerzer Käse, 125 g Butter zum Ausstreichen sowie Gewürze nach Geschmack.

Rezeptanteile, die in Stück angegeben sind, können gerundet werden.
Geben Sie beides an, die genaue und die gerundete Anzahl.

Aufgaben

1. Bringen Sie fünf verschiedene Rezepte Ihres Betriebes in Erfahrung. Notieren Sie die Zutatenliste und die Portionszahl.
   Rechnen Sie alle Rezepte für 12 Portionen um.

2. Folgendes Rezept für Eintopf gilt für 4 Portionen:
   Hauptrohstoffe: 0,600 kg Schweinehals, 0,600 kg Kartoffeln, 0,250 kg Möhren, 0,100 kg Sellerie
   Rechnen Sie die Zutaten um für 52 Portionen (30 Portionen).

3. Berechnen Sie jeweils die Multiplikatoren.

Portionenzahl des Rezepts	a) 8	b) 4	c) 4	d) 10	e) 6	f) 6	g) 10	h) 8	i) 8	j) 6
gewünschte Portionen	60	50	32	80	15	25	4	3	2	3
Multiplikator	?	?	?	?	?	?	?	?	?	?

11 Rohstoffmengen für die Küche

4. Ein Mürbeteigrezept für 6 Böden lautet:
225 g Zucker, 675 g Mehl, 450 g Butter, 7,5 g Salz
Welche Zutatenmengen sind erforderlich für
 a) 18 Böden
 b) 21 Böden
 c) 30 Böden)?

5. Ein Brötchenrezept der Patisserie lautet:
10 kg Weizenmehl (Typ 550), 0,200 kg Kochsalz, 0,400 kg Hefe, 0,200 kg Backhilfsmittel, 0,300 kg Butter, 5,4 l Wasser
 a) Berechnen Sie die Teigmenge.
 b) Rechnen Sie das Rezept auf 19,800 kg Teig um.
 c) Welche Zutatenmengen sind erforderlich, wenn statt der 10 kg Mehl 18 kg Mehl verarbeitet werden sollen?

6. Rezept für 5 Portionen Apfelrotkohl (Hauptrohstoffe):
1,250 kg Rotkohl, 75 g Räucherspeck, 100 g Zucker, 50 g Zwiebeln, 100 g Äpfel, 40 ml Essig
Heute sind 48 Portionen vorzubereiten. Rechnen Sie die Zutaten um.

7. Ein Tomatensuppen-Rezept gibt für vier Personen folgende Zutaten an:
100 g Tomatenmark, 0,8 l Brühe, 40 g Butter, 40 g Zwiebeln, 40 g Speck, 40 g Weizenmehl, 30 g Sahne, Würzmittel
Rechnen Sie die Zutaten um. Verlangt sind 21,8 Liter Suppe (1000 g = 1 Liter).

8. Das Rezept für Berner Rösti ergibt 4 Portionen:
0,600 kg Pellkartoffeln, 0,064 kg Butterreinfett, 0,060 kg Zwiebeln, 0,032 kg Speck
 a) Berechnen Sie die Menge des einfachen Rezepts.
 b) Es sollen insgesamt 5,4 kg Pellkartoffeln zu Rösti verarbeitet werden. Berechnen Sie die restlichen Zutatenmengen.

9. a) Rechnen Sie folgendes Glühweinrezept (ohne Gewürze, für 5 Portionen) um, sodass genau eine Flasche Rotwein mit 0,75 l Inhalt verwendet werden kann.
   1 l Rotwein; $1\frac{1}{4}$ Zitronen;   125 g Zucker
 b) Welche Zutatenmengen sind für 60 Portionen bereitzustellen?

10. Hefeklöße werden nach folgendem Rezept zubereitet (10 Portionen):
1,000 kg Weizenmehl (Typ 405), 0,400 l Vollmilch, 40 g Hefe, 30 g Butter, Salz und Gewürze
 a) Ermitteln Sie das Teiggewicht pro Portion.
 b) Rechnen Sie das Rezept für 54 Portionen um und berechnen Sie das Gesamtteiggewicht.
   ① 7,838 kg   ② 7,938 kg   ③ 7,748 kg   ④ 7,658 kg   ⑤ 7,888 kg

12 Nährwert und Energiebedarf

Ebenso wie die Ernährungsgewohnheiten der Gäste wandeln sich auch die Speisenkarten. Vegetarische Gerichte, Rohkost, Vollwertkost sind heute bereits selbstverständlich. Unser gestiegenes Ernährungsbewusstsein macht es erforderlich. Die Küche sollte aber nicht nur vollwertige Speisen herstellen können, sie sollte auch in der Lage sein deren Nährwert zu beurteilen. Auch vom Servierpersonal wird zunehmend erwartet, dass es Auskunft geben kann über Nährwert und Energiegehalt einzelner Speisen und Getränke. Ohne Rechnungen ist dies allerdings kaum möglich.

12.1 Nährstoff- und Energiebedarf des Menschen

> Bettina und Astrid unterhalten sich über das Abnehmen. Astrid: »Was du immer mit deinen Pfunden hast – du nimmst wohl schon von einem Glas Wasser zu!« Bettina: »Lästere nur, du bist ja zurzeit auf der Etage; das Bettenmachen, Treppensteigen, u.s.w … . Wie ich da oben war, habe ich auch nicht zugenommen. Aber jetzt sitze ich schon zwei Monate im Büro.« Darauf Astrid prompt: »Du bist ja selbst schuld, geh' halt ins Fitness-Studio und nicht immer ins Solarium!«

Solche Gespräche sind uns vertraut, jeder kennt den Zusammenhang zwischen körperlicher Arbeit und Nahrungsbedarf. Wie sieht es aber mit genauen Zahlen aus, um die Nahrungsmenge auch richtig berechnen zu können?

1. Beispiel:

Bettina, 20 Jahre alt und 64 kg schwer, verrichtet täglich acht Stunden lang eine leichte Bürotätigkeit (270 kJ/Std.) und benötigt für Erholung und Freizeit 2200 kJ. Berechnen Sie ihren Gesamtumsatz.

Lösungsweg:

1. Schritt: Grundumsatzberechnung

Der Grundumsatz hängt neben dem Alter vor allem vom Körpergewicht und vom Geschlecht ab.

Kinder brauchen wegen ihres Wachstums mehr Energie pro kg Körpergewicht; Greise haben einen geringeren Stoffwechsel und demzufolge ebenfalls einen kleineren Grundumsatz.

Die angegebenen Zahlen gelten für gesunde Erwachsene.

Die Berechnung erfordert nur die Multiplikation.

Grundumsatzberechnung:
64 kg · 90 kJ/kg = **5760 kJ**

2. Schritt: Bestimmung des Arbeitsumsatzes
Arbeitsumsatz: 270 kJ/Std. · 8 Std = **2160 kJ**

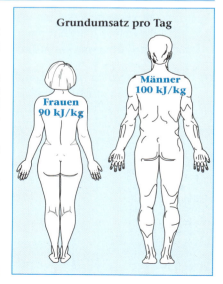

Grundumsatz pro Tag

Frauen 90 kJ/kg

Männer 100 kJ/kg

3. Schritt: Der Gesamtumsatz ergibt sich aus der Summe sämtlicher drei Umsätze.
Grundumsatz + Arbeitsumsatz + Erholungsumsatz
5760 kJ + 2160 kJ + 2200 kJ = **10 120 kJ**

Antwort:

Der Gesamtumsatz von Bettina beträgt 10 120 kJ.

2. Beispiel:

Berechnen Sie die Menge der drei Hauptnährstoffe, die Bettina zu sich nehmen soll, um ihren Gesamtumsatz zu decken.

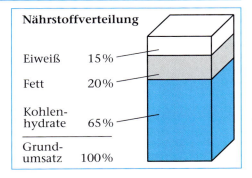

Nährstoffverteilung

Eiweiß 15 %
Fett 20 %
Kohlenhydrate 65 %
Grundumsatz 100 %

Lösungsweg:

Die Aufteilung der drei Hauptnährstoffe ist durchaus nicht einheitlich, empfehlenswert ist eine Aufteilung des Gesamtbedarfs an Energie nach nebenstehender Einteilung. Die Berechnung erfolgt in zwei Schritten:

1. Schritt: Berechnung der entsprechenden Energiemengen
Drei getrennte Prozentrechnungen liefern hier die Ergebnisse:

100 % ≙ 10 120 kJ	100 % ≙ 10 120 kJ	100 % ≙ 10 120 kJ
15 % ≙ x kJ	20 % ≙ x kJ	65 % ≙ x kJ
x = **1518 kJ** (Eiweiß)	x = **2024 kJ** (Fett)	x = **6578 kJ** (Kohlenhydrate)

2. Schritt: Umrechnung der Energiewerte in Gramm
1518 kJ : 17 kJ/g = **89 g**   2024 kJ : 39 kJ/g = **52 g**   6578 kJ : 17 kJ/g = **387 g**

Antwort:

Bettina sollte 89 g Eiweiß, 52 g Fett und 387 g Kohlenhydrate zu sich nehmen, um ihren Gesamtumsatz zu decken.

Brennwert der drei Hauptnährstoffe		
1 g Eiweiß = 17 kJ	**1 g Kohlenhydrate = 17 kJ**	**1 g Fett = 39 kJ**

Energieverbrauch pro Stunde für verschiedene Einzeltätigkeiten in kJ					
Sitzen, Fernsehen	24	Bügeln	300	Fensterputzen	978
Essen	84	Gehen, 4 km/h	324	Bettenmachen	1 032
Schreiben	126	Stehen	500	Brustschwimmen	1 140
Autofahren, Autobahn	150	Kochen, leicht	504	Tischtennis	1 320
Autofahren, Stadt	204	Radfahren, 15 km/h	804	Jogging, 9 km/h	2 520
Gemüseputzen	252	Staubwischen	852	Fußballspielen	3 300
Büroarbeit	270	Gymnastik	960	Schwimmen, Kraul	3 480

Aufgaben

1. Berechnen Sie Ihren eigenen Grundumsatz für einen Tag.

2. Berechnen Sie die Mengen der drei Hauptnährstoffe, die Sie täglich zu sich nehmen müssen.

3. Wie hoch ist der tägliche Grundumsatz folgender Personen:
   a) Rolf, 78 kg b) Andrea, 65 kg c) Andreas, 67 kg
   d) Udo, 94 kg e) Lisa, 60 kg f) Claudia, 81 kg
   Berechnen Sie für alle Personen die entsprechende Nährstoffverteilung (Tabelle).

4. Der Grundumsatz eines 25-jährigen Mannes von 84 kg Körpergewicht reduziert sich mit zunehmendem Alter. Mit 70 Jahren beträgt er nur noch etwa 87,5 % des ursprünglichen Wertes.
   Berechnen Sie in beiden Fällen den Grundumsatz für einen Tag.

5. Der Grundumsatz teilt sich folgendermaßen auf:
   35 % für Verdauungs- und Stoffwechselorgane
   20 % für die Skelettmuskulatur
   25 % für das Gehirn
   6 % für die Herztätigkeit
   a) Berechnen Sie für eine erwachsene Frau von 67 kg Körpergewicht die jeweiligen Anteile.
   b) Geben Sie die Werte für die restlichen Organe in Prozent und in Kilo-Joule an.

6. Welchen Arbeitsumsatz ergeben folgende Tätigkeiten?
   a) 8 Std. Schreiben   b) 45 Min. Fußballspielen
   c) 30 Min Jogging (9 km/h)

7. Ingo benötigt für den Weg von der Wohnung zum Hotel mit dem Fahrrad 10 Minuten.
   a) Wie viel Energie benötigt er hierfür?
   b) Wie lange müsste er für die gleiche Energiemenge im Stadtverkehr mit dem Pkw unterwegs sein?

8. Lisa putzt 90 Minuten Fenster, Alexandra saugt ebenso lange Staub.
   Wie viel Energie verbrauchen sie hierfür?

9. Fieber steigert durch erhöhte Stoffwechseltätigkeit den Grundumsatz. Je ein Grad Temperaturanstieg vergrößert ihn um 14 %. Sabine (66 kg, 22 Jahre) misst statt der 37 °C nun 39 °C Fieber. Wie hoch ist ihr derzeitiger Grundumsatz?
   ① 6320 kJ ② 6420 kJ ③ 7603 kJ ④ 7772 kJ ⑤ 7922 kJ

10. Lisa sieht zweieinhalb Stunden fern und knabbert dabei 50 g Salzstangen.
    Wie viel überschüssige Energie führt sie sich dabei zu?
    ① 75,4 kJ ② 74,5 kJ ③ 150,8 kJ ④ 745 kJ ⑤ 754 kJ ⑥ 1508 kJ

11. Wie lange müsste Lisa Betten machen, um den Energiewert eines Brötchens (50 g) abzuarbeiten?
    ① 3,3 Min ② 6,6 Min ③ 33 Min ④ 66 Min ⑤ 68 Min ⑥ 333 Min

12.2 Nährstoffgehalt der Lebensmittel

> Bettina und Astrid frühstücken gemeinsam im Personalraum. Bettina achtet genau auf ihre Figur und isst in der Pause nur eine Scheibe Brot, auf der sie Bananenscheiben verteilt. Astrid beobachtet dies und macht sich lustig: »Das ist also deine Vollwertkost! – Und wo bleibt das Eiweiß?« Sie selbst verteilt mit Genuss Butter auf einer Brötchenhälfte und legt eine Scheibe Schinken darauf. Ein Achtel Tomate und einige Petersilienblätter verzieren das Ganze.

In solchen Fällen bringen nur genaue Berechnungen die Entscheidung. Kaum jemand kennt den Nährstoffgehalt dieser Lebensmittel auswendig. Nährstofftabellen geben hier Auskunft; sie listen mehr oder weniger ausführlich die Inhaltsstoffe von Lebensmitteln auf.

Beispiel:

Eine Zwischenmahlzeit besteht aus 50 g Roggenbrot und einer halben Banane (45 g ohne Schale). Berechnen Sie den Eiweiß-, Kohlenhydrat- und Fettgehalt der Mahlzeit.

Lösungsweg:

1. Schritt: Aufsuchen der Lebensmittel in der Nährwerttabelle (s.S. 248 ff.)

Die Tabellen geben die Werte in der Regel in Gramm an, bezogen auf 100 g verzehrbaren Anteil.

Nicht verzehrbare Anteile müssten eventuell vorher berücksichtigt werden. Das Gewicht der Banane ist ohne Schale gegeben, also kann sofort gerechnet werden.

2. Schritt: Berechnung der drei Nährstoffgewichte

Die Berechnung erfolgt über den Dreisatz anhand der Tabellenwerte:

		kJ	Eiweiß	Fett	Kohlenhydrate	Wasser	Ballaststoffe	usw.
Roggenmischbrot	...	988	6,4	1,1	43,7	...	...	...
Banane, roh	...	402	1,1	0,2	21,4	...	...	...

a) **Banane:**

1. Dreisatz:	2. Dreisatz:	3. Dreisatz:
100 g ≙ 1,1 g Eiweiß 45 g ≙ x g Eiweiß	100 g ≙ 0,2 g Fett 45 g ≙ x g Fett	100 g ≙ 21,4 g KH 45 g ≙ x g KH
$x = \dfrac{45 \cdot 1,1}{100}$	$x = \dfrac{45 \cdot 0,2}{100}$	$x = \dfrac{45 \cdot 21,4}{100}$
x = 0,5 g Eiweiß	x = 0,09 g Fett	x = 9,63 g Kohlenhydrate

Die Dreisatzrechnung führt immer zum Ziel, ist aber umständlich. Betrachtet man die drei Bruchstriche, fällt Folgendes auf: Der erste Teil wiederholt sich: **45 g/100 g = 0,45**. Er gibt an, wie oft die 100-g-Menge des Lebensmittels vorhanden ist. Es genügt also einmal diesen Faktor zu berechnen (0,45) und mit diesem Wert die Tabellenangaben jeweils zu multiplizieren.

b) Roggenmischbrot:

1. Schritt: Faktorbestimmung 50g/100g = 0,5 (0,5-mal die 100-g-Portion)

2. Schritt: Nährstoffberechnung Roggenbrot:

0,5 · 6,4 g = **3,2 g** Eiweiß
0,5 · 1,1 g = **0,55 g** Fett
0,5 · 43,7 g = **21,85 g** Kohlenhydrate

c) Zusammenfassung der Einzelwerte:

0,5 g + 3,2 g = **3,7 g** Eiweiß
0,09 g + 0,55 g = **0,64 g** Fett
9,63 g + 21,85 g = **31,48 g** Kohlenhydrate

Antwort:

Die Zwischenmahlzeit liefert 3,7 g Eiweiß, 0,64 g Fett und 31,48 g Kohlenhydrate.

Aufgaben

1. Besorgen Sie drei verschiedene Lebensmittelpackungen, auf denen der Nährstoffgehalt aufgedruckt ist. Ermitteln Sie das Gewicht der Menge, die Sie zu einer Mahlzeit verzehren und berechnen Sie aus den Angaben die entsprechenden Eiweiß-, Fett- und Kohlenhydratmengen für diese Portion.

2. Wiegen Sie von zwei verschiedenen Fruchtsorten der Saison jeweils fünf verschiedene ganze Früchte in servierfertigem Zustand. Ermitteln Sie das Durchschnittsgewicht der Früchte und berechnen Sie daraus jeweils deren Gehalt an Hauptnährstoffen und den Gesamtmineralstoffgehalt.

3. Bringen Sie in der Küche folgende Rohportionsgewichte in Erfahrung und listen Sie tabellarisch den jeweiligen Eiweiß-, Fett- und Kohlenhydratgehalt sowie die Gesamtmenge an Mineralstoffen für jeweils eine Portion auf.
   a) Rindersteaks   b) Rinderbraten   c) Schweinebraten
   d) Kalbsbraten   e) Seelachs   f) Wildschwein
   g) Rehrücken

4. Bestimmen Sie das Gewicht eines ...
   a) Stücks Würfelzucker   b) Portionspäckchens Zucker
   c) gehäuften Teelöffels Zucker.
   Berechnen Sie jeweils den Gehalt an Kohlenhydraten.

5. a) Wiegen Sie 20 Mandelkerne ab, ermitteln Sie das Durchschnittsgewicht eines Mandelkerns und berechnen Sie seinen Gehalt an Fett, Eiweiß und Kohlenhydraten.
   b) Verfahren Sie in gleicher Weise mit Haselnusskernen.

6. a) Eine Möhre wiegt ungeputzt 80 g (Abfall 10 %).
   b) Ein Kohlrabi wiegt ungeputzt 160 g (Abfall 15 %).
   c) Eine Tomate wiegt 105 g.

   Ermitteln sie den jeweiligen Fett-, Eiweiß- und Kohlenhydratgehalt des verzehrfertigen Anteils.

12 Nährwert und Energiebedarf

7. Berechnen Sie den Eiweiß-, Fett- und Kohlenhydratgehalt von Astrids Zwischenmahlzeit, bestehend aus 25 g Brötchen, 5 g Butter, 35 g gekochtem Schinken und 12 g Tomate.

8. Ein geputzter Wirsingkohl von 1,4 kg Gewicht wird vorbereitet.
   a) Welche Eiweiß-, Fett- und Kohlenhydratmengen liefert er?
   b) Wie hoch ist das Gewicht der unverdaulichen Ballaststoffe?

9. Welche Eiweiß-, Fett- und Kohlenhydratmengen führt man sich jeweils zu?
   a) Mit einer Scheibe Toastbrot von 25 g Gewicht
   b) Mit einer Scheibe Roggenbrot von 62 g
   c) Mit einer Scheibe Knäckebrot von 15 g

10. a) Ein Apfel wiegt roh geschält und entkernt 92 g
    b) Eine Birne wiegt roh geschält und entkernt 110 g
    c) Ein Pfirsich wiegt roh entkernt 70 g
    Berechnen Sie jeweils den Eiweiß-, Fett-, Kohlenhydrat- und Gesamtmineralstoffgehalt.

11. a) Ermitteln Sie den Vitamin-C-Gehalt einer rohen, geschälten Zitrone von 115 g Gewicht.
    b) Welcher Menge Kiwis entspricht diese Vitaminmenge?

12. Eine Mineralstofftablette enthält 106 mg Calcium. Welche Gewichte folgender Lebensmittel würden jeweils die gleiche Menge Calcium liefern?
    a) Kondensmilch 7,5%
    b) Schlagsahne
    c) Magermilchjoghurt
    d) Edamer Käse 45 Fett i.Tr.
    e) Magerquark
    f) Butter

13. Sie essen zwei Riegel Halbbitterschokolade (34 g).
    a) Wieviel Fett nehmen Sie zu sich?
    b) Welcher Olivenölmenge in Gramm würde das entsprechen?

14. Der Nährstoffgehalt von Trockenfrüchten unterscheidet sich erheblich von dem der frischen Früchte. Berechnen Sie am Beispiel von rohen und getrockneten Feigen, um welchen Prozentsatz sich der Nährstoffgehalt verändert (Rohgewicht 100%).
    a) bei Eiweiß
    b) bei Fett
    c) bei Kohlenhydraten

15. Ermitteln Sie diejenige Menge an Olivenöl, die die gleiche Fettmenge wie 150 g Sauerrahm liefert.
    ① 371 g   ② 271 g   ③ 37,1 g   ④ 27,1 g   ⑤ 3,71 g   ⑥ 2,71 g

16. Berechnen Sie den Gesamtmineralstoffgehalt einer rohen, geputzten Zwiebel von 112 g.
    ① 256 mg   ② 321 mg   ③ 352 mg   ④ 354 mg   ⑤ 452 mg

12.3 Energiewert der Lebensmittel

Lisa und Bettina gehen nach Feierabend gemeinsam in den Supermarkt einkaufen. Beide stehen vor dem Kühlregal, um Joghurt auszuwählen. Bettina: »Welches ist denn nun der Joghurt mit dem geringsten Kaloriengehalt?« Lisa schnippisch: »Kilojoule, bitte schön, und außerdem, warum rechnest du nicht einfach!«

Lebensmittelbezeichnungen helfen hier nicht weiter. Namen wie **Bio**, **Mild** oder **Light** sagen über den Energiewert nicht genug aus. Sind Nährstoffangaben aufgedruckt, kann man tatsächlich den Energiewert errechnen. Sollten sogar Energiemengen notiert sein, genügt meist die einfache Umrechnung.

Beispiel:
Bettina isst 125 g Joghurt, der pro 100 g 3,8 g Eiweiß, 4,7 g Fett und 3,8 g Kohlenhydrate enthält. Wie viel Energie nimmt sie mit dieser Joghurtmenge zu sich?

Lösungsweg:

1. Schritt: Nährstoffberechnung
Anstelle der Dreisatzrechnung führt ein Faktor, der angibt, wie oft die 100-g-Portion erforderlich ist, und eine Multiplikation schneller zum Ziel.

Faktorberechnung:		Eiweiß:	1,25 · 3,8 g = **4,75 g**
125 g : 100 g = **1,25**		Kohlenhydrate:	1,25 · 4,7 g = **5,875 g**
(1,25-mal die 100-g-Menge)		Eiweiß:	1,25 · 3,8 g = **4,75 g**

2. Schritt: Energieberechnung
Eiweiß:	4,75 g · 17,2 kJ/g = 81,70 kJ
Kohlenhydrate:	5,875 g · 17,2 kJ/g = 101,05 kJ
Fett:	4,75 g · 38,9 kJ/g = 184,775 kJ
	Summe: **367,529 kJ** gerundet: **368 kJ**

Antwort:
125 g des Joghurts liefern 368 kJ.

Berechnen Sie Zwischenergebnisse genau; runden Sie erst das Endergebnis.

Aufgaben

1. Bringen Sie in Erfahrung, wie viele Schlagsahneportionen der Sahnebereiter aus einer Füllung durchschnittlich erzeugt. Berechnen Sie das Portionsgewicht und den Energiegehalt einer Portion.

2. Bringen Sie für Ihren Betrieb das Portionsgewicht (Rohgewicht) in Erfahrung und berechnen Sie daraus den Energiegehalt für eine Portion.
   a) bei Salzkartoffeln   b) bei Pommes frites   c) bei Reis

3. Robert bestreicht eine Scheibe Roggenvollkornbrot (55 g) mit 35 g Frischkäsezubereitung (1270 kJ/100 g). Berechnen Sie die Energiemenge, die dabei entsteht.

12 Nährwert und Energiebedarf

4. Tafelschokolade ist je nach Hersteller unterschiedlich eingeteilt. Ermitteln Sie bei Vollmilchschokolade den Kilojoule-Gehalt eines Stückchens:
a) 100-g-Tafel mit 18 Stückchen
b) 100-g-Tafel mit 24 Stückchen
c) 100-g-Tafel mit 25 Stückchen

5. Eine Dose Grünkohl trägt die Aufschrift: »... Füllgewicht 850 g, Abtropfgewicht 530 g ...«.
Errechnen Sie aus diesen Angaben, wie viel Kilojoule der Doseninhalt ergibt.

6. Welche Kilojouleangabe müsste auf einer 125-g-Dose mit echtem russischen Kaviar stehen?

7. Zum Sommerfest werden unter anderem Wiener Würstchen mit Senf angeboten. Eine Portion besteht aus einem Paar mit 168 g Gewicht, aus 15 g Senf (388 kJ/100 g) und einer halben Scheibe (12,5 g) Roggenvollkorntoast (964 kJ/100 g).
Welche Energie führt man sich mit einer Portion zu?

8. 100 g rohe Kartoffeln enthalten 14,8 g Kohlenhydrate und 2,0 g Eiweiß.
1 g Kohlenhydrate = 17 kJ; 1 g Eiweiß = 17 kJ
Wie viele Gramm Kartoffeln braucht man für 500 kJ (Zwischenergebnisse sind nicht zu runden!)?

9. 100 g mageres Schweinefleisch enthalten 19 g Eiweiß und 7 g Fett.
1 g Eiweiß = 17 kJ; 1 g Fett = 39 kJ
Wie viele kJ enthält ein Schnitzel von 175 g?

10. Eine Portion Hackepeter von 125 g enthält 33 g Fett und 20 g Eiweiß. Eine Portion Schabefleisch von 125 g enthält 3 g Fett und 27 g Eiweiß. 1 g Fett entspricht 39 kJ, 1 g Eiweiß entspricht 17 kJ.
Um wie viel kJ höher liegt der Energiewert der Portion Hackepeter im Vergleich zur Portion Schabefleisch?

11. Für ein Frühstücksbüfett sollen die Energiewerte der Lebensmittel aufgelistet werden, um bei Bedarf Auskunft zu erteilen. Neu im Sortiment sind Hirse-Mais-Reiswaffeln. Auf der Packung stehen als Nährwertangabe: 8,2 g Eiweiß, 84,8 g Kohlenhydrate und 3,1 g Fett in 100 g.
Berechnen Sie den Energiegehalt einer Waffel, wenn die 100-g-Packung 15 Stück enthält.
① 96 kJ ② 113 kJ ③ 123 kJ ④ 134 kJ ⑤ 152 kJ ⑥ 188 kJ

12. Ein Hühnerei von 57 g Gewicht enthält 7 g Eiweiß, 6 g Fett und Spuren von Kohlenhydraten (praktisch null, für den Energiewert zu vernachlässigen).
Berechnen Sie die Kilojoulemenge eines Frühstückseis.
① 3,5 kJ ② 35,4 kJ ③ 328 kJ ④ 353 kJ ⑤ 372 kJ

13. Für ein Spezialessen wird pro Gast ein Räucheraal vorbereitet. Das entspricht etwa einer verzehrfertigen Menge von 320 g.
Berechnen Sie die Energiemenge.
① 4246 kJ ② 4406 kJ ③ 4879 kJ ④ 5637 kJ ⑤ 6264 kJ

12.4 Nährwertberechnung für Speisen

Bettina und Astrid nutzen ihren freien Tag und gönnen sich etwas. Zuerst essen sie gemeinsam im »Schwarzen Keiler«, der für seine Wildgerichte bekannt ist, anschließend geht es in die Disco »Zum Flattermann«. Hauptgesprächsthema sind wieder einmal die überflüssigen Pfunde und Waldemar, Bettinas neuer Freund und Hobbykoch aus Leidenschaft. Astrid vorbeugend: »Versprichst du mir, dass du nicht wieder jedes Joulechen zählst?« Bettina: »Abgemacht, heute nicht!«, sie macht eine Pause und denkt, *ich könnte auch Kalorien zählen*, schweigt aber dann doch.

Die Speisenkarte des »Schwarzen Keiler« mit 34 verschiedenen Wildspezialitäten lässt solche Gedanken ohnehin nicht aufkommen. Wie soll so eine Rechnung auch aussehen? Ohne genaue Mengenangaben oder Rezepte lassen sich Nährwertberechnungen nicht durchführen.

Beispiel:

Ein Wildschweingulaschrezept für 6 Portionen lautet:
1200 g Wildschweinnacken, 500 g Zwiebeln, 180 g Schweineschmalz, 30 g Tomatenmark, 250 g Sauerrahm, 1500 ml Fleischbrühe, Knoblauch, Gewürze, Kräuter.
Berechnen Sie
a) die Hauptnährstoffmengen pro Portion
b) den Mineralstoffgehalt pro Portion
c) den Energiegehalt pro Portion

Lösungsweg:

Zwei Wege führen zum Ergebnis. Entweder rechnet man zuerst die Rezeptanteile auf eine Portion um und ermittelt daraus die Nährstoffe oder man berechnet zuerst alle Nährstoffe des Gesamtrezepts und teilt später die Werte durch sechs. Gewürze und Kräuter werden nicht berücksichtigt. (Im Lösungsbeispiel werden zuerst die Portionsmengen ermittelt.)

Es empfiehlt sich dringend, eine Tabelle anzulegen.
Zwischenergebnisse genau berechnen, Endergebnisse runden.

Alle Zwischenergebnisse entstehen auf die gleiche Weise:
1. Faktorbestimmung: z.B. 200 g : 100 g = **2**; d.h. die Nährwertangaben für Wildschwein mal 2.
2. Multiplikation: z.B. 2 × 573 kJ = **1146 kJ**

Rezept-menge g	Rohstoff	Portions-menge g	*Faktor*	Eiweiß Gramm	Kohlen-hydrate	Fett Gramm	Mineral-stoff mg	Energie Kilojoule
1200	Wildschweinnacken	200	*2*	42,2	–	10,8	1444,0	1146
500	Zwiebeln	83	*0,83*	1,079	4,067	0,249	189,655	97,94
180	Schweineschmalz	30	*0,3*	0,03	0	29,91	1,53	1126,8
30	Tomatenmark	5	*0,05*	0,115	0,275	0,025	93,6	8,1
250	Sauerrahm	42	*0,42*	1,176	1,428	7,56	388,1	328,44
1500	Fleischbrühe	250	*2,5*	1,5	0,25	2,75	482,25	137,5
	Summen			46,1	6,02	51,29	2599,335	2844,78
Ergebnisse gerundet				46 g	6 g	51 g	2599 mg	2845 J

Antwort:

Eine Portion Wildgulasch enthält 46 g Eiweiß, 64 g Kohlenhydrate, 51 g Fett und 2599 mg Mineralstoffe. Sie liefert 2845 kJ Energie.

Aufgaben

1. Besorgen Sie in Ihrer Küche ein Rezept für Pfannkuchen. Berechnen Sie die Mengen der drei Hauptnährstoffe und den Energiegehalt für 100 g Pfannkuchenstreifen (Célestine, Rohgewicht).

2. Notieren Sie ein Rezept für Kartoffelpüree mit Sahne, rechnen Sie es um auf eine Portion und ermitteln Sie den Nährwert einer Portion mit Hilfe einer Tabelle (Eiweiß, Kohlenhydrate, Fett, Mineralstoffe, Energiegehalt; alle Werte auf ganze Zahlen gerundet).

3. Für die vegetarischen Wochen werden Spinatfrikadellen angeboten. Das Rezept für 6 Personen lautet: 1 kg Blattspinat, 100 g Pinienkerne geröstet, 6 entrindete Scheiben Vollkorntoast (je 22 g), 100 g Emmentaler Käse, 2 Eier (= 114 g Vollei), 60 g Sojaöl (wird beim Braten aufgesaugt), Knoblauch, Gewürze und Kräuter. Errechnen Sie den Gehalt der drei Nährstoffe, die Mineralstoffmenge und den Energiegehalt für eine Portion (auf ganze Zahlen gerundet).

4. Waldorfsalat wird nach folgendem Rezept zubereitet: 200 g Knollensellerie, 150 g säuerliche Äpfel, 200 g Mayonnaise, 20 g Zitronensaft, 100 g Sauerrahm, 100 g Ananas, 50 g Walnusskerne, weißer Pfeffer, Cayennepfeffer.
   a) Wie hoch ist der Eiweiß-, Kohlenhydrat- und Fettgehalt? (Ganze Zahlen!)
   b) Wie viel kJ enthält das Rezept? (Ganze Zahlen!)

5. Lothringer Specktorte wird nach folgendem Rezept zubereitet:
   Mürbeteig: 300 g Weizenmehl, 200 g Butter, 2 Eier (120 g Vollei), 80 ml Wasser, Salz.
   Füllung: 400 g Zwiebeln, 250 g Räucherspeck, 250 g Greyerzer Käse, 80 g Butter, 125 g Vollmilch, 125 g Sahne, 3 Eier (180 g Vollei), 3 Eigelb (je 17 g), Gewürze, Kräuter
   Berechnen Sie mit Hilfe einer Tabelle die Mengen der drei Hauptnährstoffe und den Energiegehalt des Rezepts (auf ganze Zahlen gerundet).

6. Irish-Stew-Rezept: 1200 g Lammschulter, 900 g geschälte Kartoffeln, 800 g Zwiebeln, 2000 g Fleischbrühe, Knoblauch, Gewürze und Kräuter.
   Berechnen Sie den Nährwert des Rezepts bestehend aus Eiweiß, Kohlenhydraten, Fett, Mineralstoffen und Energie. (Ganze Zahlen!)

① 623 g EW	366 g KH	93 g Fett	3 422 mg Min.	5 123 kJ
② 241 g	316 g	39 g	34 385 mg	52 485 kJ
③ 256 g	174 g	241 g	18 581 mg	16 636 kJ

12.5 Nährwertberechnung für Getränke

Christian und Peter sitzen beim Bier und trinken jeweils 0,5 l Pilsbier. Christian: »Fünf Minuten Jogging und das Pils ist weg!« – Peter: »Wenn du dich nicht verrechnet hast – Prost!«

Im Prinzip hat Christian Recht. Die Energie, die er sich durch Bier zuführt, verbraucht er bei körperlicher Betätigung. Die Frage ist nur, wie hoch der Energiegehalt ist. Meist wird die Energiemenge, die in solchen sog. kalorischen Getränken steckt, weit unterschätzt. Man sieht die Nährstoffe nicht, sie sind gelöst. Es können ähnliche Nährstoffe sein, wie sie auch in fester Nahrung enthalten sind. Alkohol liefert sogar noch zusätzliche Energie.

Energie: 1 g Alkohol = 30 kJ   **Dichte: 1 ml Alkohol = 0,789 g**

Beispiel:

a) Berechnen sie die Energiemenge, die in 0,5 l Pilsbier steckt.
b) Wie lange müsste Robert für diese Energiemenge mit 9 km/h joggen?

Lösungsweg:

Zu a) Den Energiegehalt von Pilsbier entnimmt man der Nährwerttabelle und rechnet ihn auf 0,5 l um: 5 · 179 kJ = **895 kJ**

Zu b) Der Energieverbrauch für Joggen ist in der Tabelle mit 2520 kJ/Std. angegeben.

Ein Dreisatz liefert das Ergebnis:
           2520 kJ ≙ 60 Min
           895 kJ ≙ x
           x = **21,3 Min.**

Antwort:

0,5 l Pils entsprechen 895 kJ, die in 21,3 Minuten beim Joggen verbraucht werden.

TIP Für Umrechnungen von ml in g gilt **bei allen Getränken näherungsweise 1 ml = 1 g.**

Aufgaben

1. Bringen Sie in Erfahrung, welche Sorten von alkoholfreien Mehrfrucht- bzw. Fruchtsaftgetränken bei Ihnen im Betrieb im Ausschank sind, und ermitteln Sie anhand der Etikettenaufdrucke den Energiegehalt und Gesamt-Vitamingehalt jeweils für eine Ausschankmenge. (Beachten Sie, dass manche Vitamine in μg pro 100 g angeben sind. 1 μg = 0,001 mg)

2. Nehmen Sie die unterschiedlichen Ausschankmengen für Pilsbier aus Ihrer Getränkekarte und berechnen Sie jeweils den Nährstoff-, Mineralstoff- und Energiegehalt.

3. Ermitteln Sie die Füllmengen folgender Portionsdöschen und bestimmen Sie mit Hilfe der Tabelle den Energiegehalt für jeweils eine Portion.
   a) Kondensmilch 7,5 % Fett
   b) Kondensmilch 10 % Fett
   c) Kaffeesahne 10 % Fett

4. Auf dem Etikett einer Milchflasche stehen folgende Angaben: 100 g enthalten 3,5 g Fett, 3,2 g Eiweiß, 4,8 g Kohlenhydrate.
   Wie viel kJ liefert 1 Glas Vollmilch mit 200 g?

5. Branntwein enthält praktisch keinerlei Nähr- und Mineralstoffe, sondern lediglich Wasser, Alkohol und Spuren von Aromastoffen.
   Berechnen Sie den Energiegehalt von jeweils 100 ml folgender Spirituosen:
   a) Korn 32 Vol.-%
   b) Gebirgsenzian 38 Vol.-%
   c) Himbeergeist 42 Vol.-%
   d) Whisky 43 Vol.-%

6. Limonaden enthalten i.d.R. außer Wasser, Farb- und Aromastoffen vor allem Zucker.
   Berechnen Sie die Energiemenge von 0,5 l Zitronenlimonade, die einen Zuckergehalt von 12 % aufweist.

7. Berechnen Sie den Energiegehalt von 0,1 l des Mischgetränks, welches aus Sekt und Orangensaft im Verhältnis 1:1 gemischt wurde.

8. Robert, 19 Jahre, 83 kg Körpergewicht, trinkt gerne Cola-Limonade. Wie viel Liter Cola-Limonade wären nötig, um Roberts Grundumsatz für einen Tag zu decken?
   ① 2,243 l   ② 3,332 l   ③ 3,040 l   ④ 3,844 l   ⑤ 4,276 l   ⑥ 4,486 l

9. Fruchtwein weist einen Alkoholgehalt von 5 Vol.-% und eine Restsüße von 0,5 % auf.
   Errechnen Sie daraus den Energiewert für 0,2 l:
   ① 253,7 kJ   ② 245,2 kJ   ③ 25,3 kJ   ④ 24,5 kJ   ⑤ 17 kJ

10. Peter trinkt 2 Schoppen (je 0,25 l) Tafelwein und überlegt: »Wie lange müsste ich jetzt gehen, bis diese Energie wieder aufgezehrt ist?«
    Berechnen Sie die Zeit, in der durch Gehen (4 km/h) die zugeführte Energie wieder aufgebraucht wird.
    ① 0,5 – 1 Std.   ② 1 – 2 Std.   ③ 2 – 3 Std.   ④ 3 – 4 Std.   ⑤ 4 – 5 Std.

12.6 »Prozente und Promille«

Christian und Olaf feiern ihren gemeinsamen Urlaubsbeginn. Beide trinken exakt die gleichen Mengen Bier und Korn. Trotzdem macht Olaf der Alkohol wesentlich mehr zu schaffen als Christian. Olaf: »Ich kann machen, was ich will, ich vertrage nichts!« Darauf Christian: »Kein Wunder, ich bin ja auch fast einen Kopf größer als du!«

Beide sind nicht mehr ganz nüchtern nach vier Bier und zwei Doppelkorn. Doch wie hoch ihr Blutalkoholwert tatsächlich ist, wäre interessant. Genaue Formeln gibt es hierfür leider nicht, jede Berechnung führt nur zu Näherungswerten, denn die Personen sind zu unterschiedlich. Mehrere Faktoren machen die Vorhersage unsicher: die Zeitdauer, die zum Trinken erforderlich war, der Füllungszustand des Magens, der aktuelle Gesundheitszustand u.s.w. Auf jeden Fall hängt der Promillegehalt aber von der Alkoholmenge, vom Körpergewicht und vom Geschlecht ab. Eine anerkannte Näherungsformel lautet:

$$\text{C = Blutalkoholgehalt in Promille} \quad C = \frac{A}{p \cdot r}$$

A = Alkoholgehalt in g

p = Körpergewicht in kg

r = Geschlechtsfaktor: Frauen 0,55, Männer 0,7

**Aus dieser Formel ergibt sich sofort, dass Kinder mit ihrem geringeren Körpergewicht erheblich schneller hohe Promillewerte erreichen.
Kein Alkohol an Minderjährige!**

12 Nährwert und Energiebedarf

Beispiel:

Ein gesunder Mann von 80 kg Körpergewicht trinkt in kürzester Zeit 1 l Bier (Pils mit 4,8 Vol.-%). Welchen Blutalkoholgehalt in Promille ergibt das?

Lösungsweg:

1. Schritt: Berechnung der Alkoholmenge

Eine Prozentrechnung liefert die Alkoholmenge zunächst in ml.

1000 ml ≙ 100 %
x ≙ 4,8 %   x = **48 ml**

Für die Formel ist eine Umrechnung des Volumens in Gramm erforderlich:

48 ml · 0,789 g/ml = **37,872 g reiner Alkohol**

2. Schritt: Promilleberechnung mit der Formel

$$C = \frac{37{,}872}{80 \cdot 0{,}7} = 0{,}676 \text{ gerundet } 0{,}7 \text{ Promille}$$

Antwort:

1 l Bier enthält 37,872 g reinen Alkohol, der zu 0,7 Promille Blutalkohol führt.

Aufgaben

1. Suchen Sie in der Bar fünf verschiedene Spirituosen aus, die sich in ihrem Alkoholgehalt erheblich unterscheiden. Berechnen Sie den Alkoholgehalt in Gramm für jeweils 2 cl.

2. Ermitteln Sie diejenige Alkoholmenge in Gramm, die nach der Näherungsformel bei Ihnen selbst einen Blutalkoholgehalt von 0,8 Promille ergibt.

3. Berechnen Sie die Alkoholmengen in Gramm, die in folgenden Getränken enthalten sind.
   a) 0,4 l Bier, 4,6 Vol.-%
   b) 0,2 l Wein, 11,5 Vol.-%
   c) 4 cl Weinbrand, 42 Vol.-%

4. Welches Getränk liefert die höchste Alkoholmenge?
   Berechnen Sie zum Vergleich den Alkohol der drei Getränke in Gramm.
   a) 0,33 l Bockbier, 6,4 Vol.-%
   b) 0,1 l Dessertwein, 17 Vol.-%
   c) 2 cl Spezialkümmel, 56 Vol.-%

5. Dieter (81 kg Körpergewicht) und Alexandra (58 kg Körpergewicht) trinken während einer Fete in der gleichen Zeit die gleiche Menge: 3 Gläser Sekt (je 0,1 l, 12 Vol.-%). Berechnen Sie ihre Blutalkoholwerte nach der Näherungsformel.

6. Ingo (85 kg Körpergewicht) trinkt kurz hintereinander 5 Doppelkorn (38 Vol.-%).
   a) Welcher Biermenge von 4,5 Vol.-% entspräche dieser Alkoholgehalt?
   b) Ermitteln Sie nach der Näherungsformel den Blutpromillegehalt, der dadurch entsteht.

7. a) Welche Mengen enthalten mehr Alkohol? Zwei doppelte Obstler mit 42 Vol.-% oder zwei halbe Bier (4,9 Vol.-%). Berechnen Sie jeweils die Alkoholmengen.
   b) Berechnen Sie in beiden Fällen den Blutalkoholwert für eine Frau mit 68 kg Körpergewicht.

8. In medizinischen Lehrbüchern wird die tödliche Dosis von Alkohol mit 13 g pro kg Körpergewicht bei Erwachsenen, die an Alkohol gewöhnt sind, angegeben.
   a) Berechnen Sie diese tödliche Dosis für einen Mann von 85 kg Körpergewicht und berechnen Sie die Menge an Rotwein (11,5 Vol.-%), die hierfür erforderlich ist.
   b) Für Personen, die nicht an Alkohol gewöhnt sind, kann die tödliche Dosis aber bereits bei 4 g (!) pro kg Körpergewicht erreicht sein. Berechnen Sie auch hier die erforderliche Rotweinmenge (11,5 Vol.-%), die eine Frau von 65 kg Körpergewicht zu sich nehmen müsste.

9. Sie teilen eine Literflasche Rotwein mit 11,5 Vol.-% auf drei Gäste gleichmäßig auf. Berechnen Sie die Alkoholmenge in Gramm, die jeder zu sich nimmt.
   ① 13,2 g   ② 23,2 g   ③ 32,3 g   ④ 30,2 g   ⑤ 33,2 g   ⑥ 43,2 g

10. Astrid, 63 kg, trinkt 3 Gläser Portwein (je 5 cl) von 21 Vol.-%. Berechnen Sie ihren Blutalkoholspiegel näherungsweise.
    ① 0,4   ② 0,5   ③ 0,6   ④ 0,7   ⑤ 0,8   ⑥ 0,9 Promille

Alkohol ist und bleibt ein Körpergift!
Die Dosis entscheidet über Leben und Tod!

12.7 Berechnungseinheiten für verwertbare Kohlenhydrate

Commis Christian kommt ratlos in die Küche des Hotelrestaurants »Gourmet«: »Ein Gast lässt fragen, ob er die Selleriecremesuppe ohne Bedenken essen könnte, er sei Diabetiker.« Sous Chef Hans Raff zählt leise für sich die Rezeptbestandteile auf: »Die Suppe enthält Sellerie, Porree, Zwiebeln, Butter, Brühe, Milch, Sahne«, er gerät kurz ins Stocken »... ach ja: Mehl!« Sag' ihm, er sollte lieber eine unserer Kraftbrühen genießen, die sind garantiert ohne BE!«

Ohne Berechnung
Aufgussgetränke, Gewürze, Kräuter, mageres Fleisch, grünes Gemüse, klare Brühen, Blattsalate, Süßstoff, Fisch

Mit Berechnung
stärkehaltige Gemüse z.B. Karotten, Paprika, Schwarzwurzeln, Hülsenfrüchte, Milchprodukte, Gemüsesäfte, Sojabohnen, Nüsse, Brot, Obst

Tabu
Bier, Likör, Südwein, Sekt, Cola, Limonaden, Trockenfrüchte, Pralinen, Süßigkeiten, Zucker, Spirituosen

Broteinheiten (BE) sind nichts anderes als eine Maßeinheit für solche Kohlenhydrate, die der Körper verwerten kann, vor allem Zucker und Stärke. Ballaststoffe werden nicht angerechnet.

Genaue Auskunft geben hier wieder BE-Tabellen, die dem Diabetiker die Kontrolle erleichtern (s. S. 133).

Eine Broteinheit (BE) entspricht 12 g verwertbaren Kohlenhydraten.

Beispiel:

Berechnen Sie die Broteinheiten für 30 g Mehl.

Lösungsweg:

Da BE-Tabellen meist für 100 g Lebensmittel gelten, rechnen wir wieder in 2 Schritten.

1. Schritt: Faktorbestimmung
30 g : 100 g = **0,3** (0,3-mal die 100-g-Portion)

2. Schritt: Broteinheiten-Berechnung
0,3 × 6,7 BE = **2,01 BE** gerundet **2 BE**

Antwort:

30 g Weizenmehl (Typ 405) entsprechen 2 Broteinheiten.

Aufgaben

1. Suchen Sie fünf reine, ungezuckerte Obstsäfte, bei denen auf dem Etikett Broteinheiten angegeben sind. Rechnen Sie jeweils aus, wie viele Broteinheiten eine Ausschankmenge entsprechend Ihrer Getränkekarte aufweist.

2. Besorgen Sie sich in einer Apotheke eine Broteinheitentabelle, und berechnen Sie mit dieser ein Rezept Ihrer Speisenkarte, welches sehr häufig bestellt wird.

3. Bestimmen Sie die Broteinheiten für eine Portion Selleriecreme-Suppe nach folgendem Rezept: 60 g Sellerie, 10 g Lauch, 7,5 g Zwiebeln, 10 g Butter, 250 g Geflügelbrühe, 60 g Milch, 15 g Sahne, 18 g Mehl.

4. Heidrun isst leidenschaftlich gern Pellkartoffeln mit Kräuterquark. Eine Mahlzeit besteht bei ihr aus 250 g Kartoffeln und 200 g Quark, 40% Fett i.Tr., den sie mit Kräutern mischt. Ihre Freundin Monika kommt heute zum Abendessen, sie ist zuckerkrank und sollte nur noch 5 Broteinheiten zu sich nehmen. Berechnen Sie, ob sie noch 200 g Kartoffeln und 150 g Quark essen darf.

5. Monika kauft folgende Lebensmittel und teilt sie zu Hause gleich in Portionen auf, die jeweils einer BE entsprechen. Berechnen Sie diese Portionsmengen.
   a) Käsekuchen   b) Honig   c) Knäckebrot   d) Mandeln   e) Erdbeeren

6. Ein Gast nimmt zum Frühstück ein Glas Orangensaft (0,2 l), 3 Tassen Kaffee schwarz, ohne Zucker, 2 Brötchen (je 40 g), 20 g Butter, 40 g Schinken und 30 g Corned Beef.
   Wie vielen Broteinheiten entspricht sein Frühstück?

7. Welches Lebensmittel enthält mehr Broteinheiten, 1 Liter Milch oder 20 g Honig? Berechnen Sie die entsprechenden Broteinheiten.

8. Berechnen Sie die Broteinheiten eines belegten Brotes bestehend aus 45 g Vollkornbrot, 20 g Butter, 60 g Rotwurst.
   ① 0,5 BE   ② 1,0 BE   ③ 1,4 BE   ④ 1,8 BE   ⑤ 2,2 BE

9. Mit wie viel BE muss ein großer Apfel von 160 g angerechnet werden?
   ① 0,6 BE   ② 1 BE   ③ 1,6 BE   ④ 2 BE   ⑤ 2,2 BE   ⑥ 2,4 BE

Broteinheiten-Tabelle (je 100 g Lebensmittel)

	BE		BE
Apfel	1	Margarine	0
Berliner Weiße	0,8	Mehl	6,7
Bier hell	0,5	Milch, 3,8% Fett	0,5
Brie, 50% Fett i.Tr.	0,5	Orangensaft	0,75
Brot, im Durchschnitt	4	Quark, 40% Fett i.Tr.	0,5
Brötchen	5	Rotwurst	0
Butter	0	Rote Bete	0,5
Butterkäse	0	Schinken roh	0
Buttermilch	0,4	Schinken gekocht	0
Camembert, 40% Fett i.Tr.	0	Schlachtfleisch, mager	0
Corned Beef	0,5	Schlagsahne	0,5
Edamer, 45% Fett i.Tr	0,5	Schokolade, halbbitter	4,5
Erdbeeren	0,5	Schokolade, Vollmilch	4,0
Erdnüsse	1,5	Schollen	0
Geflügelbrühe	0	Sellerie	0,5
Haselnüsse	1	Sojamehl, halbfett	3,5
Himbeeren	0,5	Spargel	0
Honig	6,5	Spinat	0
Kartoffeln	1,7	Steinpilze	4
Käsekuchen	1,5	Teigwaren, Eiernudeln (roh)	6
Klare Brühen	0	Weißkohl	0,5
Knäckebrot	6	Weizenmehl, 405	6,5
Konfitüre, normal	5,5	Zander	0
Lachs	0	Zucker	8
Lauch, Porree	0,5	Zwieback	6
Magerfische	0	Zwiebeln	1
Mandeln	1,5		

13 Berechnungen für Einkauf und Magazin

Der Schlüssel eines erfolgreichen F & B-Managements ist eine umsetzbare, praxisnahe Einkaufskonzeption. Wirtschaftsdirektor Remlein (links im Bild) erläutert dies dem Hoteldirektor der »Schönen Aussicht«, Herrn Böck (rechts im Bild):

»Herr Böck, wenn wir es geschafft hätten, die Ausgaben im Einkauf um 10 % zu senken, wäre unser Gewinn um 20 % höher ausgefallen.«

»Herr Remlein, organisieren Sie bitte ein Treffen mit Frau Best und Frau Wohlgemuth. Wir müssen an einer Verbesserung unserer Einkaufskonzeption arbeiten.«

 Rechnen Sie nach, ob die vorstehende Behauptung von Herrn Remlein stimmt. Wenn Sie das Ergebnis bestätigen können, haben Sie richtig gerechnet.
So einfach ist es die Bedeutung des Einkaufs durch ein kleines Rechenbeispiel darzustellen.

In einer umsetzbaren, praxisnahen Einkaufskonzeption gliedert sich der Einkaufsprozess in drei Stufen:

Innerhalb dieser Stufen ist das Rechnen eine zentrale Aufgabe; von einem bedarfsgerechten und günstigen Einkauf hängt nämlich der Grad des Erfolges eines gastgewerblichen Unternehmens wesentlich ab. Dies zeigt die folgende Tabelle:

Einkaufs-planung	Bedarfsuntersuchung und -ermittlung mit Hilfe a) der Marktforschung (⇒ Statistik) b) des Produktionsprogramms und c) einer Mischung aus den beiden vorgenannten Punkten. Der ermittelte Bedarf beruht also immer auf Vergangenheitsdaten bzw. Vorausschätzungen oder aus einer Kombination beider. Hierzu stehen dem Einkäufer z.B. Verkaufs- und Marktberichte zur Verfügung.
Einkaufs-durchführung	• Mengenausweis in Anfragen bzw. Ausschreibungen • Angebotsvergleiche
Einkaufs-kontrolle	• Mengenkontrolle beim Wareneingang • Rechnungskontrolle (ist die Rechnung rechnerisch richtig?) • Lagerkontrollen, z.B. durchschnittlicher Lagerbestand und durchschnittliche Lagerdauer

13.1 Einkaufsplanung

Die F&B-Managerin unseres Hotels, Frau Wohlgemuth, plant mit der Hochzeit eines bekannten Schauspielerpaares eine wichtige Sonderveranstaltung im Hotel. In einem Gespräch mit Herrn Frei, dem Küchenchef der »Schönen Aussicht«, stellt Frau Wohlgemuth fest, dass für die »Prominentenhochzeit« z.B. Dekorationen und Lebensmittel nachgefragt wurden, die das Hotel bislang noch nicht eingekauft hat. Auf der anderen Seite werden für die Sonderveranstaltung aber auch Produkte benötigt, die häufig beschafft werden.

▶ Mengenplanung

Das Hauptproblem der Mengenplanung im Rahmen der Einkaufsplanung ist die Festlegung der **optimalen (= kostengünstigsten) Bestellmenge**. Sie ergibt sich vor allem aus den

a) **Bestellkosten**, die anfallen bei jeder
- Auftragsbearbeitung,
- Wareneingangsprüfung und
- Rechnungsprüfung;

b) **Lagerkosten**, die sich zusammensetzen aus
- Raumkosten,
- Kosten der Steuerung,
- Personalkosten und
- Zinsen für den Wert der gelagerten Güter.

Beispiel:

Die Küche der »Schönen Aussicht« benötigt 1800 Pakete tiefgefrorenen Rotkohl im Jahr (Verbrauch gleichmäßig über 360 Öffnungstage). Die Kosten pro Bestellung betragen 2,50 DM und die Lagerkosten belaufen sich auf 5,00 DM pro Paket. Der Lieferant ermöglicht die folgenden Bestellmengen (= Losgrößen): 1800, 900, 450, 90, 45, 30, 25, 20 und 15.

Ermitteln Sie die optimale Bestellmenge, indem Sie nachstehende Tabelle vervollständigen:

13 Berechnungen für Einkauf und Magazin

Spalte 1	Spalte 2	Spalte 3	Spalte 4	Spalte 5	Spalte 6
Bestell-menge	Anzahl der Bestellungen	Bestell-kosten (in DM)	⌀ Lager-bestand	⌀ Lager-kosten (in DM)	Gesamt-kosten (in DM)
1800					
900					
450					
90					
45					
30					
25					
20					
15					

Berechnen lassen sich die Ergebnisse der Spalten zwei bis sechs durch die folgenden **Formeln:**

Spalte 2: Anzahl der Bestellungen = Jahresbedarf : Bestellmenge

Spalte 3: Bestellkosten = Anzahl der Bestellungen · Kosten pro Bestellung

Spalte 4: ⌀ Lagerbestand (bei gleichmäßigem Verbrauch) = Bestellmenge : 2

Spalte 5: ⌀ Lagerkosten = ⌀ Lagerbestand · Lagerkosten pro Verpackungseinheit

Spalte 6: Gesamtkosten = Bestellkosten + ⌀ Lagerkosten

Lösungsweg:

Jahresbedarf	1.800 (Verbrauch gleichmäßig über 360 Öffnungstage)
Kosten pro Bestellung	2,50 DM
Lagerkosten pro Verpackungseinheit im Jahr	5,00 DM

Spalte 1	Spalte 2	Spalte 3	Spalte 4	Spalte 5	Spalte 6
Bestell-menge	Anzahl der Bestellungen	Bestell-kosten (in DM)	⌀ Lager-bestand	⌀ Lager-kosten (in DM)	Gesamt-kosten (in DM)
1800	1	2,50	900	4.500,00	4.502,50
900	2	5,00	450	2.250,00	2.255,00
450	4	10,00	225	1.125,00	1.135,00
90	20	50,00	45	225,00	275,00
45	40	100,00	22,5	112,50	212,50
30	60	150,00	15	75,00	225,00
25	72	180,00	12,5	62,50	242,50
20	90	225,00	10	50,00	275,00
15	120	300,00	7,5	37,50	337,50

Antwort:

Die Losgröße, die die niedrigsten Gesamtkosten verursacht, ist die optimale Bestellmenge. 45 Bestellungen sind in diesem Fall optimal, denn sie führen zu den niedrigsten Gesamtkosten (212,50 DM).

▶ Zeitplanung

Die Zeitplanung des Einkaufs geht Hand in Hand mit der Mengenplanung, denn z.B. die Speisen und Getränke müssen dann zur Verfügung stehen, wenn der Gast sie abfragt. Daher muss der Einkauf ständig den neuesten Bestand der Waren im Magazin kennen; hierbei kann die EDV stark unterstützen:

Sobald ein Bestandstief (= **Meldebestand**) erreicht ist, wird eine Bedarfsmeldung ausgelöst. Der Meldebestand zeigt den Einkaufszeitpunkt an. Der Lagerbestand reicht jetzt nur noch aus, um den Bedarf während der üblichen Zeit abzudecken, die in der Regel für die Beschaffung erforderlich ist (= **Beschaffungszeit**); außerdem werden hier gewisse Lieferverzögerungen oder unerwartete Bedarfszunahmen berücksichtigt. Diesen Lagerbestand nennt man den »**Eisernen Bestand**«. Aus dem Vorstehenden lässt sich die **Formel des Meldebestands** folgern:

> **Meldebestand [MB] =**
> **Eiserner Bestand [EB] + (Tagesverbrauch [TV] · Beschaffungszeit [BZ])**

Beispiel:

Ein Portionseis wird täglich zwischen 46- und 60-mal verkauft. Die Beschaffungszeit für Eis beträgt durchschnittlich 10, manchmal allerdings bis zu 14 Tage. Der Eiserne Bestand ist mit 60 Stück (Portionen) festgelegt. Berechnen Sie den Meldebestand.

Lösungsweg:

MB = 60 + (46 · 14) = 704
MB = 60 + (60 · 14) = 900

Antwort:

Der Meldebestand liegt zwischen 704 und 900 Portionen Eis.

Das beschriebene Verfahren bezeichnet man als **Bestellpunktverfahren**. Der Einkaufsprozess wird nämlich mit dem Erreichen des Meldebestands eingeleitet, also dann, wenn der Lagerbestand einen bestimmten Punkt erreicht hat. Das Bestellpunktverfahren lässt sich mit Hilfe der so genannten **Sägezahnkurve** veranschaulichen.

Beispiel:

Meldebestand	: 11 kg
Eiserner Bestand	: 5 kg
Tagesverbrauch	: 2 kg
Beschaffungszeit	: 3 Tage

Stellen Sie das Bestellpunktverfahren anhand der vorstehenden Daten mit Hilfe der Sägezahnkurve grafisch dar und erklären Sie die von Ihnen gezeichnete Kurve.

Lösungsweg:

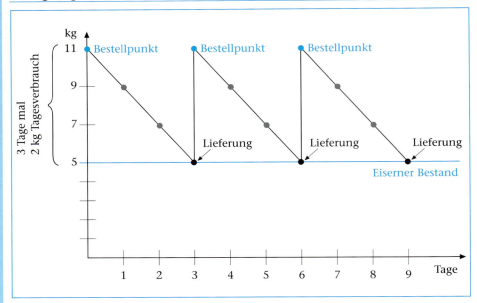

Antwort:

In der Sägezahnkurve ist der Verlauf eines Lagerbestandes ab Erreichen des Meldebestandes (= Bestellpunkt) dargestellt. Ab dem Bestellpunkt (11 kg) verringert sich der Lagerbestand täglich um 2 kg (= Tagesverbrauch).

Bei vorausgesetztem planmäßigen Verlauf des Einkaufsprozesses trifft die Ware mit Erreichen des Eisernen Bestandes ein (= Lieferung). Dieser Prozess wiederholt sich ständig. Bei einem planmäßigen Einkaufsprozess wird der Eiserne Bestand also nicht »angebrochen«.

Der Eiserne Bestand ist nach Erfahrungen der Vergangenheit und vor allem nach der Relevanz (= Wichtigkeit) der Güter festzulegen. Dabei sind aber auf jeden Fall die so genannten Lagerverluste zu berücksichtigen.

▶ Lagerverluste

Das Eis in unserem Beispiel wird nach dem **Gefrierlagerverfahren** aufbewahrt. Weiterhin kennt man im Gastgewerbe

- das **Kühllagerverfahren** und
- das **Normallagerverfahren**.

Gastronomische Betriebe können bei der Anwendung eines Lagerverfahrens so genannte Lagerverluste erleiden, die ebenfalls im Einkauf und in der Kostenrechnung berücksichtigt werden müssen. Derartige Lagerverluste können auftreten durch

- Abtropfen beim Auftauen tiefgefrorener Lebensmittel,
- Reifung/Austrocknung/Verderb,
- mangelhafte oder beschädigte Verpackung,
- Wasserverdunstung.

13 Berechnungen für Einkauf und Magazin

Beispiel:

Die Bäckerei Müller liefert unserer »Schönen Aussicht« drei Roggen- und drei Weizenbrote. Bei der Anlieferung im Magazin wogen
- die Roggenbrote zusammen 4,35 kg und
- die Weizenbrote insgesamt 3,45 kg.

Als die Brote vor der Ausgabe noch einmal gewogen werden, zeigt die Waage nur noch
- 4,3 kg bei den Roggenbroten und
- 3,4 kg bei den Weizenbroten.

a) Berechnen Sie den gesamten Lagerverlust durch Ausdünstung in Kilogramm.
b) Ermitteln Sie den prozentualen Lagerverlust des Brotes in unserem Beispiel.

Lösungsweg:

a) 4,35 kg + 3,45 kg = 7,8 kg
   4,3 kg + 3,4 kg = 7,7 kg → 7,8 kg − 7,7 kg = **0,1 kg Lagerverlust**

b) 7,8 kg ≙ 100 %
   0,1 kg ≙ x   = **1,28 % Lagerverlust**

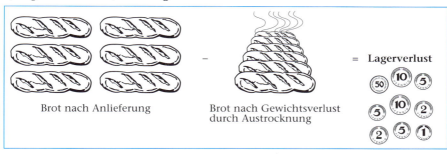

Antwort:

a) Der gesamte Lagerverlust durch Ausdünstung beträgt 0,1 kg.
b) Der Lagerverlust des Brotes beträgt 1,28 %.

Aufgaben

1. Machen Sie einmal die »Probe aufs Exempel«. Wenn das nächste Mal in Ihrem Haushalt ein frisches Brot gekauft wird, wiegen Sie dieses Brot auf einer Haushaltswaage. Vor dem ersten Schneiden des Brotes wiegen Sie es abermals. Ermitteln Sie dann den prozentualen Gewichtsverlust des Brotes, der sich in der Zwischenzeit ergeben hat.

2. Die Küche der »Schönen Aussicht« benötigt 3240 Gläser Sauergurken im Jahr (Verbrauch gleichmäßig über 360 Öffnungstage). Eine Palette mit 18 Gläsern ist zusammen in einer Folie eingeschweißt. Die Kosten pro Bestellung betragen 3,00 und die Lagerkosten belaufen sich auf 10,00 DM pro Glas. Der Lieferant ermöglicht die folgenden Bestellmengen:

Bestell-menge	1 620	810	540	270	90	54	36	18

a) Ermitteln Sie tabellarisch die optimale Bestellmenge.
b) Wie viel Verpackungseinheiten müssen gekauft werden, um die optimale Bestellmenge zu erreichen?

13 Berechnungen für Einkauf und Magazin

3. Ein Lieferant ermöglicht für sein Produkt die folgenden Bestellmengen. Daraus ergibt sich für die »Schöne Aussicht« die mögliche Anzahl der Bestellungen pro Jahr:

Bestellmenge	2 160	1 080	720	360	120	72	48	24
Anzahl der Bestellungen	1	2	3	6	15	30	45	90

Die »Schöne Aussicht« muss mit folgenden Kosten rechnen:
Die Kosten pro Bestellung betragen 5,00 DM und die Lagerkosten pro Stück belaufen sich auf 10,00 DM im Jahr.

a) Ermitteln Sie
   – die Bestellkosten,
   – den durchschnittlichen Lagerbestand (bei gleichmäßigem Verbrauch über 360 Öffnungstage),
   – die durchschnittlichen Lagerkosten und
   – die Gesamtkosten
   für alle Varianten.

b) Wie viele Bestellungen müssen durchgeführt werden, um in dem betrachteten Geschäftsjahr die optimale Bestellmenge zu erreichen?

4. Die »Schöne Aussicht« bezieht von der Kühlfrost GmbH Gefriergut, unter anderem 2-kg-Tiefkühlbeutel Mischgemüse. Die Kühlfrost GmbH liefert in der Regel sechs Tage nach der Bestellung. Der Tagesverbrauch im Hotel beläuft sich auf 10 Beutel. Als Mindestbestand ist der dreifache Tagesbedarf zu halten. Wie hoch ist der Mindestbestand und der Meldebestand?

5. a) Berechnen Sie für die »Schöne Aussicht« den Meldebestand für den Hilfsstoff Salz nach den folgenden Angaben: Eiserner Bestand 10 kg; Beschaffungszeit 3 Tage; durchschnittlicher Tagesverbrauch 1 kg

b) Entwickeln Sie aus den vorstehenden Daten die Sägezahnkurve.

6. Der Meldebestand der »Schönen Aussicht« für Butter beträgt bei einem Tagesverbrauch von 8 kg und einer Beschaffungszeit von vier Tagen 50 kg. Wie hoch ist der Eiserne Bestand, den das Hotel festgelegt hat?

7. Wir nehmen an, die Ausdünstung des Brotes hätte in unserem Beispiel zum Lagerverlust (S. 139) nur zu einer Gewichtsabnahme von 1,1 % geführt. Wie lautet das Gesamtgewicht der Brote in Gramm nach der Lagerentnahme?

8. Ein Weizenbrot hat nach der Ausdünstung 2 % seines Gewichts verloren und wiegt nur noch 1,2 kg. Ermitteln Sie das Frischgewicht des Weizenbrotes in Gramm.

9. Das Hotelrestaurant »Gourmet« erhält eine Lieferung von Stockfischen. Obwohl die Fische bereits geköpft, ausgenommen und getrocknet sind, verlieren sie innerhalb von 6 Tagen noch 1,4 % ihres Liefergewichts von 4,2 kg. Ermitteln Sie den Gewichtsverlust in Gramm.

10. Eine Cervelatwurst mit einem Frischgewicht von 3 kg wird während des Reifeprozesses in wöchentlichen Abständen mit folgenden Ergebnissen gewogen:
   34. Kalenderwoche   2,970 kg
   35. Kalenderwoche   2,935 kg
   36. Kalenderwoche   2,870 kg

a) Ermitteln Sie den Lagerverlust in % und in Gramm.
b) Wie hoch ist der Lagerverlust pro Woche in %?

11. Ein Hotel beherbergt eine 24 Personen starke Reisegruppe, die 6 Tage Vollpension gebucht hat. Der eingekaufte Warenbestand reicht zur Verpflegung der Gäste innerhalb des gebuchten Zeitraums genau aus.

Wie lange würde die gleiche Warenmenge reichen, wenn 36 Personen gebucht hätten?

① 4 Tage   ② 9 Tage   ③ 3 Tage   ④ 5 Tage

12. Mit welcher Formel lässt sich der Meldebestand errechnen?

① (Warenanfangsbestand + Zugänge) − Schwund

② $\dfrac{360}{\text{Umschlagshäufigkeit}}$

③ $\dfrac{\text{Wareneinsatz}}{\text{durchschnittlicher Lagerbestand}}$

④ Eiserner Bestand + (Tagesverbrauch · Beschaffungszeit)

⑤ Beschaffungszeit · (Tagesumsatz + Mindestbestand)

13.2 Einkaufsdurchführung

> Frau Wohlgemuth hat mit Hilfe eines Einkaufskataloges zwei Spezialitätenhändler mit nahe gelegenen Standorten gefunden. Nun erfolgt nach wirtschaftlichen Gesichtspunkten die Prüfung, ob für die Ausrichtung der »Prominentenhochzeit« bei einem der Händler oder eventuell bei beiden eingekauft wird. Zu diesem Zwecke richtet Frau Wohlgemuth zunächst eine Anfrage an die möglichen zukünftigen Lieferanten.

Bislang haben wir im Rahmen der Einkaufsplanung gesehen, dass sich die Lagerkosten durch rechnergestützte Planung minimieren lassen. Die optimale Bestellmenge berücksichtigt jedoch nicht nur die Lagerkosten; sie ist die Einkaufsmenge, bei der sich im Wesentlichen die Kombination aus

- Preisvorteilen eines Einkaufs größerer Mengen (z.B. Rabatt und Skonto) und
- Kostennachteilen aufgrund erhöhter Lagerhaltung (z.B. Raum- und Versicherungskosten)

aus wirtschaftlicher Sicht am günstigsten darstellt. Daher kommt auch der Einkaufsdurchführung eine große Bedeutung zu.

Die Einkaufsdurchführung beginnt häufig mit der **Anfrage** bei einem Lieferanten. Durch Anfragen werden

- Informationen beschafft und
- Geschäftsbeziehungen angebahnt.

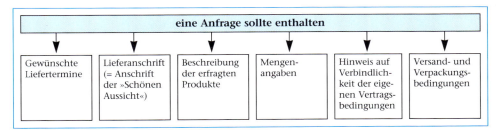

Um Übermittlungsfehler zu vermeiden, sind umfangreiche Anfragen möglichst schriftlich durchzuführen. Auf der Grundlage einer schriftlichen Anfrage kann der Lieferant zudem das **Angebot** einfacher bzw. genauer erstellen.

Beispiel 1:

Eine Woche nach der Anfrage gehen bei Frau Wohlgemuth in der »Schönen Aussicht« die folgenden Angebote ein; die Qualität der Waren ist bei beiden Anbietern gleich:

Spezialitätenhandel Christiansen GmbH

Frische und Qualität • Frische und Qualität • Frische und Qualität

Christiansen GmbH • Wasserstr. 1 • 99999 Seemannshausen

```
Hotel »Schöne Aussicht«
z.Hd. Frau Wohlgemuth
Strandweg 1
99988 Seemannsdorf
```

Telefon (0 99 88) 33 33 33
Telefax (0 99 88) 33 33 44
Postfach 77
99998 Seemannshausen

Datum: 02. Dezember ..   **Angebot Nr.** 23101

Wir danken für Ihre Anfrage vom 28. November und bieten die Frei-Haus-Lieferung der folgenden Waren mit einer Lieferzeit und einem Zahlungsziel von 14 Tagen an:

Einheit	Artikel	Menge	Preis	Netto-Warenwert
kg	Räucherstör	17,5	30,90	540,74
kg	Räucheraal	8,5	26,96	229,16
kg	Frischer Lachs	14,0	25,80	361,20
kg	Frischer Hecht	11,0	9,90	108,90

Zwischensumme	1.240,00
– 2 % Sonderrabatt	24,80
Bareinkaufspreis	1 215,20
+ Verpackungsanteil	52,00
Netto-Bezugspreis	1.267,20
+ 7 % Mehrwertsteuer	88,70
Brutto-Bezugspreis	**1.355,90**

Volkssparbank Seemannshausen • BLZ 222 333 44 • Konto-Nr. 111 2222 333

Wassermann GmbH & Co.

FISCHE • KRUSTEN- UND SCHALENTIERE • CAVIAR

Wassermann GmbH & Co. • 99997 Seemannsheim

Hotel Schöne Aussicht
z.Hd. Frau Wohlgemuth
Strandweg 1
99988 Seemannsdorf

Telefon 0 99 87 – 44 44 44
Telefax 0 99 87 – 44 44 55

Bankverbindung: Volkssparbank
Kto.-Nr. 111 2222 444, BLZ 222 333 44

ANGEBOT

Angebotsnr.	4850
Datum	1. Dezember ..
Kundennr.	19 001

Auf Ihre Anfrage vom 28. November bieten wir Ihnen zu unseren Liefer- und Zahlungsbedingungen an:

Art	Artikelbezeichnung	Stück	Menge	ME	Preis	Warenwert
000 055	Räucherstör	–	17,5	kg	32,40	567,00
000 068	Frischer Lachs	–	14,0	kg	21,80	305,20
000 121	Räucheraal	–	8,5	kg	29,90	254,15
000 128	Frischer Hecht	–	11,0	kg	11,24	123,65
	Zwischensumme I		51,0	kg		1.250,00
	– 2% Sonderrabatt					25,00
	Zwischensumme II					1.225,00
	+ Verpackungsanteil					44,00
	Nettopreis					1.269,00
	+ 7% Mehrwertsteuer					88,83
	Bruttopreis					1.357,83

Lieferung: Innerhalb von zwei Wochen frei Haus;
Zahlung: Innerhalb von 30 Tagen netto oder innerhalb von
           14 Tagen unter Abzug von 2% Skonto.

In beiden Angeboten wird ein **Rabatt** gewährt, der bei Kauf vom Listenpreis abgezogen werden kann. Für welchen Lieferanten wird sich Frau Wohlgemuth nach Abzug der Rabatte und unter Berücksichtigung der Zahlungsfristen entscheiden?

Es gibt verschiedene Rabattarten, die als Preisnachlass aus verschiedenen Gründen gewährt werden können:
- **Mengenrabatt** bei Bezug größerer Einkaufsmengen.
- **Sonderrabatt** bei Wahrnehmung von Sonderaktionen des Lieferanten, z.B. Werbeaktionen oder Lagerräumungsverkäufen.
- **Treuerabatt** bei Einkauf derselben Marken über einen längeren Zeitraum.

Lösungsweg (1. Teil):

Bei dem Vergleich der beiden Angebote erscheint auf den ersten Blick das Angebot der Christiansen GmbH günstiger. Die **Zahlungsziele**, die beide Firmen gewähren, sind jedoch zu berücksichtigen. Bei einem Zahlungsziel handelt es sich um den Zeitpunkt, bei dem der Zielkaufpreis für erbrachte Lieferungen (oder Leistungen) verfügbar sein muss.

Die Wassermann GmbH & Co. räumt der »Schönen Aussicht« ein Zahlungsziel von 30 Tagen ein. Bei der Christiansen GmbH wäre die Zahlung schon nach 14 Tagen fällig; das Geld müsste also 16 Tage eher zur Verfügung stehen. Dementsprechend sind die 1267,20 DM (**Nettopreis**) noch beispielsweise mit 8% zu verzinsen. Man geht bei dieser Berechnung vom Nettopreis aus, da die gezahlten Mehrwertsteuern im Rahmen der Umsatzsteuererklärung regelmäßig wieder in das Unternehmen zurückfließen.

Formel

$$\frac{\frac{\text{Nettopreis}}{100} \cdot \text{Zinstage}}{\frac{360}{\text{Zinssatz}}} = \frac{\text{Zinszahl}}{\text{Zinsteiler}}$$

Berechnung

$$\frac{\frac{1267{,}20}{100} \cdot 16}{\frac{360}{8}} = \frac{12{,}67 \cdot 16}{\frac{360}{8}} = \frac{202{,}72}{45} = 4{,}51 \text{ DM}$$

Antwort:

Die 4,51 DM wären der Summe von 1267,20 DM zuzuschlagen, um die Angebote tatsächlich vergleichbar zu machen. Somit ist das Angebot der Wassermann GmbH & Co. um 2,71 DM günstiger.

In unserem Beispiel ist allerdings noch zu berücksichtigen, dass die Firma Wassermann GmbH & Co. zwei Prozent Skonto anbietet. **Skonto** ist der prozentuale Nachlass vom Kaufpreis, der bei Barzahlung innerhalb einer vereinbarten Frist gewährt wird. Würde die »Schöne Aussicht« ein angebotenes Skonto nicht ausnutzen, handelt es sich um einen **Lieferantenkredit**. Die Kaufpreiszahlung wird dann nämlich seitens des Lieferanten gestundet. Beim Lieferantenkredit fließen keine Finanzmittel in Form einer dem Schuldner vom Gläubiger zur Verfügung gestellten Kreditsumme; der Schuldner wird lediglich vorübergehend vom Einsatz finanzieller Mittel für die erhaltene Lieferung (oder Leistung) befreit. Bei der Ermittlung des Zinsaufwandes für den Lieferantenkredit ist ein vom Kreditgeber gewährtes Skonto von entscheidender Bedeutung. Soll das Skontoangebot der Wassermann GmbH & Co. ausgenutzt werden?

Lösungsweg (2. Teil):

Würde das Skonto bei der Wassermann GmbH & Co. ausgenutzt, würde sich die Situation noch wesentlich günstiger darstellen:

Formel

$$\text{Skontoertrag} = \frac{\text{Bruttopreis}\,(=\text{Rechnungsendbetrag}) \cdot \text{Skontosatz}}{100}$$

Berechnung

Skontoertrag = $\frac{1357,83 \cdot 2}{100}$ = 27,16 DM

Antwort:

Das Beispiel zeigt, dass Skonto immer ausgenutzt werden sollte, wenn die Möglichkeit besteht. Hier würde ein Skontoertrag in Höhe von 27,16 DM erzielt.

Beispiel 2:

Frau Wohlgemuth verhandelt mit dem Hauslieferanten für Konservenerzeugnisse die folgenden Zahlungsbedingungen:

10 Tage nach Rechnungseingang: – 3 % Skonto,
30 Tage netto (Zielfrist).

Das Hotel erhält am 18.01.1997 die erste Rechnung mit den ausgehandelten Konditionen. Die Rechnung laut über 4.774,80 DM inklusive Mehrwertsteuer (= **Brutto(bezugs)preis**). Es liegt nun in der Entscheidung des Finanzbuchhalters, Herrn Hans Beck, ob er das ausgehandelte Skonto nutzt. Dazu will Herr Beck wissen, welchen Jahreszinssatz die 3 % Skonto bedeuten. Als zweiten Schritt errechnet Herr Beck den möglichen Skontoertrag und stellt seine Berechnung grafisch dar. Zu welchen Ergebnissen wird der Finanzbuchhalter kommen?

Nach Bestimmung des Jahreszinssatzes für den Lieferantenkredit auf Grundlage der Zahlungsbedingungen wird der Anreiz deutlich einen möglichen Skontoabzug zu nutzen (»Skonto zu ziehen«).
Bei der nachstehenden Berechnung des Jahreszinssatzes wird nicht berücksichtigt, dass die Perioden der Zinsabrechnung in Wirklichkeit geringer als ein Jahr sind. Somit unterliegt der Lieferantenkredit einer unterjährigen Verzinsung. Da dies bei dem folgenden Verfahren zur Ermittlung des Jahreszinssatzes nicht berücksichtigt wird, handelt es sich hier um eine Bestimmung von Näherungswerten.

Lösungsweg:

1. Schritt

Formel

$$\text{Jahreszinssatz} = \frac{\text{Skontosatz}}{\text{Zielfrist} - \text{Skontofrist}} \cdot 360$$

Berechnung

Jahreszinssatz = $\frac{3}{30 - 10} \cdot 360$ = 54 %

2. Schritt

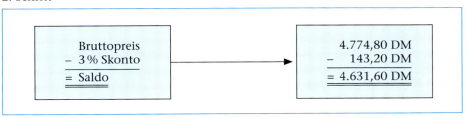

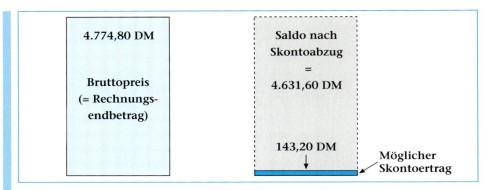

Antwort:

In Beispiel 2 wird sehr deutlich, dass es sich bei Inanspruchnahme des Lieferantenkredits – mit einem Umgerechneten Jahreszinssatz von hier 54% – um eine immens teuere Kreditform handelt. Herr Beck entschließt sich daher, den möglichen Skontoabzug von 143,20 DM wahrzunehmen.

Alle eingehenden Angebote sind also genau zu prüfen und zu vergleichen, um einen möglichst preisgünstigen Einkauf zu verwirklichen. Allerdings sind in dem Angebotsvergleich über die rein rechnerischen Größen auch die Angebotsbedingungen einzubeziehen, wie:
- Zuverlässigkeit der Lieferanten,
- Qualitätsunterschiede und
- Leistungsunterschiede;

sie sollten unter Umständen den Ausschlag bei der Bestellung geben.

Der Angebotsvergleich schließt mit der Bestellung ab.

Aufgaben

1. Holen Sie vor Ihrer nächsten größeren privaten Ausgabe – z.B. vor der Beschaffung einer Musikanlage oder Kauf bzw. Reparatur eines Autos – mindestens zwei Angebote ein. Vergleichen Sie die Angebote und präsentieren Sie das Ergebnis in Ihrer Klasse.

2. Als Einkäufer eines Hotels müssen Sie die folgenden Angebote vergleichen, wobei alle Angebote qualitätsgleich sind. Die Lieferzeit beträgt in allen Fällen eine Woche. Skonto wird immer ausgenutzt:

Angebot 1:

Zahlungsziel 30 Tage,
2% Skonto innerhalb 14 Tagen,
Lieferung frei Haus

Listenpreis	340,00 DM
– 5% Sonderrabatt	17,00 DM
Nettopreis	323,00 DM
+ 7% MWSt	22,61 DM
Bruttopreis	345,61 DM

Angebot 2:

Zahlbar netto Kasse,
Lieferung frei Haus

Listenpreis = Nettopreis	316,25 DM
+ 7% MWSt	22,14 DM
Bruttopreis	338,39 DM

13 Berechnungen für Einkauf und Magazin

Angebot 3:		Angebot 4:	
Zahlungsziel 30 Tage, bei Zahlung innerhalb 14 Tagen 2 % Skonto		Zahlbar netto Kasse, Lieferung frei Haus	
Listenpreis	310,00 DM	Listenpreis	304,00 DM
+ Verpackungsanteil	14,00 DM	+ Verpackungsanteil	13,00 DM
Nettopreis	324,00 DM	Nettopreis	317,00 DM
+ 7 % MWSt	22,68 DM	+ 7 % MWSt	22,19 DM
Bruttopreis	346,68 DM	Bruttopreis	339,19 DM

Bei einer im Vergleich vorzeitigen Zahlung sind Kreditzinsen zu berücksichtigen; der Zinssatz beträgt 9 %. Errechnen Sie das günstigste Angebot.

3. Bei einer Rechnung von 4.300,00 DM inklusive Mehrwertsteuer wird die Möglichkeit genutzt 3 % Skonto zu ziehen. Errechnen Sie den Skontoertrag.

4. Ein Angebot enthält einen Sonderrabatt in Höhe von 116,60 DM. Wie lautet die Zwischensumme des Angebots vor Rabattabzug, wenn der angebotene Treuerabatt 2 % beträgt?

5. Frau Wohlgemuth verhandelte Ende 1997 mit der Druckerei »Flinke Feder«, die z.B. Geschäftspapiere, Ansichtskarten und Prospekte für die »Schöne Aussicht« druckt, die nachstehenden Zahlungsbedingungen:
Skonto: 3 %
Skontofrist: 5 Tage
Zahlungsfrist: 30 Tage
Die Druckerei tätigte durch Lieferungen an das Hotel »Schöne Aussicht« 1998 einen Umsatz zu Bruttopreisen in Höhe von 129.000,00 DM. Die »Schöne Aussicht« nahm die Lieferantenkredite 1998 voll in Anspruch, d.h. Skonto wurde nicht gezogen.
   a) Bestimmen Sie den Jahreszinssatz für den Lieferantenkredit als Näherungswert.
   b) Berechnen Sie die Einsparungen, die bei Nutzung des Skontabzuges möglich gewesen wären.

6. Der Prokurist und Hauptbuchhalter des Hotels »Central« erhielt am 3. März 1998 eine Rechnung des Unternehmens, das die gesamte Küchenneuausstattung des Hotels geliefert hat. Die Zahlungsbedingungen des Lieferanten lauten
   – 14 Tage nach Rechnungseingang mit 3 % Skonto oder
   – 30 Tage netto.
Die Rechnungssumme (Bruttopreis) betrug 190.000,00 DM.
Um Skonto ziehen zu können wäre der Prokurist gezwungen einen kurzfristigen Bankkredit aufzunehmen, der 1.166,02 Zinskosten verursachen würde. Würden Sie sich unter diesen Bedingungen für oder gegen eine Skontoausnutzung entscheiden?

7. Die F&B-Managerin Wohlgemuth kauft auf einer Auktion ein Fass Wein zum Halbstückpreis von 3.230,00 DM. Der Preis ist auf 600 l bezogen. Der Inhalt des Fasses beträgt jedoch 619 l.
Wie viel DM hat Frau Wohlgemuth für das Fass Wein ausgeben müssen?
① 3.130,86 DM   ② 3.233,82 DM   ③ 3.323,68 DM   ④ 3.301,68 DM
⑤ 3.332,28 DM

8. Der Teepreis ist um 8 % gesunken und beträgt jetzt 19,80 DM/kg. Wie teuer war ein kg Tee vor der Preissenkung?
   ① 22,15 DM   ② 21,52 DM   ③ 25,21 DM   ④ 21,25 DM   ⑤ 18,22 DM

9. Ein Lieferant hat den Preis für Schweinenackensteak erhöht. Ein kg, das 8,32 DM gekostet hat, ist jetzt um 0,23 DM teurer geworden. Um wie viel Prozent hat der Lieferant seinen Preis erhöht?
   ① 9,735 %   ② 2,765 %   ③ 6,275 %   ④ 3,265 %   ⑤ 2,635 %

13.3 Einkaufs- und Lagerkontrolle

> Für die »Prominentenhochzeit« werden bei der Spezialitätenhandelsgesellschaft Wassermann einige Lebensmittel mit einer Lieferzeit von zwei Wochen geordert, sodass die Waren zwei Tage vor der Sonderveranstaltung eintreffen müssten. Als Herr Frei sich nach einer Woche erkundigt, ob die Lieferzeit seitens des Händlers eingehalten wird, erfährt er von Lieferschwierigkeiten. Nach einigen Anrufen lässt sich der Liefertermin jedoch sichern.
>
> Da das alte Jahr in wenigen Tagen endet, muss neben der ständigen Kontrolle der Liefertermine in den nächsten Tagen eine umfassende Lageruntersuchung erfolgen. Zur Erstellung der Bilanz muss nämlich mal wieder die alljährliche Inventur durchgeführt werden.

Bis zum Zeitpunkt der Lieferung kontrolliert der Einkauf anhand der Bestellung, ob die vereinbarten Liefertermine eingehalten wurden oder aber Verzögerungen in der Warenlieferung eingetreten sind.

In der »Schönen Aussicht« gehen nach 14 Tagen die bei der Firma Wassermann bestellten Lebensmittel ein. Der Lieferant informiert den Küchenchef, Herrn Torsten Frei, über den Wareneingang. Danach stellt der Lieferer die Ware vor dem Magazin ab. Nun beginnen die weitergehenden Aufgaben der Einkaufskontrolle.

Beim Eingang der bestellten Produkte hat der Käufer unverzüglich zu prüfen, ob die Ware ordnungsgemäß geliefert wurde; eine solche Prüfung umfasst zunächst die Schritte 1 und 2 des folgenden Rasters:

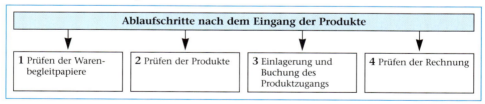

▶ **Rechnungsprüfung**

Die Rechnungsprüfung umfasst zum einen die Kontrolle der sachlichen Übereinstimmung mit dem Kaufvertrag:
Stimmt die Rechnung mit den gelieferten Produkten überein in punkto
- Menge,
- Nachlass,
- Liefer- und Zahlungsbedingungen?

Zum anderen beinhaltet die Rechnungsprüfung die Kontrolle der rechnerischen Übereinstimmung mit den Kaufvertragsdaten (enthält die Rechnung Rechenfehler?).

13 Berechnungen für Einkauf und Magazin

Beispiel:

Am 3. Dezember bestellte Frau Wohlgemuth bei der Wassermann GmbH & Co. die folgende Ware:

- 16,0 kg Räucherstör
- 12,0 kg frischen Lachs
- 8,0 kg Räucheraal
- 10,0 kg frischen Hecht

Frau Wohlgemuth erhielt mit der Bestellung von der Wassermann GmbH & Co. die schriftliche Zusage, dass sich die kg-Preise des Angebotes vom 1. Dezember trotz der geringeren Bestellmenge nicht ändern.

Die Ware wurde entsprechend der Bestellung am 17. Dezember geliefert.

a) Ist die am 20. Dezember in der »Schönen Aussicht« eingegangene Rechnung sachlich und rechnerisch richtig?
b) Verbessern Sie die Rechnung, falls sie Fehler enthält.

Wassermann GmbH & Co.

FISCHE • KRUSTEN- UND SCHALENTIERE • CAVIAR

Wassermann GmbH & Co. • 99997 Seemannsheim

Hotel Schöne Aussicht
z.Hd. Frau Wohlgemuth
Strandweg 1
99988 Seemannsdorf

Telefon 0 99 87 - 44 44 44
Telefax 0 99 87 - 44 44 55

Bankverbindung: Volkssparbank
Kto.-Nr. 111 2222 444, BLZ 222 333 44

RECHNUNG

Rechnungsnr.	4328
Datum	19. Dezember ..
Kundennr.	19 001

Wir erlauben uns aufgrund unserer Lieferung vom 17. Dezember die folgende Rechnungslegung:

Art	Artikelbezeichnung	Stück	Menge	ME	Preis	Warenwert
000 055	Räucherstör	–	16,0	kg	32,40	515,40
000 068	Frischer Lachs	–	12,0	kg	21,80	261,60
000 121	Räucheraal	–	8,5	kg	29,90	254,15
000 128	Frischer Hecht	–	10,0	kg	11,24	112,40
	Zwischensumme I		46,5	kg		1.143,55
	– 2 % Sonderrabatt					22,87
	Zwischensumme II					1.120,68
	+ Verpackungsanteil					44,00
	Nettopreis					1.164,68
	+ 7 % Mehrwertsteuer					81,53
	Bruttopreis					1.246,21

Zahlbar innerhalb von 30 Tagen netto oder innerhalb von 14 Tagen unter Abzug von 2 % Skonto.

Lösungsweg:

❶ 16,0 kg Räucherstör (32,40 DM/kg):   16,0 · 32,40 = 518,40 DM

Hier zeigt sich bereits der erste rechnerische Fehler in der Lieferantenrechnung.

❷ 12,0 kg frischer Lachs (21,80 DM/kg):   12,0 · 21,80 = 261,60 DM

Für den frischen Lachs ist die Berechnung richtig durchgeführt worden.

❸ 8,0 kg Räucheraal (29,90 DM/kg):   8,0 · 29,90 = 239,20 DM

Hier liegt in der Rechnung ein sachlicher Fehler vor, der letztendlich zu einem höheren Rechnungsbetrag führt; die »Schöne Aussicht« hat nämlich nicht 8,5 kg Räucheraal bestellt und erhalten, sondern nur 8,0 kg. Die Gesamtbestellmenge beträgt daher auch nicht 46,5 kg, sondern 46,0 kg.

❹ 10,0 kg frischer Hecht (11,24 DM/kg):   10,0 · 11,24 = 112,40 DM

Für den frischen Hecht ist die Berechnung richtig durchgeführt worden.

❺   518,40 DM
   + 261,60 DM
   + 239,20 DM
   + 112,40 DM
     1.131,60 DM

Da die Summe des Warenwertes aufgrund der zwei erkannten Fehler nicht stimmt, können auch die weiteren Ergebnisse in der Rechnung nicht stimmen. Die richtigen Ergebnisse müssen also ermittelt werden:

❻ 2 % Sonderrabatt von 1.131,60 DM: 1.131,60 · 0,02 = 22,63 DM

❼ Nettopreis: 1.131,60 (❺) − 22,63 (❻) + 44,00
(Verpackungsanteil) = 1.152,97 DM

❽ Endbetrag (Nettopreis + 7 % MWSt):   1.152,97 · 1,07 = **1.233,68 DM**

daraus folgt ein MWSt-Betrag von 80,71 (1.233,68 − 1.152,97 oder 1.152,97 · 0,07)

Antwort:

Die Eingangsrechnung enthielt Fehler und musste daher wie obenstehend verbessert werden.

▶ Wirtschaftlichkeit im Magazin

Kosten der Lagerhaltung		
Kosten der Magazin-verwaltung	Kosten der Magazin-einrichtungen und der -hilfsmittel	Kosten der Vorräte

• Löhne und Gehälter für Magazinverwalter und -arbeiter, z.B. anteilig nach Tätigkeit im Magazin
• Sozialkosten (gesetzliche und freiwillige)
• Organisationskosten
  − Lagerkartei/-datei
  − Entnahme- und Rückgabescheine
	• Raumkosten für z.B.
	  − Abschreibungen
	  − Instandhaltung
	  − Reinigung
	  − Versicherung
	  − Energie
	  − Verzinsung
	• Kosten der Magazineinrichtung und Hilfsmittel, z.B. für
	  − Abschreibungen
	  − Reparaturen
	  − Energie
	  − Reinigung
	  − Verzinsung
	  − Versicherung
		• Kosten der Warenpflege
		  − Klima-/Kühlanlagen
		  − Schädenbeseitigung
		• Versicherungsprämien
		• Zinsen
		• Risikokosten, z.B. Werteverluste durch
		  − Diebstahl
		  − Verderb
		  − Veralterung

Bei der Lagerhaltung ist das oberste Bestreben einen möglichst hohen Grad an Wirtschaftlichkeit zu erreichen. Dies lässt sich vor allem durch ein ständiges Überprüfen der anfallenden Kosten der Lagerhaltung verwirklichen. Einen Überblick der anfallenden Lagerkosten vermittelt die vorhergehende Darstellung.

Eng mit dem **Wirtschaftlichkeitsziel** verbunden ist das Ziel die Bestände im Magazin optimal festzulegen (= **optimale Magazinbestände**). Ist der Lagerbestand zu hoch, steigen die Magazin- und Zinskosten; auch das Risiko, dass das Lagergut einen Wertverlust erleidet, steigt, z.B. durch Verderb oder Diebstahl. Ein zu kleiner Magazinbestand kann den Prozess der Leistungserstellung des gastgewerblichen Betriebes empfindlich stören und entsprechend hohe Kosten verursachen.

Eine Orientierungshilfe für eine vernünftige bzw. wirtschaftliche Lagerhaltung sind die **Lagerkennziffern:**

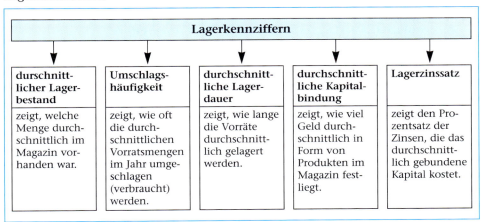

Bei der Berechnung der Lagerkennziffern wird in der Regel der so genannte Einstandspreis zugrunde gelegt. Der Einstandspreis wird mittels folgender Formel berechnet:

Einstandspreis (EP) =
Einkaufs- oder Listenpreis – Rabatt – Skonto + Bestellkosten + Bezugskosten

Beispiel:

Die »Schöne Aussicht« bezieht von der Eisfrau KG verschiedene Sorten Speiseeis in 2,5-Liter-Behältern, die im Allgemeinen sechs Tage nach der Bestellung geliefert werden. Der Tagesverbrauch beläuft sich auf 50 Liter (20 Behälter).
Wie wir der Situation (S. 148) entnehmen können, muss in der »Schönen Aussicht« eine Inventur durchgeführt werden. Man will im Rahmen der Inventur den durchschnittlichen Magazinbestand an »Eisbomben« errechnen. Zu Beginn des Rechnungsjahres hatte das Hotel 30 Liter (12 Behälter) erfasst. Am Jahresende ergab die Inventur 40 Liter (16 Behälter). Der Einstandspreis pro Eisbehälter beträgt 2,75 DM.
a) Wie hoch ist der durchschnittliche Lagerbestand in DM?
b) Ermitteln Sie die durchschnittliche Umschlagshäufigkeit des Speiseeises, wenn wöchentlich im Durchschnitt sechs Verkaufstage zugrunde gelegt werden.
c) Wie lange liegt das Speiseeis durchschnittlich im Magazin unseres Hotels?
d) Berechnen Sie die durchschnittliche Kapitalbindung durch das Speiseeis.
e) Der Lagerzinssatz beläuft sich auf 8 %. Wie hoch wäre in diesem Fall der Lagerzinssatz für das Speiseeis?

Lösungsweg:

1. Formel

> **Durchschnittlicher Lagerbestand in DM** (bei Jahresinventur) =
>
> $$\frac{\text{Warenanfangsbestand EP} + \text{Warenendbestand EP}}{2}$$

a) **Durchschnittlicher Lagerbestand** des Speiseeises in DM:

2,75 · 12 = 33,00 DM
2,75 · 16 = 44,00 DM

$$\frac{33,00 \text{ DM} + 44,00 \text{ DM}}{2} = 38,50 \text{ DM}$$

Wenn Sie die durchschnittlichen Lagerbestände monatlich nachweisen müssen (= Monatsinventur), ist die folgende Formel anzuwenden:

Durchschnittlicher Lagerbestand (bei Monatsinventur) =

$$\frac{\text{Warenanfangsbestand EP} + \text{12 Monatsendbestände EP}}{13}$$

Da bei der Monatsinventur ein Anfangsbestand und 12 Schlussbestände vorliegen, muss hier durch 13 dividiert werden (bei der Jahresinventur liegen ein Anfangsbestand und ein Schlussbestand vor).

2. Formel

> **Umschlagshäufigkeit** = $\dfrac{\text{Umsatz zu Einstandspreisen}}{\text{durchschnittlicher Lagerbestand}}$

b) **Umschlagshäufigkeit** des Speiseeises:

Tagesbedarf =
20 Behälter · 6 Verkaufstage = 120 Behälter
120 Behälter · 52 Wochen = Behälter
6240 Behälter · 2,75 DM = 17.160,00 DM
17.160,00 DM : 38,50 DM = **446**

Die Umschlagshäufigkeit besagt, dass der Magazinbestand in unserem Beispiel etwa 446-mal verkauft worden ist. Je größer die Umschlagshäufigkeit ist, desto geringer sind die Lagerkosten am Preis des jeweiligen Produktes.

3. Formel

> **Durchschnittliche Lagerdauer** = $\dfrac{360 \text{ Tage}}{\text{Umschlagshäufigkeit}}$

c) **Durchschnittliche Lagerdauer** des Speiseeises: $\dfrac{360}{446} = 0,8$ Tage

Das Speiseeis ist also durchschnittlich nicht einmal einen Tag im Magazin.

4. Formel

> **Durchschnittliche Kapitalbindung** =
>
> **Durchschnittliche Lagerdauer · Einstandspreis/Einheit**

d) **Durchschnittliche Kapitalbindung** durch das Speiseeis: 0,8 · 2,75 = 2,20 DM

5. Formel

$$\text{Lagerzinssatz} = \frac{\text{Jahreszinssatz} \cdot \text{durchschnittliche Lagerdauer}}{360 \text{ Tage}}$$

e) **Lagerzinssatz** für das Speiseeis: $\frac{8 \cdot 0{,}8}{360} = 0{,}01\%$

Antwort:

a) 38,50 DM; b) 446; c) 0,8 Tage; d) 2,20 DM; e) 0,01 %

Aufgaben

1. Versuchen Sie Lagerdaten eines Hotels aus einem vergangenen Geschäftsjahr zu erhalten. Ermitteln Sie für einige Produkte die Lagerkennziffern, die sich mit Hilfe Ihrer Informationen berechnen lassen.

2. Erinnern wir uns an den Angebotsvergleich, den Frau Wohlgemuth durchgeführt hat (s. S. 141 – 145). Die Angebote der Wassermann GmbH & Co. und der Christiansen GmbH lagen preislich nicht weit auseinander. Frau Wohlgemuth entschied sich aufgrund des Skontovorteils für eine Bestellung bei der Wassermann GmbH & Co., jedoch zu reduzierten Bestellmengen. Hätte die Christiansen GmbH bei den kleineren Mengen nicht günstiger geliefert, obwohl sie kein Skonto gewährt?

3. Der Einkaufspreis für fünf kg Bohnen beträgt für das Restaurant »Waldfrieden« 11,70 DM. Der Lieferant gewährt einen Rabatt von 3% und die anteiligen Bestellkosten für fünf kg Bohnen betragen 5,00 DM. Zusätzliche Bezugskosten fallen nicht an. Berechnen Sie den Einstandspreis für fünf kg grüne Bohnen.

4. Am Anfang des Jahres liegen grüne Bohnen zu einem Einstandspreis von 40,88 DM im Magazin des Waldrestaurants. Am Jahresende beträgt der Lagerbestand zu Einstandspreisen an grünen Bohnen 24,53 DM. Sie haben im Rahmen der Jahresinventur den Auftrag den durchschnittlichen Lagerbestand der grünen Bohnen zu ermitteln.

5. Im Restaurant »Waldfrieden« werden täglich 2,5 kg Bohnen verbraucht. Das Restaurant hat das ganze Jahr ohne Ruhetag geöffnet. Wie oft wurde der Magazinbestand an grünen Bohnen im zurückliegenden Jahr verkauft?

6. Berechnen Sie für das Restaurant »Waldfrieden« anhand der bislang bekannten Daten
   a) die durchschnittliche Lagerdauer der grünen Bohnen und
   b) die durchschnittliche Kapitalbindung durch die grünen Bohnen.

7. Berechnen Sie mittels der nachstehenden Konten
   a) den durchschnittlichen Lagerbestand (DLB),
   b) die Umschlagshäufigkeit (U) und
   c) die durchschnittliche Lagerdauer (DLD).

Soll	Einkauf	Eistorten	Haben
Anfangsbestand	385,00	Schlussbestand	220,00
Wareneingang	962,00	Wareneinsatz	1.127,50
	1.347,50		1.347,50

Soll	Einkauf	Rostbraten	Haben
Gewinn und Verlust	1.332,50	Schlussbestand	220,00
Wareneingang	962,50	Wareneinsatz	1.127,50
	1.347,50		1.347,50

8. Finanzbuchhalter Hans Beck hat in der folgenden Eingangsrechnung einen Fehler festgestellt.

   Um wie viel DM ist der Rechnungsbetrag von 545,57 DM inklusive 7% Mehrwertsteuer zu hoch ausgewiesen?

16,0 kg Rinderleber	4,20 DM/kg
7,2 kg Rinderoberschale	17,35 DM/kg
5,8 kg Rinderzunge	9,30 DM/kg
4,5 kg Roastbeef	28,90 DM/kg
2,3 kg Rinderfilet	39,90 DM/kg

   ① 77,69 DM ② 44,94 DM ③ 32,75 DM ④ 64,38 DM ⑤ 12,70 DM

9. Magazinverwalter Jobst Kern stellt bei einer Warenkontrolle einen Bestand von 148 Liter-Flaschen Limonade fest. Laut Bonabrechnung wurden verkauft:

   112 Gläser zu je 0,2 l
   + 97 Gläser zu je 0,3 l

   Wie viel l Limonade müsste Herr Kern bei einer erneuten Warenkontrolle noch im Bestand feststellen, wenn der Schankverlust nicht berücksichtigt wird?

   ① 51,5 l ② 125,6 l ③ 96,5 l ④ 118,9 l ⑤ 84,5 l

10. Die »Schöne Aussicht« begleicht eine Rechnung in Höhe von 1.058,42 DM. In diesem Betrag sind 7% Mehrwertsteuer enthalten.

    Welchen Mehrwertsteuerbetrag weist die Rechnung auf?

    ① 138,06 DM ② 87,39 DM ③ 100,80 DM ④ 69,24 DM ⑤ 50,40 DM

14 Fleischbewertung

Auch wenn Fleischstücke vom selben Tier stammen, sind sie unterschiedlich in Geschmack und Zartheit. Das Fleisch ist mehr oder weniger durchwachsen, d.h. durchzogen von Bindegewebshäuten und Fettgewebe. Diese Qualitätsunterschiede werden auch im Preis deutlich. So kostet Schweinefilet pro Kilogramm nicht ohne Grund mehr als doppelt so viel wie Kotelett.

> Peter und Christian helfen mit, die neue Fleischlieferung auszuladen und im Kühlhaus zu ordnen. Hugo, der Fahrer des Kühlwagens, meint nebenbei: »Da habt ihr aber Spitzenqualität, und das zu 9,80 DM das Kilo! – Nächste Woche sollen die Schweinerücken wieder teurer werden!« Peter überlegt: »9,80 DM pro Kilogramm? – Wir können die Filets für heute abend doch nicht zu diesem Preis kalkulieren. Im Laden kostet ein Kilo 32,00 DM.«

Immer dann, wenn größere Schlachttierabschnitte eingekauft werden, z.B. Rinderkeulen, Schweinerücken, Kalbskeulen oder ganze Rehe in der Decke, darf nicht ohne weiteres der Einkaufspreis als Materialpreis eingesetzt werden. Ein Kilogramm Filet wäre zu billig, umgekehrt ein Kilogramm Knochen für Brühe wäre viel zu teuer. Die Fleischteile müssen so bewertet werden, dass ihr Preis dem entspricht, was in der Metzgerei zu zahlen wäre.

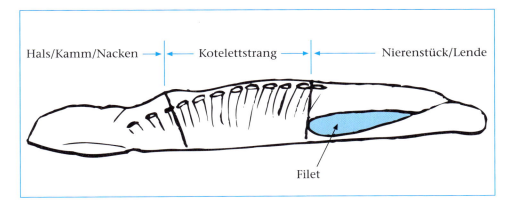

Beispiel:

Ein vollständiger Schweinerücken kostet im Einkauf 10,00 DM pro kg. Gleichzeitig wird das kg Filet mit 32,00 DM angeboten.

1. Berechnen Sie den Bewertungsfaktor.

Lösungsweg zu 1.:

Da hier nur ein Faktor gesucht ist, genügt eine einfache Division.

32,00 DM : 10,00 DM = **3,2**

2. Welcher Bewertungssatz liegt vor?

Lösungsweg zu 2.:

Eine Prozentrechnung liefert in einem Schritt das **Ergebnis:**

10,00 DM ≙ 100 %
32,00 DM ≙ x

$$x = \frac{100\% \cdot 32,00 \text{ DM}}{10,00 \text{ DM}} = 320\,\%$$

Antwort zu 1.:

Der Filetpreis entspricht dem 3,2-fachen des Einkaufspreises für den ganzen Schweinerücken.

Der **Bewertungsfaktor** ist die Zahl, mit der der Einkaufspreis multipliziert werden muss, um zum küchenfertigen Preis des Fleischteils zu kommen.

Antwort zu 2.:

Der Bewertungssatz beträgt 320%.

Der **Bewertungssatz** ist der Prozentsatz ausgehend vom Einkaufspreis, der dem küchenfertigen Preis des Fleischteils entspricht.

Der Bewertungsfaktor kann bei geringwertigem Fleisch auch kleiner als 1 sein. Dem würde ein Bewertungssatz von weniger als 100 entsprechen.

Bewertungssatz und -Faktor sind saisonabhängige Erfahrungswerte, die je nach Betrieb schwanken. Mit ihrer Hilfe lassen sich schnell die Materialkosten ermitteln, wenn die Küche Fleisch selbst zerlegt.

Aufgaben

1. Ermitteln Sie bei dem Fleischlieferanten Ihres Betriebes die aktuellen kg-Preise (evtl. über eine Preisliste) von

   a) nicht ausgelösten Rinderkeulen.

   b) von ausgelöster Hüfte/Rumpsteak, Oberschale/Rouladen, Hinterhesse/Beinfleisch, Tafelspitz.

   Berechnen Sie aus diesen Preisangaben die Bewertungsfaktoren.

2. Erfragen Sie die Kilo-Preise von nicht ausgelösten Kalbskeulen. Berechnen Sie anhand der Kilopreise für ausgelöstes Fleisch aus der Oberschale, der Nuss, des Frikandeaus sowie für ausgelöste Kalbs-Hachse die jeweiligen Bewertungssätze.

3. Ermitteln Sie beim Wildhändler

   a) den Kilopreis für ganze Rehe mit Kopf und Decke

   b) die Kilopreise für ausgelöste Rehkeulen, Rehrücken und Rehschultern.

   Berechnen Sie daraus die entsprechenden Bewertungsfaktoren und Bewertungssätze.

4. Rinderviertel werden mit 20,50 DM je kg eingekauft und im Betrieb ausgelöst. Berechnen Sie die Materialpreise pro kg für folgende Fleischteile bei den angegebenen Bewertungssätzen.

   a) Filet, 270%

   b) Rouladen, 160%

   c) Gulasch, 80%

5. Rechnen Sie folgende Bewertungsfaktoren in Bewertungssätze um:
   a) 0,8   b) 0,9   c) 1,2   d) 1,9   e) 2,4   f) 2,8

6. Wir kalkulieren die Materialkosten für Kalbsgulaschfleisch mit 17,10 DM/kg und Rindergulasch mit 15,30 DM/kg. Wie hoch war der Einkaufspreis für

   a) die Kalbskeule, wenn als Bewertungsfaktor 0,9 gerechnet wird,

   b) die Rinderkeule bei 70% als Bewertungssatz?

7. Rinderviertel werden nach untenstehender Skizze zerteilt und liefern folgende Fleischteile:

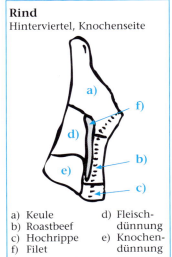

Rind
Hinterviertel, Knochenseite

a) Keule
b) Roastbeef
c) Hochrippe
d) Fleischdünnung
e) Knochendünnung
f) Filet

Abschnitt	Fleischteil/Verwendung	Bewertungssatz
Keule	Hüfte/Rumpsteak	200 %
Keule	Oberschale/Rouladen	150 %
Keule	Schwanzstück/Schnitzel	145 %
Keule	Kugel/Schnitzel, Tatar	145 %
Roastbeef	ohne Knochen/Steak	185 %
Roastbeef	mit Knochen/Entrecôte	180 %
Hochrippe	Rostbraten	140 %
Fleischdünnung	Gulasch	60 %
Knochendünnung	Suppenfleisch	50 %
Filet	Kurzbraten, Grillen	290 %

a) Berechnen Sie die Materialkosten je kg, wenn im Einkauf für das kg 18,40 DM bezahlt wurden. (Auf volle 10 Pfennige runden.)

b) Berechnen Sie die Materialkosten pro kg (auf volle 10 Pfennige runden), wenn Jungbullen-Hinterviertel zu 19,80 DM je kg eingekauft werden.

8. Kalbskeulen führen bei untenstehendem Zerlegungsschema zu folgenden Fleischteilen:

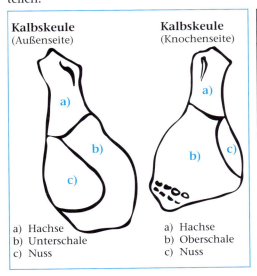

Kalbskeule (Außenseite)
a) Hachse
b) Unterschale
c) Nuss

Kalbskeule (Knochenseite)
a) Hachse
b) Oberschale
c) Nuss

Abschnitt	Verwendung	Bewertungsfaktor
Oberschale	Steaks	2,2
Oberschale	Schnitzel	2,5
Unterschale	Braten	2,0
Unterschale	Schnitzel	2,5
große Nuss	Braten	2,0
kleine Nuss	Braten	2,0
kleine Nuss	Schnitzel	2,5
kleine Nuss	Medaillons	2,7
Hachse	Ragout	1,4
Hachse	Gulasch	0,9
Hachse	Kalbs-Hachse	1,1

a) Berechnen Sie die Kilogramm-Materialpreise für Braten, Schnitzel, Steaks, Medaillons, Ragout, Gulasch und Kalbs-Hachse, wenn die nicht ausgelöste Keule im Einkauf mit 17,20 DM/kg berechnet wird. (Auf volle 10 Pfennige runden.)

b) Errechnen Sie die jeweiligen Materialpreise pro kg bei einem Einkaufspreis von 18,10 DM/kg. (Auf volle 10 Pfennige runden.)

9. Wir haben ein Angebot für Rehrücken zum kg-Preis von 39,80 DM. Der Bewertungsfaktor beträgt 2,7. Wie viel DM pro kg dürfte ein ganzes Reh in der Decke höchstens kosten, damit sich der Kauf lohnt?

10. Der Händler Feinkost Jäger & Co verlangt für ganze Tiere Rehwild in der Decke je nach Alter 12,80 DM bis 14,20 DM je kg. Berechnen Sie die jeweiligen Mindest- bzw. Höchstpreise für
   a) Keulen
      (Bewertungsfaktor 2,3)
   b) Rücken
      (Bewertungsfaktor 2,7)
   c) Schultern
      (Bewertungsfaktor 1,6)

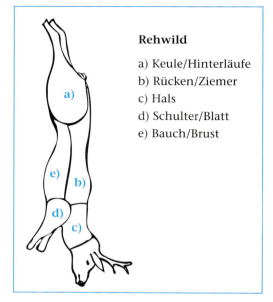

Rehwild

a) Keule/Hinterläufe
b) Rücken/Ziemer
c) Hals
d) Schulter/Blatt
e) Bauch/Brust

   d) Auf Nachfrage nennt der Händler für Bauch einheitlich den Preis von 10,80 DM/kg. Rechnen Sie aus, welchen Bewertungsfaktoren das entspricht. (Auf eine Stelle nach dem Komma runden.)

11. Ein Lendenstück vom Schwein wird wie gewachsen für 9,60 DM/kg eingekauft. Lendenkotelett wird mit dem Faktor 2,4 bewertet, Filet mit dem Faktor 3,0.
   Wie hoch sind die Materialkosten pro kg?
   Lendenkotelett:
   ① 21,00 DM   ② 22,20 DM   ③ 22,90 DM   ④ 23,00 DM   ⑤ 23,40 DM
   Filet:
   ① 26,80 DM   ② 27,80 DM   ③ 28,80 DM   ④ 29,80 DM   ⑤ 30,80 DM

12. Schweinenacken wird wie gewachsen für 11,80 DM je kg angeboten. Wir rechnen mit einem Bewertungssatz von 165% für Nackensteaks. Wie hoch ist der Materialpreis je kg?
   ① 21,50 DM   ② 19,50 DM   ③ 18,50 DM   ④ 17,50 DM   ⑤ 16,50 DM

13. Wir benötigen frische Schweinefilets. Unser Fleischlieferant bietet uns wahlweise Lendenstücke wie gewachsen für 10,40 DM/kg an oder ausgelöstes Filet zum Kilopreis von 31,80 DM. Unser bisheriger Bewertungssatz lag bei 310%.
   a) Was ist günstiger:
      ① Lendenstücke wie gewachsen oder
      ② ausgelöste Filets?
   b) Berechnen Sie den Kilo-Materialpreis für selbst ausgelöstes Filet.
      ① 31,24 DM   ② 31,84 DM   ③ 31,94 DM   ④ 32,14 DM   ⑤ 32,24 DM

15 Ausschank von Getränken

Verluste bei Gemüse, Fleisch und anderen Lebensmitteln sind sofort einsichtig, zumal man sie oft mit bloßem Auge sieht. Von Verlusten beim Getränkeausschank wissen meist nur Fachleute. Verluste bei schäumendem Bier sind verständlich, wie soll aber bei sorgfältigem Einschenken von Spirituosen ein Verlust entstehen? Beim Ausschank von Hand lassen sich die Gläser nicht auf hundertstel Milliliter genau füllen und an der Flascheninnenwand bleiben immer etliche Tropfen haften. Wichtiger aber als das Warum sind für die Gastronomiepraxis die Fragen: Wie hoch ist der Schankverlust? Wie wirkt er sich auf die Preise aus?

15.1 Schankverlust und Ausschankmengen

> Olaf, Auszubildender der »Schönen Aussicht«, ist zum ersten Mal am Büfett. Da erst wenige Gäste im Restaurant sind, kann ihm Bettina einiges erklären. Nach zahlreichen Einzelheiten macht Bettina eine bedeutungsvolle Pause und fährt dann mit erhobenem Zeigefinger fort: »Und im Übrigen, bei uns im Ausschank stimmt das Einmaleins nicht mehr! – Ein 50-l-Fass ergibt keine 100 Biere zu 0,5 l.«

In dieser Hinsicht hat Bettina völlig Recht. Der Schankverlust lässt sich aber nur mit genauen Rechnungen ermitteln. Ist er einmal bekannt, ermöglicht er ein genaueres Planen bei Veranstaltungen.

Beispiel 1:

Ein Brauereifass ist mit 50,4 l geeicht. Laut Bonabrechnung wurden daraus 122 Gläser zu 0,4 l gezapft. Wie hoch ist der Schankverlust in Prozent?

Lösungsweg:

  Schankverlust ? %

100 %　　　　　　　　　　　　　　　　　　Ausbeute

Für die Lösung ist wichtig, dass die Ausgangsmenge immer 100 % entspricht.

1. Schritt: Schankverlust in Litern

122 Gläser · 0,4 l　= 48,8 l
50,4 l – 48,8 l　　 = 1,6 l

2. Schritt: Schankverlust in Prozent

50,4 l ≙ 100 %
 1,6 l ≙ x

$$x = \frac{1{,}6\ l \cdot 100\,\%}{50{,}4\ l} = 3{,}17\,\%$$

Antwort:

Der Schankverlust beträgt 3,17 %.

Beispiel 2:

Für eine Veranstaltung von 70 Personen wurden pro Gast 2 Gläser Wein zu 0,1 l bestellt. Erfahrungsgemäß muss mit 4 % Schankverlust gerechnet werden. Wie viele Literflaschen müssen im Magazin angefordert werden?

Auch für diese Rückrechnung bleibt die zu berechnende Ausgangsmenge 100 %.

Lösungsweg:

← **Schankverlust** ←
100 %   96 %
← **Rückrechnung** ←

1. Schritt: Berechnung der Ausschankmenge
2 · 0,1 l = 0,2 l pro Gast
0,2 l · 70 = 14 l

2. Schritt: Berechnung der Ausgangsmenge unter Berücksichtigung des Schankverlustes

96 % ≙ 14 l
100 % ≙ x l

$x = \dfrac{14\, l \cdot 100\,\%}{96\,\%} = 14{,}58\ l$

aufgerundet: **15 l**

Antwort:

15 Literflaschen müssen im Magazin angefordert werden.

Es können nur ganze Flaschen angefordert werden, also muss man aufrunden.

Aufgaben

1. Ermitteln Sie praktisch den Schankverlust für Spirituosen. Füllen Sie zu diesem Zweck eine leere Literflasche mit Wasser. Füllen Sie möglichst praxisnah Spirituosengläser. (Gläser vor jeder neuen Füllung trocknen!) Berechnen sie aus der Anzahl der vollen Gläser den Schankverlust in Prozent, wenn ...

   a) ausschließlich 2-cl-Gläser
   b) ausschließlich 4-cl-Gläser
   c) 2-cl- und 4-cl-Gläser in beliebiger Reihenfolge gefüllt werden.
   d) Formulieren Sie eine Gesetzmäßigkeit.

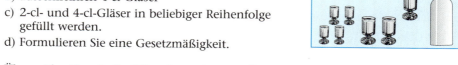

2. Überprüfen Sie, ob die Gläserform einen Einfluss auf den Schankverlust hat. Füllen Sie eine leere Spirituosenflasche mit Wasser und schenken Sie ausschließlich 2-cl-Portionen aus. Berechnen Sie über die Anzahl der vollen Gläser den prozentualen Schankverlust

   a) bei sehr schlanken, hohen Gläsern,
   b) bei Weinbrandschwenkern,
   c) bei extrem breiten Cognacschwenkern,
   d) Formulieren Sie eine Gesetzmäßigkeit.

3. Ein 0,5-hl-Fass ergibt 121 Gläser zu 0,4 l. Berechnen Sie den Schankverlust in Litern und in Prozent.

4. Aus einem 60,2-l-Fass werden 31 Gläser zu 0,4 l, 56 Gläser zu 0,25 l und 64 Gläser zu 0,5 l gezapft.
   Berechnen Sie den Schankverlust.

5. In seiner Erklärung am Büfett kommt Robert auf die Gläserzahl beim Spirituosenausschank zu sprechen: »Wenn ich Einfache (2 cl) ausschenke, schaffe ich aus Literflaschen 43 bis 46 Stück. Sind es 0,7-l-Flaschen, gibt es 30 bis 33 Gläser.«
   Berechnen Sie die Schankverluste, die diesen Erfahrungswerten zu Grunde liegen,
   a) bei Literflaschen,
   b) bei Flaschen mit 0,7 l Einhalt.

6. Bei einer Veranstaltung wurden 320 Gläser Schaumwein mit je 0,1 l Inhalt verkauft. Dabei wurden 45 Flaschen zu je 0,75 l geöffnet.
   a) Wie viele Centiliter betrug der Schankverlust?
   b) Wie hoch war der Schankverlust in Prozent?

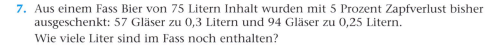

7. Aus einem Fass Bier von 75 Litern Inhalt wurden mit 5 Prozent Zapfverlust bisher ausgeschenkt: 57 Gläser zu 0,3 Litern und 94 Gläser zu 0,25 Litern.
   Wie viele Liter sind im Fass noch enthalten?

8. Wir haben 3,0-l-Flaschen Bocksbeutel im Ausschank.
   Wie viele Gläser zu 0,1 Liter lassen sich bei 6% Schankverlust aus einer Flasche füllen.
   Achtung: Gläserzahlen abrunden. Nur volle Gläser können verkauft werden.

9. Der Verein Denkmalschutz e.V. hält traditionell seine Hauptversammlung bei uns ab. Nach der Rede des Vorsitzenden werden üblicherweise an jedes Mitglied 4 cl Weinbrand ausgeschenkt. Dieses Mal muss mit 96 Mitgliedern gerechnet werden. Herr Dressel beauftragt Olaf die Literflaschen aus dem Magazin zu holen: »Denk' dran, 9% Schankverlust!«
   Wie viele Flaschen muss Olaf bereitstellen?

10. Für den Ausschank mit offenem Wein rechnet man mit 6% Schankverlust.
    Wie viele Gläser Wein zu je 0,2 l können aus 10 Flaschen zu je 1 Liter ausgeschenkt werden?
    ① 53   ② 52   ③ 50   ④ 48   ⑤ 47

11. Aus einem Fass mit 50 Litern Bier werden folgende Gläser gezapft: 100 Gläser mit 0,3 l und 74 Gläser mit 0,25 l.
    Wie hoch ist der Schankverlust in Prozent?
    ① 2,9%   ② 2,95%   ③ 3,0%   ④ 3,5%   ⑤ 4,0%   ⑥ 4,5%

12. Für eine Veranstaltung mit 47 Gästen wird im Anschluss an das Menü der hauseigene Obstler in 2-cl-Gläsern verteilt. Wir verwenden Literflaschen und rechnen mit 5,1% Schankverlust.
    Errechnen Sie, ob eine Flasche ausreicht.
    ① reicht gerade   ② reicht nicht

15.2 Schankverluste erhöhen die Materialkosten

> Olaf und Bettina machen wieder gemeinsam am Büfett Dienst. Präzise, fast wie ein Automat, schenkt Bettina sechs Gläser Doppelwacholder ein. Olaf staunt; mit bloßem Auge ist so gut wie kein Unterschied in der Füllhöhe zu erkennen. Bettina beobachtet Olaf und kommentiert trocken: »Jahrelange Praxis, reine Routine. Mein Chef sagte früher immer *die Gäste vergleichen immer ihre Gläser untereinander,* aber vergiss nicht, das Büfett ist die Sparkasse vom Betrieb!«

Der Vergleich mit der Sparkasse war sicher nicht so gemeint, dass Getränke zu knapp eingeschenkt werden sollten, zumal die Ausschankmengen gesetzlich vorgeschrieben sind. Sorgfältiges, gleichmäßiges Dosieren ermöglicht einen niedrigen Schankverlust und der wirkt sich auf die Materialkosten aus.

Beispiel:

Weinbrand wird in 0,7-l-Flaschen zum Einkaufspreis von 27,00 DM geliefert. Berechnen Sie, um welchen Betrag sich die Materialkosten pro 2 cl erhöhen, wenn 14 % Schankverlust berücksichtigt werden.

Lösungsweg:

Die Materialkosten ergeben sich nicht direkt, erst muss die Anzahl der 2-cl-Portionen errechnet werden.

1. Schritt: Berechnung der Ausschankportionen

mit Schankverlust	ohne Schankverlust
$100\% \stackrel{\wedge}{=} 0,7\ l$ $86\% \stackrel{\wedge}{=} x$ $x = 86\% \cdot 0,7\ l : 100\% = 0,602\ l$ $0,602\ l : 0,02\ l = 30,1$ Gläser abgerundet 30 Gläser	$0,7\ l : 0,02\ l = 35$ **Gläser** 

Achtung: Gläserzahl *immer abrunden,* nur volle Gläser zählen.

2. Schritt: Berechnung der Materialkosten in beiden Fällen

mit Schankverlust:	27,00 DM : 30 Gläser = **0,90 DM/Glas**

ohne Schankverlust:	27,00 DM : 35 Gläser = **0,77 DM/Glas**

Beim Vergleich beider Werte ergeben sich 0,90 − 0,77 = *0,13 DM* Unterschied.

Antwort:

Die Materialkosten erhöhen sich unter Berücksichtigung des Schankverlustes um 0,13 DM pro 2-cl-Glas.

Aufgaben

1. Erstellen Sie eine Tabellenübersicht für alle Biersorten, die Ihr Ausbildungsbetrieb offen im Ausschank hat. Bringen Sie die entsprechenden Schankverluste für die Ausschankmengen laut Getränkekarte sowie die betreffenden Fassgrößen in Erfahrung. Legen Sie gemeinsam mit Ihrer Lehrkraft mittlere Bierpreise fest und errechnen Sie dann die Materialkosten für jede Ausschankmenge.
Beispiel:

Biersorte	Pils A			Pils B		Alt		Schwarzbier
Fassinhalt	50 l			30 l		40 l		30 l
Schankvolumina	0,2 l	0,25 l	0,4 l	0,3 l	0,4 l	0,2 l	0,3 l	0,3 l
Bierpreis pro l								
Schankverlust, %								
Materialkosten, DM								

2. Beschaffen Sie eine aktuelle Preisliste eines Getränkegroßhändlers. Suchen Sie dort die preiswerteste Schaumweinsorte, einen Schaumwein mittlerer Preisklasse und den teuersten Champagner. Verwenden Sie einen mittleren Schankverlust von 6 % und errechnen Sie für jede Sorte die Materialkosten für die beiden gesetzlich zugelassenen Ausschankmengen (Tabelle!).

3. Bringen Sie bei einem Büfettausstatter den Preis für einen Dosierer (Komplettpreis mit Zählwerk und Haltevorrichtung) in Erfahrung. Gehen Sie von einem Weinbrand der oberen Preisklasse aus (Großhandels-Preisliste) und berechnen Sie die Materialkosten für 2 cl

a) bei 14 % Verlust und Ausschank von Hand,
b) bei Dosier-Ausschank,
c) Ermitteln Sie die Anzahl der Flaschen, die mindestens ausgeschenkt werden müssen um den Preis des Gerätes über geringere Materialkosten hereinzuholen.

4. Doppelkümmel wird in 2-l-Flaschen zu je 19,80 DM eingekauft. Berechnen Sie die Materialkosten
a) für 2 cl bei 13,5 % Schankverlust,   b) für 4 cl bei 12,5 % Schankverlust.

5. Ermitteln Sie anhand der Tabelle, wie sich unterschiedliche Schankverluste auf die Materialkosten pro 2-cl-Portion auswirken, indem Sie jeweils die Materialkosten berechnen.

Einkaufspreis pro l	12,00 DM		22,00 DM		42,00 DM	
Schankverlust	8 %	14 %	8 %	14 %	8 %	14 %

6. Mineralwasserflaschen werden für 0,88 DM pro 0,7 l eingekauft. Im Ausschank sind Gläser zu 0,1 l und 0,2 l, der Schankverlust beträgt 5 %. Täglich werden 25 Flaschen ausgeschenkt. Berechnen Sie, wie hoch unter diesen Voraussetzungen der Materialwert für die beiden Ausschankmengen wird.

7. An einem Tag mit durchschnittlicher Frequenz verkaufen wir den Weißwein Nr. 14, der auf unserer Getränkekarte in 0,2-l-Mengen angeboten wird, 45-mal. Wir zahlen für die Literflasche im Einkauf 11,40 DM. Berechnen Sie,
a) wie viele Literflaschen hierfür mindestens bereitgestellt werden müssen,
b) die Materialkosten für ein Glas bei 7 % Schankverlust.

8. Eine Flasche Mirabellenwasser mit 0,7 l Inhalt kostet im Einkauf 27,00 DM. Errechnen Sie den Preisunterschied bei den Materialkosten pro 2 cl, wenn unterschiedlich ausgeschenkt wird: einmal mit 11,1 % Schankverlust, im anderen Fall mit 12,0 % Schankverlust.

① 0,015 DM ② 0,02 DM ③ 0,025 DM ④ 0,03 DM ⑤ 0,035 DM ⑥ 0,04 DM

9. Für einen Kostenvoranschlag sollen die Materialkosten von offenem Schankwein ermittelt werden. Zum Ausschank kommen Literflaschen, die im Einkauf 8,00 DM kosten. 5 % Schankverlust sind üblicherweise zu berücksichtigen. 68 Gläser zu 0,1 l werden ausgeschenkt und angebrochene Flaschen müssen voll in Rechnung gestellt werden. Berechnen Sie die Materialkosten.

① 72,00 DM ② 64,00 DM ③ 56,00 DM ④ 48,00 DM ⑤ 84,00 DM

15.3 Getränkemengenkontrollen am Büfett und in der Bar

> Herr Böck hört von einem befreundeten Hotelier eine Story, die ihn aufhorchen lässt: Der Branchenkollege habe beobachtet, dass sein Barmann den Gästen Mixgetränke mit weniger Alkoholanteil ausgeschenkt habe, als auf der Cocktail-Karte ausgewiesen ist. Die dabei »gesparten« Spirituosen habe er dann an Barbesucher ohne Bon »in die eigene Tasche« verkauft.
> Herr Böck überlegt, wie er so etwas in der Casablanca-Bar verhindern kann.

Mengenkontrollen sind auch Instrumente zur Mitarbeiterüberprüfung. Es soll verhindert werden, dass das eingesetzte Personal Waren ohne Gegenwert (Bon) weitergibt, mitnimmt oder selbst verzehrt. Außerdem dienen Kontrollen als Grundlage für die Mengen- und Preiskalkulation sowie die Lagerkapazität. Auch die Einkaufspolitik wird durch die Festlegung der Verhältnisse Getränkewareneinsatz zu Umsatz der verkauften Getränke beeinflusst.

➤ Getränkemengenkontrollen am Büfett

Beim Kontrollsystem für Getränke haben wir es mit einer grundsätzlich einfacheren Art der Überprüfung zu tun als bei der Kontrolle von z.B. Fleisch, Gemüse oder Gewürzen. Handelt es sich bei Getränken doch um Produkte, die überwiegend in festen, vorproduzierten Einheiten gekauft und verkauft werden. Außerdem sind es zum größten Teil länger haltbare Produkte, die vom Verderb ausgeschlossen sind und eine Kontrolle auch in längeren Intervallen zulassen.

➤ Getränkemengenkontrollen in der Bar

Bei der Mengenkontrolle in der Bar unterscheidet man, ob die Bar
- auf eigene Rechnung oder
- auf Rechnung des Hotels

betrieben wird.

Im Gegensatz zum Kontrollsystem für Getränke am Büfett sind Mengenkontrollen in der Bar ungleich schwieriger durchzuführen; dies bezieht auch die Bestimmung der Verantwortlichen mit ein. Gilt es doch hier, dass

a) der Gast immer den gleichen Drink in Menge und Zusammensetzung bekommt,
b) der Gast den bestellten Artikel (lt. Karte) auch erhält und nicht ein »ähnliches« Produkt.

Außerdem soll die Getränkemengenkontrolle verhindern, dass das Barpersonal

- Drinkeinheiten und Mixrezepte ändert
- billigere Getränke für teurere berechnet
- billige mit teurerer Qualität vermischt
- Getränke verdünnt, um die Menge zu erhöhen
- selbst mitgebrachte Waren verkauft
- Getränke ohne Berechnung verabreicht oder selbst trinkt.

Daher erfordert eine effektive Getränkekontrolle standardisierte Drinkeinheiten, Gläser und Getränke. Auch die Rezepturen für alle Misch- und Mixgetränke sind Vorgaben, die unbedingt eingehalten werden müssen. Außerdem hat eine vom Betrieb genau festgelegte Bestandsmenge an Flaschen immer im Barstock zu sein.

Um nun eine möglichst genaue Überprüfungsmöglichkeit zu haben gibt es eine relativ einfache Festlegung: Hierbei werden die Inhalte der Flaschen in **Sollverkaufsmengen** bzw. **Sollmengenwerte** errechnet. Beim Sollverkaufswert wird der zu erzielende Umsatz und beim Sollmengenwert die zu erzielenden Drinkeinheiten zugrunde gelegt.

Beispiel:

Eine Flasche »Rabensee Urknall« hat einen Inhalt von einem Liter und wird in 4-cl-Mengen verkauft. Das Glas von 4 cl soll zu einem Preis von 8,00 DM angeboten werden.

a) Errechnen Sie, wie viele Sollverkaufsmengen aus einer Flasche möglich sind.

b) Berechnen Sie den Sollverkaufswert einer 1-Liter-Flasche »Rabensee Urknall«.

Lösungsweg:

a) 1 Liter = 100 cl
   100 : 4 = 25 Drinkeinheiten

b) 1 Liter = 25 Drinkeinheiten à 4 cl
   25 · 8,00 = **200,00 DM**

Antwort:

a) Der errechnete Sollmengenwert einer Flasche »Rabensee Urknall« beträgt 25 Drinkeinheiten.

b) Der berechnete Sollverkaufswert einer Flasche »Rabensee Urknall« beträgt 200,00 DM. Die Bar wird mit dieser Summe umsatzmäßig belastet.

In unserem Beispiel (Teil a) wird die Bar mit 25 Verkaufsmengen »Rabensee Urknall« belastet. Das bedeutet, dass er nur eine neue Flasche erhält, wenn der Barmann 25 Bons über jeweils 4 cl »Rabensee Urknall« vorlegen kann. Für Privatverzehr des Inhabers oder nicht zu berechnenden Verzehr muss also auch ein Bon oder Hilfsbon ausgeschrieben werden, um das Kontrollsystem abzusichern. Dies trifft übrigens sowohl beim Sollwert- als auch beim Sollmengen-Verkauf zu.

Um zu verhindern, dass der Barmann eigene, mitgebrachte Spirituosen verkauft, besitzt das Vertrauen in dessen Aufrichtigkeit einen vorrangigen Stellenwert; aber: »Vertrauen ist gut, Kontrolle ist besser«.

Aufgaben

1. Nehmen Sie einen Messbecher zur Hand. Füllen Sie diesen mit genau einem halben Liter Wasser. Stellen Sie sich vor, das eingefüllte Wasser sei eine Spirituose, die Sie in 2-cl-Mengen verkaufen wollen. Führen Sie ein entsprechendes Experiment durch, indem Sie jeweils möglichst genau 2 cl aus dem Messbecher in ein Glas füllen. Achten Sie darauf, dass Sie auf keinen Fall unter 2 cl einfüllen.
   a) Wie viel Drinkeinheiten von 2 cl konnten Sie ausschenken?
   b) Wie hoch schätzen Sie den Schankverlust ein?
   c) Ermitteln Sie rechnerisch die Sollverkaufsmenge des Messbecherinhalts.
   d) Wie hoch ist der rechnerisch ermittelte Sollverkaufswert bei einem Preis von 2,50 DM pro 2-cl-Glas?
   e) Wie hoch wäre der Verkaufspreis der 0,5-l-Menge bei Berücksichtigung des Schankverlustes?

2. Die Berechnung der Spirituosen für die Bar kann auf zwei Arten erfolgen. Zum einen durch Errechnung der Flascheninhalte nach »Sollverkaufswert« und zum anderen nach »Sollmengenwert«.
   Geben Sie anhand einer Flasche Whisky mit 0,7 Liter Inhalt, 4 cl Verkaufseinheit und 9,50 DM pro Verkaufseinheit je ein Beispiel für »Sollmengenwert« und »Sollverkaufswert«.

3. Eine Flasche Herrentraum Edelbitter mit einem Inhalt von 0,7 Liter soll in 2-cl-Mengen verkauft werden.
   Errechnen Sie, wie viele Sollverkaufsmengen aus einer Flasche möglich sind.

4. Warum ist die Mengenkontrolle am Büfett viel einfacher durchzuführen als eine solche in der Küche?
   Nennen Sie die drei richtigen Antworten.
   ① Weil die Produkte größtenteils in festen Größen eingekauft und verkauft werden.
   ② Weil weniger Produkte gezählt werden müssen.
   ③ Weil die Produkte Endprodukte sind, die nicht durch Zutaten beeinflusst werden müssen.
   ④ Weil die Produkte länger haltbar sind und somit auch Kontrollen in längeren Intervallen zulassen.
   ⑤ Weil in einer Küche Reste entstehen und diese sofort vernichtet werden müssen.

5. Die einzelnen Kontrollstufen beim Getränkekontrollsystem sind ein wichtiger Bestandteil der innerbetrieblichen Kontrollen. Welche drei (der sechs genannten) Kontrollstufen sind die richtigen (s. auch Kap. 13.3)?
   ① Füllmengenkontrolle
   ② Einkaufskontrolle
   ③ Lagerkontrolle
   ④ Preis-/Leistungskontrolle
   ⑤ Farbkontrolle
   ⑥ Bestandskontrolle

16 Abrechnung mit dem Gast

Jeder gastronomische Betrieb übernimmt die wichtige Funktion als Dienstleistungsunternehmen in der gesamten Wirtschaft. Als Dienstleister werden den Gästen Beherbergung und Bewirtung geboten.

Somit hat der Bereich »Bewirtung« eine wichtige Aufgabe. Diese Aufgabe kommt damit auch den Mitarbeitern im Servicebereich zu, die den Gästen zum einen das Produkt (Speisen, Getränke) »verkaufen« wie auch beratende Aufgaben übernehmen. Der Mitarbeiter ist somit Mittler zwischen dem Betrieb und dem Gast.

Daher müssen folgende fachlichen Anforderungen an das Servicepersonal gestellt werden:

- Es sollte die Preise der Speisen- und Getränkekarte kennen.
- Die Mitarbeiter im Servicebereich sollten grundlegende Kenntnisse über gesetzliche Bestimmungen kennen, die für ihren Bereich erforderlich sind.
- Auf jeden Fall soll der sichere Umgang mit Zahlen – Sicherheit im Rechnen – vorhanden sein.

Die Auszubildende zur Restaurantfachfrau, Bettina Schmitz, hat an Tisch 1 im Restaurant der »Schönen Aussicht« zwei Personen bedient.

Als sie an diesem Tisch vorbeigeht, bittet sie einer der Gäste: »Ich möchte gerne zahlen, bitte stellen Sie mir eine Rechnung aus. Ich kann sie von der Steuer absetzen.«

Bettina überlegt, ob sie dazu verpflichtet ist eine Rechnung auszustellen und was dann auf dieser Rechnung zu stehen hat.

Beispiel:

Die beiden Gäste hatten Verzehr an Speisen und Getränken. Außerdem hat Bettina ihnen eine Schachtel Zigaretten gebracht, die auf der Rechnung enthalten ist.

Die Rechnung hat den gesetzlichen Bestimmungen zu entsprechen.

Lösungsweg:

Der Gast hat auf seinen ausdrücklichen Wunsch einen Anspruch auf eine Rechnung. Es reicht nach *§ 368 BGB* ein Kassenbon (Kassenzettel) als Zahlungsbeleg.

Besser ist es jedoch immer, eine bestimmte Form der Quittung einzuhalten. Dabei soll der Beleg nach den steuerlichen Vorschriften *(§ 4 Absatz 5 Ziffer 2 EStG)* folgende Punkte enthalten:

- Tag der Bewirtung.
- Ort der Bewirtung (»Schöne Aussicht« mit Anschrift).
- Bewirtete Personen (z.B. Geschäftsfreunde).
- Anlass der Bewirtung (z.B. Geschäftsessen, Vorbereitung einer Verkaufsveranstaltung).
- Höhe der Aufwendungen. Diese Angaben können der Auflistung der einzelnen Speisen, Getränke usw. entnommen werden.
- Mehrwertsteuersatz (Umsatzsteuersatz); bei Verzehr im Restaurant 16%, bei Verzehr außer Haus 7%.
- Bei Rechnungsbeträgen ab 200,00 DM netto muss zusätzlich der Umsatzsteuerbetrag gesondert ausgewiesen werden.

- Seit 1995 werden nur noch solche Rechnungen steuerlich anerkannt, die maschinell erstellt sind.
- Wenn der Gast darauf besteht, ist der Tip ebenfalls in die Rechnung mit aufzunehmen.

Bettina stellt nun an der Registrierkasse folgende Rechnung aus, die allen Anforderungen entspricht:

Pils	0,4 l	2 · 4,20	8,40 DM
Wasser Euroquell	0,3 l	2 · 3,00	6,00 DM
Krupuk		9	3,50 DM
Ente Seemanns Art		309	18,00 DM
Heisse Platte		501	17,00 DM
Zigaretten			5,00 DM
Eiscreme ohne Fruechte		154	4,00 DM
Sahne		165	1,00 DM
Netto-Betrag:			**49,91 DM**
MwSt 16%:			7,99 DM
Auslagen			5,00 DM
Brutto-Betrag			**62,90 DM**

Restaurant Gourmet
99997 Seemannsdorf
Strandweg 1
Tel. 0 44 44/33 33 33

Nicht alle gastronomischen Betriebe verfügen über eine elektronische Registrierkasse. Trotzdem müssen die Mitarbeiter im Service auf Verlangen des Gastes eine Rechnung ausstellen. Diese Rechnungen müssen dann selbst erstellt und berechnet werden.

- Es sind genaue Kenntnisse der Preise aller Speisen und Getränke erforderlich.
- Sie sollten sicher im Kopfrechnen bzw. im halbschriftlichen Rechnen sein. Unsicherheit im Rechnen hinterlässt keinen guten Eindruck.
- Rechenfehler vermeiden, denn
  - wenn Sie sich zu Ihren Ungunsten verrechnen, tragen Sie den Schaden
  - wenn Sie sich zu Ungunsten des Gastes verrechnen, beanstandet er die Rechnung. Das kann peinlich werden, vor allem dann, wenn sich dies wiederholt.
- Bevor Sie mehrere Beträge ausrechnen, lohnt sich immer eine Überschlagsrechnung im Kopf.

Im Restaurant der »Schönen Aussicht« hatten drei Gäste Verzehr an Speisen und Getränken.
Sie wurden vom Demi-chef, Herrn Buck, bedient. Die Gäste möchten bezahlen und wünschen eine per Hand geschriebene Rechnung, auf der auch der Betrag der MWSt (Umsatzsteuer) ausgewiesen werden soll.

Beispiel:

An Tisch 7 hatten die drei Gäste folgenden Verzehr:

3 Glas Sherry, trocken	zu je	4,50 DM
2 Tomatencremesuppen	zu je	5,50 DM
1 Schweinemedaillons in Calvadosrahm	zu	24,50 DM
1 Forelle auf »Müllerin Art«	zu	18,50 DM
1 Geschnetzelte Kalbsleber in Kräuterrahmsoße	zu	14,00 DM
1 Grießflammerie	zu	5,50 DM
2 Rote Grütze	zu je	4,80 DM
2 Tassen Kaffee	zu je	3,20 DM

Herr Buck erstellt jetzt die Rechnung.

Lösung:

Strandhotel Schöne Aussicht

01.06.97	02	Tisch 7	
3	Sherry	4,50	13,50
2	Tomatencremesuppen	5,50	11,00
1	Schweinemedaillons		24,50
1	Forelle auf Müllerin Art		18,50
1	Geschnetzelte Kalbsleber		14,00
1	Grießflammerie		5,50
2	Rote Grütze	4,80	9,60
2	Tassen Kaffee	3,20	6,40
Summe			103,00

16% MWSt und Bedienungsgeld sind enthalten.
14,21 DM

Der Mehrwertsteuerbetrag kann leicht unter Zuhilfenahme eines Taschenrechners berechnet werden. Herr Buck rechnet jetzt folgendermaßen:

116 % ≙ 103,00 DM

16 % ≙ x

$$x = \frac{103,00 \cdot 16}{116} = 14,21 \text{ DM}$$

Der Quotient 16 : 116, der bei der Berechnung des Mehrwertsteuerbetrages immer wieder auftaucht, ergibt 0,1379. Daher kann die Mehrwertsteuer auch mit diesem konstanten Faktor berechnet werden:

103,00 DM · 0,1379 = **14,21 DM** (siehe oben).

Der Nettobetrag (100 : 116) kann entsprechend unter Zuhilfenahme des Faktors 0,8621 (1 – 0,1379) berechnet werden:

103,00 · 0,8621 = **88,79 DM**.

Aufgaben

1. Besorgen Sie sich einen Rechnungsblock. Suchen Sie sich aus der Speisen- und Getränkekarte Ihres Betriebes ein Essen mit Vorspeise, Nachspeise und Getränken Ihrer Wahl zusammen und erstellen Sie die Rechnung.
Berechnen Sie anschließend den Nettobetrag und die Mehrwertsteuer.
Beispiel: Rechnungssumme 31,80 DM inklusive Mehrwertsteuer.

2. An Tisch 11 gibt es folgenden Verzehr:

5 Spargelcremesuppen	zu je 4,80 DM
2 Omelette	zu je 4,50 DM
5 Hühnerfrikassee	zu je 13,50 DM
4 gemischtes Eis, kleine Portion	zu je 3,90 DM

   Erstellen Sie die Rechnung.

Versuchen Sie die Rechnungssummen möglichst im Kopf zu rechnen.

3. Bei einer Familienfeier wurden verzehrt:

12 Gedecke	zu je 24,50 DM
6 Krabbencocktail	zu je 9,80 DM
4 Hawaii-Toast	zu je 7,00 DM
2 Flaschen Weißwein »Europa-Tröpfchen«	zu je 16,50 DM
4 Tassen Kaffee	zu je 3,20 DM
7 Weinbrand »Eurobrand«	zu je 3,50 DM
1 Zigarre	zu 3,00 DM

Erstellen Sie die Rechnung und weisen Sie den MWSt-Anteil sowie den Nettobetrag gesondert aus.

4. Aus Anlass einer Vertreterbesprechung entstand folgender Verzehr:

6 Kännchen Kaffee	zu je 7,00 DM
6 Stück Kuchen	zu je 4,80 DM
8 Mineralwasser »Klare Quelle«	zu je 3,20 DM
5 Orangensaft	zu je 3,40 DM
6 Menüs	zu je 28,50 DM
7 Glas Bier (0,3 l)	zu je 3,40 DM
5 Mousse au chocolat	zu je 7,50 DM
5 Tassen Kaffee	zu je 3,00 DM

Es wird ein Trinkgeld von 10,00 DM gegeben, das nicht auf der Rechnung erscheinen soll.

Da die Vertreter Stammgäste sind, bekommen sie vereinbarungsgemäß einen Rabatt von 15 %.

a) Welchen Betrag stellen wir den Gästen in Rechnung?
① 306,60 DM   ② 353,70 DM   ③ 355,90 DM   ④ 360,70 DM   ⑤ 370,70 DM

b) Wie viel DM beträgt die Mehrwertsteuer?
① 54,11 DM   ② 47,05   ③ 48,35 DM   ④ 55,61 DM   ⑤ 42,28 DM

17 Entlohnung und Personalkosten

Jeder, der in einem Unternehmen arbeitet, will Geld verdienen. Mit dem verdienten Geld möchte er seine persönlichen Bedürfnisse und die seiner Familie weitestgehend befriedigen. Das trifft für den Arbeitnehmer, den Auszubildenden sowie für den Selbstständigen zu. Jeder möchte für seine Leistungen gerecht entlohnt werden.

Für die geleistete Arbeit erhält der Arbeiter seinen Lohn, der Angestellte sein Gehalt und der Unternehmer erhält den Unternehmerlohn (Gewinn).

Je nach Qualifikation, Fertigkeiten und Fähigkeiten des Arbeitnehmers und nach den durchzuführenden Tätigkeiten im gastgewerblichen Unternehmen werden die Mitarbeiter vom Unternehmer oder von einer Unternehmerin bzw. von dafür beauftragten Abteilungen/Personen im kaufmännischen Bereich in bestimmte Lohn- oder Gehaltsgruppen und in Entlohnungsarten eingruppiert.

17.1 Entlohnungsarten für externes und internes Personal

In den Sommermonaten benötigte das Strandhotel »Schöne Aussicht« in den letzten Jahren zusätzliche Arbeitskräfte. Der Personalsachbearbeiter, Herr Jürs, plant aufgrund der Erfahrungen der letzten Jahre und in Zusammenarbeit mit verantwortlichen Leitern der einzelnen Hotelbereiche den monatlichen Bedarf an zusätzlichen Arbeitskräften.

Den voraussichtlichen zusätzlichen Arbeitskräftebedarf und die Entlohnung dieser Arbeitnehmer stimmt Herr Jürs mit der kaufmännischen Direktorin, Frau Best, ab.

Aufgrund dieser Absprachen erarbeitet Herr Jürs entsprechende Personaleinsatz- und Entlohnungsunterlagen für die Sommermonate.

Für die Überprüfung des eigenen Lohnes/Gehaltes ist es notwendig Kenntnisse über Entlohnungsformen zu besitzen.

Je nach den auszuübenden Tätigkeiten und Aufgabenbereichen werden die Arbeitnehmer im gastgewerblichen Unternehmen in eine der beiden Entlohnungsarten eingruppiert:

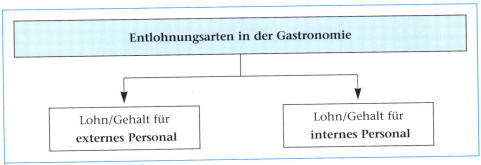

Die Unterscheidung in externes und internes Personal wird vor allem bei größeren Unternehmen durchgeführt.

17.1.1 Lohnabrechnung für externes Personal

Zum externen Personal gehören alle Mitarbeiter/innen, die während der Arbeitszeit ständigen Kontakt mit den Gästen haben. Dazu gehören

- das Empfangs- und Hallenpersonal,
- das Etagenpersonal und
- das Restaurantpersonal.

Für die Zuordnung ist es unerheblich, ob der Mitarbeiter zum Stammpersonal gehört oder nicht bzw. ob er eine gastronomische Ausbildung besitzt oder eine ungelernte Tätigkeit ausübt.

Das externe Personal wird meistens **leistungsorientiert** entlohnt. Die Bemessungsgrundlage ist die tatsächliche Arbeitsleistung des betreffenden Arbeitnehmers bzw. einer bestimmten Arbeitnehmergruppe. Im gastgewerblichen Unternehmen ist die Bemessungsgrundlage für die Entlohnung der **erzielte Umsatz**.

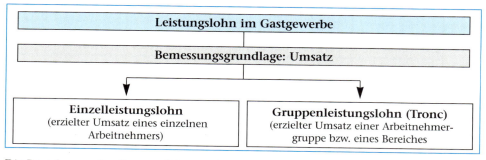

Die Berechnung des Gruppenleistungslohnes wird auch im Kapitel »Tronc« (s.S. 183 ff.) behandelt.

Beim Einzelleistungslohn erhält der Arbeitnehmer einen vereinbarten Anteil vom kalkulierten Umsatz (Nettoumsatz). Der Umsatz des einzelnen Arbeitnehmers ist die Summe aller vereinnahmten Verkaufserlöse (Bruttoumsatz), die durch seine Tätigkeit erzielt wurden.

> **Beispiel:**
>
> Die Jungrestaurantfachfrau Kathrin Schentke erhält 14 % des kalkulierten Preises als Entgelt. Im Monat Mai rechnete sie einen Umsatz von 24.355,50 DM für ihren Service-Bereich (Revier) ab.
> Wie viel DM Umsatzbeteiligung sind für diesen Monat zu berechnen?
>
> **Lösungsweg:**
>
> **1. Schritt**
>
> Im abgerechneten Umsatz (Bruttoumsatz) ist die gesetzliche Umsatzsteuer von 16 % enthalten. Die Umsatzsteuer ist durch den Unternehmer an das zuständige Finanzamt abzuführen. Aus diesem Grunde muss vom Bruttoumsatz die Umsatzsteuer herausgerechnet werden, um den Nettoumsatz zu erhalten.
>
> 116 % ≙ 24.355,50 DM
> 100 % ≙ x
>
> $x = \dfrac{24.355{,}50 \cdot 100}{116} = 20.996{,}12 \text{ DM}$
>
> Der Nettoumsatz beträgt 20.996,12 DM.

2. Schritt

Im Nettoumsatz sind 14 % Umsatzbeteiligung enthalten. Die anrechenbare Umsatzbeteiligung für Kathrin Schentke wird wie folgt berechnet:

114 % ≙ 20.996,12 DM
 14 % ≙   x

$$x = \frac{20.996,12 \cdot 14}{114} = 2.578,47 \text{ DM}$$

Antwort:

Die Umsatzbeteiligung für Kathrin Schenkte beträgt für den Monat Mai 2.578,47 DM.

Der Rechenweg ist für die tägliche, wöchentliche oder monatliche Abrechnung von Arbeitnehmern mit Umsatzbeteiligung anwendbar.

Bei der leistungsorientierten Entlohnung wird meistens ein Garantielohn zugesichert. Dem Arbeitnehmer wird unabhängig vom tatsächlichen Umsatz ein bestimmter Mindestlohnbetrag für den jeweiligen Abrechnungszeitraum garantiert. Die Höhe kann im Tarif- oder Hausvertrag vereinbart sein.

Kann die Entlohnung des externen Personals nicht nach der Leistung (umsatzorientierte Entlohnung) erfolgen, so erhalten diese Arbeitnehmer einen festen Stundenlohn oder ein festes Gehalt. Diese Form der Entlohnung erfolgt vorwiegend beim internen Personal.

17.1.2 Lohnabrechnung für internes Personal

Das interne Personal kommt nicht oder selten mit den Gästen in Kontakt. Zum Personenkreis des internen Personals gehören unter anderem:

- die Küchenbrigade,
- die Mitarbeiter der Bereiche Einkauf und Lagerverwaltung,
- das Büropersonal und
- die Hilfsabteilungen

des gastgewerblichen Betriebes.

Die Arbeitsleistung des internen Personals wird vorwiegend mit einem Festlohn oder Festgehalt vergütet. Die Höhe wird entweder tariflich geregelt oder erfolgt auf privater Vereinbarung zwischen Arbeitnehmer und Unternehmer/in.

Beim Festlohn ist die Berechnungsbasis für den zu zahlenden Lohn ein bestimmter Stundenlohnsatz (DM pro Arbeitsstunde).

Beispiel:

Der Gärtner unseres Strandhotels arbeitet täglich 4 Stunden. Sein Stundenlohn beträgt 15,00 DM. Im Kalendermonat März arbeitete er an 22 Tagen. Wie hoch ist der Monatsverdienst?

Lösungsweg:

22 Arbeitstage · 4 Arbeitsstunden am Tag · 15,00 DM pro Stunde = 1.320,00 DM.

Antwort:

Der Monatsverdienst beträgt 1.320,00 DM.

Das Gehalt wird für einen bestimmten Arbeitszeitraum bezahlt. Dieser Zeitraum umfasst in der Regel einen Kalendermonat, unabhängig davon, wie viel Arbeitstage der jeweilige Kalendermonat hat. Bei Saison-Arbeitskräften wird oft ein Wochengehalt vereinbart.

Beispiel:

In den Sommermonaten werden zusätzlich Zimmermädchen für jeweils 6 Wochen eingestellt.
Der Wochenlohn für ein Zimmermädchen beträgt 400,00 DM. Wie viel verdient ein Zimmermädchen in den 6 Wochen?

Lösungsweg:

6 Wochen · 400,00 DM pro Woche = 2.400,00 DM

Antwort:

Das Zimmermädchen verdient in den sechs Wochen 2.400,00 DM.

Aufgaben

1. Informieren Sie sich in Ihrem Ausbildungsbetrieb über die Entlohnungsformen für die Arbeitnehmer im Küchenbereich, in der Verwaltung und für das Restaurantpersonal. Berechnen Sie den durchschnittlichen Stundensatz (monatliche Arbeitszeit = 176 Std.) für die Beschäftigten des Küchenbereiches, für die Verwaltung und für das Restaurantpersonal.

2. Der Spüler, Rolf Siebett, arbeitet im Monat 168 Stunden und erhält dafür einen Lohn von 1.638,00 DM. Wie hoch ist sein Stundenverdienst?

3. Eine Teilzeitbeschäftigte arbeitet im Restaurant 20 Stunden in der Woche und erhält pro Arbeitsstunde 11,60 DM. Ermitteln Sie ihren Wochenlohn.

4. Wie hoch ist der Gesamtlohn, wenn folgende Verdienstaufzeichnungen vorliegen:
   - drei Arbeitnehmerinnen mit je 2.100,00 DM Gehalt im Monat,
   - zwei Arbeitnehmer mit je 2.000,00 DM Gehalt im Monat,
   - drei Arbeitnehmer im Zeitlohn mit 10,50 DM/Std. und 172 Arbeitsstunden im Monat,
   - zwei Arbeitnehmerinnen mit einem Stundensatz von 12,85 DM/Std. und 168 Arbeitsstunden.

5. Der Garantielohn für den Dermichef Ingo Buck beträgt 2.000,00 DM. Welcher Verdienst steht ihm zu, wenn seine Entlohnung nach der Umsatzbeteiligung errechnet werden soll, der Nettoumsatz im Monat 17.200,00 DM beträgt und die Umsatzbeteiligung mit 12 % des Nettoumsatzes vereinbart wurde?

6. Eine Restaurantfachfrau rechnet im Monat einen Umsatz von 23.800,40 DM ab. Wie hoch ist ihr täglicher Lohn bei einer Nettoumsatzbeteiligung von 10,5 % und 24 Arbeitstagen im Monat?

7. Der Chef de rang vom »Strandhotel«, Herr Dressel, erzielt einen Bruttoumsatz an Speisen von 21.234,25 DM und an Getränken in Höhe von 14.238,95 DM. Seine Umsatzbeteiligung beträgt 10,75 % vom Nettoumsatz.
   Beträgt seine Umsatzbeteiligung
   ① 3.287,39 DM   ② 3.895,85 DM   ③ 4.054,83 DM?

8. Die Büglerin, Frau Klotz, erhält ein Gehalt von 1.650,00 DM im Monat.
   Beträgt ihr Jahresverdienst
   ① 17.300,00 DM   ② 17.900,00 DM   ③ 18.100,00 DM   ④ 19.800,00 DM?

17 Entlohnung und Personalkosten

9. Der Gärtner Eisfeld arbeitete im Monat April wie folgt:

   in der 1. Woche = 27 Stunden,   in der 2. Woche = 22 Stunden
   in der 3. Woche = 23 Stunden,   in der 4. Woche = 19 Stunden und
   an den letzten zwei Tagen im Monat je 4 Stunden am Tag.

   Ermitteln Sie seinen Verdienst in dem Monat, wenn sein Stundensatz 13,50 DM/Stunde beträgt. Verdiente Herr Wonneberger
   ① 1.200,50 DM   ② 1.365,00 DM   ③ 1.415,00 DM   ④ 1.485,00 DM im Monat?

10. Der Magazinverwalter Schwarz erhält das 1,2-fache des Gehaltes vom Einkäufer Becker. Der Auszubildende Gernoth erhält monatlich eine Ausbildungsbeihilfe von 800,00 DM; das entspricht $\frac{1}{3}$ des Gehaltes vom Einkäufer.

    Bekommt Herr Schwarz monatlich ein Gehalt von
    ① 2.040,00 DM   ② 2.500,00 DM   ③ 2.880,00 DM   ④ 3.160,00 DM?

17.2 Lohn- und Gehaltsabrechnung

Olaf Jansen wird zum Hotelfachmann ausgebildet. Er befindet sich im 1. Ausbildungsjahr und erhält seine erste Abrechnung seiner Ausbildungsbeihilfe. Verstört schaut er auf den auszuzahlenden Betrag. »So wenig Geld bekomme ich ausgezahlt. Andere Auszubildende im gleichen Ausbildungsjahr bekommen doch viel mehr.«

Personal-Nr.	Name, Vorname	Abrechnungsmonat	Steuerkl.	Anzahl Kind. Freibetrag	Kirchen- Steuerschl.	Mon. Freibetr.	ZKS-Freibetr.	Eintrittsdatum
23	Jansen, Olaf	Januar 19..	1	0,0	rk	–	–	01.08.199.

Lohnart	Bezeichnung	Kostenstelle	Stunden	Lohnsatz	%-Zuschlag			Brutto-Betrag
14	Ausbildungsbeihilfe							500,00
40	vermögenswirksame Leistungen							50,00
61	Sachbezug Vollverpflegung							337,00
62	Sachbezug Unterkunft							106,60

Gesamt-Brutto	Sonst. Bezug	Sozialvers. pfl. Brutto	Steuerpfl. Brutto	Lohnsteuer	Kirchensteuer	St.-Tage	Gesamt-Brutto	993,60
993,60	0,00	993,60	993,60	0,00	0,00	30	Summe Steuer	0,00

	SV-Schlüssel	KV-Abzug	RV-Abzug	AV-Abzug	Abz. PV	SV-Tage	Arbeits-Kammer	
Lauf. Bezug Sonst. Bezug KUG/SWG	KV RV AV PV 1 2 1 1 AOK 13,90%	69,06	100,85	32,29	8,45	30	Summe Soz.Vers.	-210,65
							Gesamt-Netto	782,95

Lohn-/Gehaltsabrechnung (Verdienstnachweis) 03.02.9.

				Lohnart	Be- und Abzugsbezeichnung		
Strandhotel „Schöne Aussicht"				71	Sachbezug Vollverpflegung		-337,00
				72	Sachbezug Unterkunft		-106,60
Jansen, Olaf im Hause				85	Überweisung vermögens- wirksame Leistungen		-78,00

URLAUBSKONTO				Krank-	Monats-			
Rest. Vorjahr	Ansp. lfd. Jahr	Genommen	Rest-Anspr.	heitstage	Arbeitstage			
0	25	0	25	0	22			

Bank- verbindung	Stadtsparkasse Köln				Konto-Nr.	23218643	Aus- zahlung	261,35

Gesamt-Brutto	Sonstige Bezüge	Sozialvers. pfl. Brutto	Steuerpfl. Brutto	Lohnsteuer	Kirchensteuer	Pausch.- Lohnst.	Pausch.- Kirchst.	AK-Beitrag
993,60	0,00	993,60	993,60	0,00	0,00	0,00	0,00	0,00
KV-Abzug	RV-Abzug	AV-Abzug	PV-Abzug	KUG/SWG-Netto	KUG/SWG-Brutto	KUG/SWG-Fiktiv	Freiw. Zusch. KV	
69,06	100,85	32,29	8,45	0,00	0,00	0,00	0,00	
KV-KUG/SWG	RV-KUG/SWG	AG-Anteil VWL	Netto	Sonst. Be- und Abzüge	VWL-Überweisung	An-Sparzulage	Auszahlung	
0,00	0,00	50,00	782,95	-521,60	78,00	0,00	261,35	

Hilfesuchend wendet er sich an Frau Heine. Sie ist Lohnbuchhalterin. In aller Ruhe erklärt sie Olaf, welche Bedeutung die einzelnen Zahlen auf dem Abrechnungsbogen haben.

Jeder Arbeitnehmer sollte die Angaben auf dem Abrechnungsbogen nicht nur lesen können, sondern auch über ihr Zustandekommen und deren Bedeutung Bescheid wissen.

Diese Abrechnungsbögen sollten nach ihrem Erhalt überprüft und gut aufgehoben werden.

Fehler bei der Abrechnung sollten umgehend dem zuständigen Sachbearbeiter mitgeteilt und mit ihm geklärt werden.

17.2.1 Bestandteile des Bruttolohnes

In vielen Fragebögen oder Anträgen wird nach dem Verdienst des Antragstellers gefragt. Um den richtigen Verdienst einzutragen, muss der Auszufüllende wissen, ob das Brutto- oder Nettoarbeitsentgelt eingetragen werden muss. Eine Verwechslung zwischen Brutto- und Nettoentgelt kann unangenehme Folgen für den Antragsteller haben. Wie sich der Brutto- und der Nettolohn zusammensetzen, sollte jeder Arbeitnehmer wissen.

Der **Bruttolohn** ist der Gesamtlohn, unabhängig von seiner Entstehung oder Zusammensetzung. Er kann in Geld oder in Sachleistungen vom Unternehmer gewährt werden.

Der Arbeitslohn kann gezahlt werden als
- Barvergütung,
- Sachbezug, der Geldeswert hat und
- geldwerter Vorteil.

Der Bruttolohn kann sich zusammensetzen aus:

Bruttolohn-bestandteile	Erläuterungen
Grundlohn	Grundlage: tariflich oder vertraglich vereinbarter Lohn zwischen dem Arbeitnehmer (er schuldet die Arbeitsleistung) und dem Arbeitgeber (er schuldet für die geleistete Arbeit den Lohn/das Gehalt)
+ Zulagen	Sie werden gezahlt für Schmutz, Arbeitserschwernisse, Gefahren, besondere Leistungen, ab einer bestimmten Betriebszugehörigkeit: tarifliche oder freiwillige Zulagen wie Weihachts- oder Urlaubsgeld sowie Arbeitgeberanteil für vermögenswirksame Leistungen
+ Zuschläge	für Überstunden, Sonn-, Feiertag- und Nachtarbeit
+ Sachbezüge und geldwerter Vorteil	wie unentgeltliche Unterkunft und/oder Verpflegung des Arbeitnehmers durch den Arbeitgeber
+ Trinkgelder	nur der Teil des Trinkgeldes, das den Jahresfreibetrag von 2.400,00 DM übersteigt
= Bruttolohn/-gehalt	Es bildet die Berechnungsgrundlage für die Lohnsteuer und für die Beiträge der Sozialversicherung

Ein als Arbeitslohn gewährter **geldwerter Vorteil** kann gezahlt werden für:
- das Ersetzen der Kontoführungsgebühren bis zu einer Höhe von 30,00 DM für das Gehaltskonto des Arbeitnehmers bei der Bank,
- unentgeltliche, private Nutzung eines betrieblichen Pkw,
- Übernahme der Telefonkosten durch den Arbeitgeber.

Sachbezüge sind geldwerte Güter und sind kostenlose oder verbilligte Bezüge in Form von »Kost, Waren, Wohnen oder sonstige Sachbezüge« und gehören in der Regel zum Arbeitslohn.

Neben den oben aufgeführten Personalkosten, die zum Arbeitslohn zählen, hat der Unternehmer gesetzliche und freiwillige Personalzusatzkosten zu tragen.

Zu den **gesetzlichen Personalzusatzkosten** gehören zum Beispiel:
- Arbeitgeberanteil zu den Sozialversicherungsbeiträgen,
- bezahlte betrieblich bedingte Ausfallzeiten,
- Entgeltfortzahlung im Krankheitsfall,
- Versicherungsbeiträge gegen Betriebsunfälle.

Die Arbeitgeberanteile zu den Sozialversicherungsbeiträgen und zur betrieblichen Unfallversicherung gehören nicht zum Arbeitslohn des Arbeitnehmers. Sie stellen betriebliche Ausgaben dar.

Freiwillige Personalzusatzkosten sind u.a.:
- betriebliche Altersversorgung,
- Vermögensbildung,
- Familienbeihilfen.

Inwieweit die Personalkosten zum Bruttoarbeitslohn gehören und dementsprechend als lohnsteuer- und sozialversicherungspflichtige Einnahmen des Arbeitnehmers gelten, wird durch die Einkommensteuer- und Sozialversicherungsgesetze geregelt.

► **Errechnung des Bruttolohnes**

Beispiel:

Herr Teetz, Mitarbeiter im Strandhotel »Schöne Aussicht«, erhält ein Monatsgehalt von 2.080,00 DM zuzüglich 30,00 DM Kontoführungsgebühren. Außerdem wohnt er im Hotel unentgeltlich (Sachwert = 337,00 DM) und hat freie Vollverpflegung (Sachwert = 351,00 DM). Da Herr Teetz sehr viel mit dem betrieblichen Pkw unterwegs ist, darf er diesen Pkw auch für Privatfahrten benutzen. Für die private Nutzung (Sachwert = 357,00 DM) muss er dem Hotel nichts bezahlen. Wie hoch ist der Bruttoarbeitslohn von Herrn Teetz?

Lösung:

	2.080,00 DM	Gehalt
	30,00 DM	Kontoführungsgebühr (geldwerter Vorteil)
+	337,00 DM	Sachbezug Unterkunft (lt. Sachbezugsverordnung)
+	351,00 DM	Sachbezug Vollverpflegung (lt. Sachbezugsverordnung)
+	357,00 DM	Sachbezug Pkw-Benutzung (gemäß *EStG*)
=	3.155,00 DM	Bruttoarbeitslohn (lohnsteuer- und sozialversicherungspflichtig)

Antwort:

Herr Teetz erhält monatlich einen Bruttolohn von 3.155,00 DM.

Um vom Brutto- zum Nettoverdienst eines Arbeitnehmers zu kommen, müssen vom Bruttolohn die gesetzlichen Abzüge abgerechnet werden.

17.2.2 Errechnung der Lohn-/Gehaltsauszahlung

Die Errechnung des Nettoentgeltes ist ein wichtiger Schritt zur Ermittlung des an den Arbeitnehmer auszuzahlenden bzw. zu überweisenden Geldbetrages für seine im Abrechnungszeitraum für das Unternehmen geleistete Arbeit.

Der Nettoverdienst wird ermittelt, indem der Bruttoverdienst um die gesetzlichen Abzüge gemindert wird. Die gesetzlichen Abzüge sind:
- die Lohnsteuer,
- der Solidaritätszuschlag und
- die gesetzlichen Versicherungsbeiträge (Renten-, Kranken-, Arbeitslosen- und Pflegeversicherung).

Die Lohnsteuer entsteht zum Zeitpunkt, in dem der Arbeitslohn dem Arbeitnehmer zufließt. Der Arbeitgeber hat die »Lohnsteuer« (= Lohnsteuer, Solidaritätszuschlag und die Kirchensteuer) vom Arbeitslohn einzubehalten und dem zuständigen Finanzamt abzuführen.

Die Höhe der Steuerabzüge vom Lohn richtet sich nach:
- der Höhe des zu versteuernden Arbeitslohnes,
- der Steuerklasse,
- der Anzahl der eingetragenen Kinder,
- den Freibeträgen, die eventuell auf der Steuerkarte eingetragen sind.

Beispiel 1:

Herr Teetz möchte die Lohnsteuer von seinem Bruttolohn ermitteln; dieser beträgt 3.155,00 DM. Er hat die Steuerklasse I ohne Kinderfreibetrag. Wie hoch sind seine Abzüge für Lohnsteuer, Solidaritätszuschlag und Kirchensteuer?

Lösungsweg:

Herr Teetz nimmt eine aktuelle Lohnsteuertabelle, die die monatliche Lohnsteuer enthält. Im Kopf der Lohnsteuertabelle steht »Lohn/Gehalt von ... bis ...«, also muss Herr Teetz die Spannbreite suchen, in die sein Bruttolohn fällt. Danach muss er den genaueren Wert suchen, der gleich seinem Bruttolohn ist. Steht dieser Wert nicht in der Tabelle, muss er den nächsthöheren Betrag zugrunde legen.
1. Wert in der Tabelle: 3.154,65 < Bruttolohn: 3.155,00 < 2. Wert in der Tabelle: 3.159,15. D.h., er muss in der Zeile mit dem Wert 3.159,15 und der Steuerklasse I die Lohnsteuer ermitteln. Er findet den Lohnsteuerwert 450,91 = 450,91 DM. In derselben Zeile findet er unter Beachtung des Kinderfreibetrages die Höhe des Solidaritätszuschlages und den Kirchensteuerbetrag (9%).
In diesem Fall sind es 24,80 DM Solidaritätszuschlag und 40,58 DM Kirchensteuer.

Antwort:

Herr Teetz muss für Lohnsteuer, Solidaritätszuschlag und Kirchensteuer insgesamt 531,32 DM zahlen.

| Lohn/Gehalt bis | Steuerklasse | Lohnsteuer | ohne Kinderfreibetrag | | | mit 0,5 Kinderfreibetrag | | | mit 1,0 Kinderfreibetrag | | |
| | | | | Kirchensteuer | | | Kirchensteuer | | | Kirchensteuer | |
			SolZ 5,5%	8%	9%	SolZ 5,5%	8%	9%	SolZ 5,5%	8%	9%
3 154,65	I	449,58	24,72	35,96	40,46	20,11	29,25	32,90	15,59	22,68	25,52
	II	314,16	17,27	25,13	28,27	12,82	18,65	20,98	0,20	12,32	13,86
	III	72,66	0,00	5,81	6,53	0,00	0,00	0,00	0,00	0,00	0,00
	IV	449,58	24,72	35,96	40,46	22,40	32,59	36,66	20,11	29,25	32,90
	V	900,50	49,52	72,04	81,04						
	VI	962,33	52,92	76,98	86,60						
3 159,15	I	450,91	24,80	36,07	40,58	20,18	29,35	33,02	15,66	22,78	25,63
	II	315,41	17,34	25,23	28,38	12,89	18,75	21,09	0,45	12,42	13,97
	III	75,00	0,00	6,00	6,75	0,00	0,00	0,00	0,00	0,00	0,00
	IV	450,91	24,80	36,07	40,58	22,47	32,69	36,77	20,18	29,35	33,02
	V	902,16	49,61	72,17	81,19						
	VI	963,83	53,01	77,10	86,74						
3 163,65	I	452,25	24,87	36,18	40,70	20,25	29,46	33,14	15,73	22,88	25,74
	II	316,66	17,41	25,33	28,49	12,96	18,85	21,20	0,68	12,51	14,07
	III	75,00	0,00	6,00	6,75	0,00	0,00	0,00	0,00	0,00	0,00
	IV	452,25	24,87	36,18	40,70	22,55	32,80	36,90	20,25	29,46	33,14
	V	903,83	49,71	71,90	81,34						
	VI	965,66	53,11	77,25	86,90						

Für den Arbeitnehmer sind durch den Arbeitgeber die Beiträge zur Sozialversicherung an die Versicherungsträger abzuführen.

Die einzelnen gesetzlichen Versicherungen haben unterschiedliche Beitragssätze. Sie werden meistens jährlich verändert.

17 Entlohnung und Personalkosten

Art der Versicherung	Kranken-versicherung (KV)	Renten-versicherung (RV)	Arbeitslosen-versicherung (AV)	Unfall-versicherung (UV)	Pflege-versicherung (PV)
Versicherungs-träger	Krankenkassen	Rentenversicherungs-anstalten	Bundesanstalt für Arbeit	Berufs-genossenschaften	Krankenkassen
Beiträge: • Arbeitnehmer	50 %	50 %	50 %	0 %	in Sachsen ca. 79,40 %, sonst 50 %
• Arbeitgeber	50 %	50 %	50 %	100 %	in Sachsen ca. 20,60 %, sonst 50 %
Beitragssatz (wird ständig angepasst)	ca. 14 %	ca. 20,3 %	ca. 6,5 %	abhängig vom Unternehmen	ca. 1,7 %

Beispiel 2:

Herr Teetz hat einen Bruttoverdienst von 3.155,00 DM monatlich. Wie hoch sind seine Sozialversicherungsabzüge, wenn die Versicherungen folgende Gesamtbei-tragssätze haben?
RV = 20,3 %, KV = 13,9 %, AV = 6,5 % und PV = 1,7 %

Lösungsweg:

Krankenversicherungsbeitrag:	3.155,00 DM · 6,95 % =	217,00 DM
Rentenversicherungsbeitrag:	3.155,00 DM · 10,15 % =	320,23 DM
Arbeitslosenversicherungsbeitrag:	3.155,00 DM · 3,25 % =	102,38 DM
Pflegeversicherungsbeitrag:	3.155,00 DM · 0,85 % =	26,82 DM
Summe der Sozialversicherungsbeiträge		= 666,43 DM

Antwort:

Herrn Teetz werden monatlich 666,43 DM Sozialversicherungsbeiträge abgezogen.

Werden vom Bruttolohn die anfallenden Steuern und Sozialabgaben abgezogen, erhält man den Nettoverdienst.

Beispiel 3:

Wir haben schon folgende Abzüge ermittelt, die Herr Teetz von seinem Bruttolohn zahlen muss:

Bruttolohn	3.155,00 DM
− Lohnsteuer	450,91 DM
− Solidaritätszuschlag	24,80 DM
− Kirchensteuer	40,58 DM
− KV	217,00 DM
− RV	230,23 DM
− AV	102,38 DM
− PV	26,82 DM

Außerdem werden von seinem Lohn in Höhe von 3.155,00 DM abgezogen:

Verpflegung	− 351,00 DM
Unterkunft	− 337,00 DM
Pkw-Nutzung	− 357,00 DM

Wie hoch ist der Nettolohn und welchen Betrag bekommt Herr Teetz monatlich auf sein Bankkonto überwiesen?

Lösungsweg:

	Bruttolohn	3.155,00 DM
−	Lohnsteuer	450,91 DM
−	Solidaritätszuschlag	24,80 DM
−	Kirchensteuer	40,58 DM
−	KV	217,00 DM
−	RV	230,23 DM
−	AV	102,38 DM
−	PV	26,82 DM
=	Nettolohn	2.062,28 DM
−	Verpflegung	351,00 DM
−	Unterkunft	337,00 DM
−	Pkw-Nutzung	357,00 DM
=	Auszahlungsbetrag	1.017,28 DM

Antwort:

Herr Teetz bekommt vom Strandhotel 1.017,28 DM auf sein Bankkonto überwiesen.

Aufgaben

1. Informieren Sie sich in Ihrem Ausbildungsbetrieb über die Beitragssätze der
   – Krankenkassen,
   – Rentenversicherung,
   – Arbeitslosenversicherung,
   – Pflegeversicherung
   des vorhergehenden und des laufenden Jahres.
   Berechnen Sie zusätzlich bei den nachfolgenden Aufgaben neben den angegebenen Beitragssätzen die zu zahlenden Beiträge mit den von Ihnen erfragten Beitragssätzen.

2. Die Restaurantfachfrau Helga Starke erhält ein Monatsgehalt von 1.700,00 DM. Der Buchhaltung teilte sie am Jahresanfang mit, dass sie monatlich ca. 260,00 DM Trinkgeld erhält.
   Wie hoch ist der zu versteuernde monatliche Bruttolohn?

3. Herr Wendt und Herr Grün arbeiten im Hotel »Zum blauen Krug«, sind im 3. Gehilfenjahr und jeder erhält ein Grundgehalt von 2.000,00 DM. Im Hotel erhält Herr Wendt täglich ein kostenloses Mittagessen. Herr Grün wohnt in einem schönen Einzelzimmer mit Blick auf den See. Die Kosten für das Zimmer und für die Vollverpflegung trägt das Hotel »Zum blauen Krug« alleine.
   Sachbezugswerte für Verpflegung und Unterkunft (Monatswerte):

Personenkreis	Frühstück	Mittagessen	Abendessen	Unterkunft im Einzelzimmer
volljährige Arbeitnehmer	77,00 DM	137,00 DM	137,00 DM	337,00 DM
Jugendliche und Auszubildende	74,00 DM	131,60 DM	131,60 DM	252,80 DM

Wie hoch ist der sozialversicherungspflichtige Arbeitslohn von Herrn Wendt und Herrn Grün?

17 Entlohnung und Personalkosten

4. Ein Restaurantfachmann hat einen Monatsbruttoumsatz von 23.000,00 DM. Er erhält 9,5 % Nettoumsatzbeteiligung. Seine Lohnsteuer beträgt 5 %, die Kirchensteuer 8 %, Solidaritätszuschlag fällt nicht an. Für die Sozialversicherungen sind 20,5 % zu bezahlen (= Arbeitnehmer-Anteil).

a) Errechnen Sie seinen Bruttolohn.

b) Wie hoch ist sein Nettolohn?

5. Bei einem Arbeitslohn von 2.500,00 DM betragen die Abzüge für die Lohn- und Kirchensteuer einschließlich Solidaritätszuschlag 284,26 DM.

Für die Sozialversicherungen werden vom Bruttolohn einbehalten:
RV = 253,75 DM, KV = 177,50 DM, AV = 81,25 DM und PV = 21,25 DM.

a) Berechnen Sie den Nettolohn.

b) Wie hoch ist der tägliche Nettoverdienst bei 22 Arbeitstagen im Monat?

c) Welchen DM-Betrag muss der Arbeitgeber vom Arbeitslohn einbehalten?

d) Wie viel Prozent des Bruttolohnes betragen die gesamten Abzüge?

6. Ein Jungkoch soll 2.400,00 DM Bruttolohn erhalten. Seine Abzüge betragen für die Lohnsteuer 9 %, für den Solidaritätszuschlag 5,5 % und für die Sozialabgaben 21,2 %.

a) Wie viel DM werden ihm auf sein Bankkonto überwiesen?

b) Wie hoch sind die Personalkosten für den Jungkoch?

7. Der Bruttoarbeitslohn für das Personal beträgt im Monat 37.560,00 DM. Vom Bruttoarbeitslohn werden 19,95 % für Sozialversicherungsbeiträge durch den Arbeitgeber einbehalten.

a) Welchen Betrag muss der Arbeitgeber insgesamt an die Sozialversicherungsträger überweisen?

b) Wie hoch sind die Personalkosten im Monat für das Unternehmen?

8. Ein Commis im 2. Gehilfenjahr erhält einen Garantielohn von 1.700,00 DM monatlich. Der Sachbezugswert für seine freie Unterkunft im Hotel beträgt im Monat 202,20 DM. Zusätzlich erhält er die Kontoführungsgebühren in Höhe von 30,00 DM vom Arbeitgeber erstattet.

Wie hoch ist der Bruttoarbeitslohn?

① 1.802,00 DM,

② 1.902,20 DM,

③ 1.932,20 DM,

④ 2.032,20 DM.

9. Der Chef de rang vom Hotel »Ratskeller« erhält 2.800,00 DM Bruttolohn. Hiervon werden 12 % Lohnsteuer und 21,2 % Sozialversicherung (Arbeitnehmeranteil) abgezogen. Der Solidaritätszuschlag beträgt 5,5 %.

Welchen Betrag muss das Hotel überweisen?

① 1.700,25 DM

② 1.765,20 DM

③ 1.851,92 DM

④ 1.945,20 DM

10. Oberkellner Frohgemuth ist verheiratet und hat zwei Kinder. Er erhält im Monat Juni ein Bruttogehalt von 3.695,00 DM. Auf seiner Lohnsteuerkarte ist die Steuerklasse vier eingetragen und der Kirchensteuersatz beträgt 9%. Die Sozialversicherungsbeitragssätze betragen: RV = 20,3%, KV = 13,9%, AV = 6,5%, und PV = 1,7%. Die Sozialversicherungsbeiträge werden je zur Hälfte vom Arbeitgeber und Arbeitnehmer getragen.

Lohn/ Gehalt bis	Steuerklasse	Lohn- steuer	mit 1,5 Kinderfreibetrag			mit 2,0 Kinderfreibetrag			mit 2,5 Kinderfreibetrag		
			SolZ 5,5%	Kirchensteuer 8%	9%	SolZ 7,5%	Kirchensteuer 8%	9%	SolZ 5,5%	Kirchensteuer 8%	9%
3 694,65	I	611,83	*19,54*	28,42	31,97	*15,03*	21,87	24,60	*8,06*	15,46	17,39
	II	470,83	*12,27*	17,85	20,08	*0,00*	11,54	12,98	*0,00*	5,36	6,03
	III	186,83	*0,00*	0,00	0,00	*0,00*	0,00	0,00	*0,00*	0,00	0,00
	IV	611,83	*26,48*	38,52	43,33	*24,14*	35,12	39,51	*21,83*	31,75	35,72
	V	1 105,16									
	VI	1 170,83									
3 699,15	I	613,25	*19,61*	28,52	32,09	*15,10*	21,97	24,71	*8,31*	15,56	17,51
	II	472,16	*12,34*	17,95	20,19	*0,00*	11,63	13,08	*0,00*	5,46	6,14
	III	189,16	*0,00*	0,00	0,00	*0,00*	0,00	0,00	*0,00*	0,00	0,00
	IV	613,25	*26,55*	38,62	43,45	*24,21*	35,22	39,62	*21,90*	31,86	35,84
	V	1 107,00									
	VI	1 172,66									
3 703,65	I	614,58	*19,68*	28,63	32,21	*15,17*	22,07	24,83	*8,56*	15,66	17,62
	II	473,50	*12,41*	18,05	20,30	*0,00*	11,73	13,19	*0,00*	5,56	6,25
	III	189,16	*0,00*	0,00	0,00	*0,00*	0,00	0,00	*0,00*	0,00	0,00
	IV	614,58	*26,62*	38,73	43,57	*24,29*	35,33	39,74	*21,97*	31,96	35,95
	V	1 108,66									
	VI	1 174,50									

Welchen Betrag überweist ihm sein Arbeitgeber?

① 1.980,56 DM

② 2.234,58 DM

③ 2.575,96 DM

④ 2.600.06 DM

11. Das »Café am Kreisel« bezahlt für die Restaurantfachfrau Hörold 1.800,00 DM Monatsgehalt. Die Versicherungsbeiträge betragen für RV = 20,8%, KV = 14,2%, AV = 6,5% und PV = 1,7%.

Betragen die Personalkosten für Frau Hörold

① 1.797,30 DM

② 1.865,15 DM

③ 2.090,75 DM

④ 2.188,80 DM?

18 Troncrechnung

Unter Troncrechnen versteht man auch Verteilungsrechnen oder Gruppenleistungslohn.

Die vielfach im Hotel- und Gaststättengewerbe praktizierte Verteilungsrechnung basiert auf den unterschiedlichen Verdienstmöglichkeiten von umsatzabhängigen Löhnen. Damit sind z.B. Schichtdienst – mit wechselnder Gästefrequenz – oder aber auch die Stuhlbelegungshäufigkeit der einzelnen Arbeitsbereiche (Reviere) – Fensterplätze, Nischen, Stammkellner – gemeint.

Um den hier »benachteiligten« Mitarbeitern einen finanziellen Ausgleich zu ermöglichen hat man den sog. Gruppenleistungslohn (TRONC) als zusätzlichen Lohnbestandteil festgelegt. Hierbei werden die gesamten Umsatzprozente (in der Regel 15%) des Bedienungspersonals dem Tronc (gemeinsame Kasse) zugeführt. Am Monatsende wird der »Kasseninhalt« nach einem bestimmten Verteilerschlüssel auf die davon betroffenen Mitarbeiter verteilt.

> In Betrieben, die das Tronc-System anwenden, fließt die im jeweiligen Service-Bereich (z.B. Restaurant, Beherbergung) anfallende Umsatzbeteiligung in den diesem Bereich entsprechenden Tronc.
>
> Die Verteilung des Tronc darf nur im Verhältnis zum tariflichen Garantielohn erfolgen, soweit nicht zwischen Arbeitgeber und Betriebsvertretung im Einzelfall schriftlich eine andere Regelung getroffen wird. Arbeitnehmer mit lediglich platzanweisender oder geschäftsführender Tätigkeit dürfen nicht aus dem Tronc entlohnt werden.
>
> Der Betriebsrat oder eine von den Tronc-Beteiligten gewählte Kommission ist berechtigt die Umsatzbeteiligung und ihre Verteilung durch monatliche Einsichtnahme zu überprüfen; insoweit sind die Bestimmungen des § 87 BetrVG zu beachten.

Auszug aus einem Manteltarifvertrag für das Gaststätten- und Beherbergungsgewerbe

Die Troncverteilung wird in der Regel durch zwei unterschiedliche Verteilungssysteme gehandhabt, und zwar nach Punkten oder nach Garantielöhnen. Beide Varianten haben zur Folge, dass der jeweilige Übertronc, nach Entnahme der Garantielöhne aus dem Tronc, anteilmäßig verteilt wird. Die Festlegung der Punkte bzw. der Garantielöhne ist Bestandteil des Arbeitsvertrages und dient dem Arbeitsfrieden und der gerechten Behandlung (Entlohnung) unterschiedlicher Positionen.

Tronc = **Gesamtlohn der am Tronc Beteiligten Troncpartizipanten**
Übertronc = **Überschuss (Gesamtlohn ./. Garantielohn)**
Resttronc = **Tronc-Verteilungsrest (Vortrag für den Folgemonat)**

18.1 Troncverteilung nach dem Punktsystem

Einige Mitarbeiter des Hotelrestaurants »Gourmet« der »Schönen Aussicht« beklagten sich in der Vergangenheit über ungerechte Entlohnung. Sie führten an, dass sie im Vergleich zu den Kollegen wesentlich mehr Leistung erbringen müssten und dafür keinen höheren Lohn erhielten. Dies lag darin begründet, dass die entsprechenden Mitarbeiter meist in Arbeitsbereichen (Revieren) eingesetzt waren, die von den Gästen besser frequentiert wurden. Daraufhin wurde im Hotelrestaurant die Troncverteilung nach dem Punktsystem eingeführt. D.h., dass ein Teil der zugesicherten Umsatzprozente (15%) durch den Tronc verteilt werden (I.d.R. machen die Löhne ca. 10% des Restaurantumsatzes aus – die restlichen 5% ergeben den Übertronc.).

Beispiel:

Das Hotel »Schöne Aussicht« beschäftigt zwei Oberkellner, acht Chef de rang, vier Demi chef und vier Commis. Für diese Mitarbeiter wurden für die Auswertung des Übertronc folgende Bewertungspunkte im Verhältnis zu den tariflichen Garantielöhnen zugrunde gelegt.

2 Oberkellner   je 10 Punkte
8 Chef de rang   je 8 Punkte
4 Demi chef   je 5 Punkte
4 Commis   je 3 Punkte

Das ergibt eine Gesamtzahl von 116 Punkten.

Zur Verteilung als Übertronc stehen 10.962,00 DM zur Verfügung.

Wie viel erhält jeder der o.g. Mitarbeiter entsprechend seiner Punkte zusätzlich zum Garantielohn ausbezahlt?

Lösungsweg:

Da der Übertronc (10.962,00 DM) die Gesamtsumme der 116 Punkte ist, gilt es nun den Wert eines Punktes zu errechnen. Hierzu müssen wir den Übertronc durch die Punkte teilen.

10.962,00 DM : 116 = 94,50 DM

Jeder Punkt hat somit einen Wert von 94,50 DM. Jetzt folgt die Errechnung für die einzelnen Mitarbeiter.

Jeder Oberkellner   hat   10 Punkte = 945,00 DM · 2 = Gesamt 1.890,00 DM
Jeder Chef de rang   hat   8 Punkte = 756,00 DM · 8 = Gesamt 6.048,00 DM
Jeder Demi chef   hat   5 Punkte = 472,50 DM · 4 = Gesamt 1.890,00 DM
Jeder Commis   hat   3 Punkte = 283,50 DM · 4 = Gesamt 1.134,00 DM
                                  116 Punkte   Gesamt 10.962,00 DM

Antwort:

Die beiden Oberkellner bekommen je 945,00 DM, die acht Chef de rang bekommen je 756,00 DM, die vier Demi chef erhalten je 472,50 DM und die vier Commis erhalten je 283,50 DM zusätzlich zum Garantielohn.

Aufgaben

1. Sie haben die Aufgabe eine Troncrechnung durchzuführen. Dabei müssen Sie ermitteln, welche Summen den anspruchsberechtigten Mitarbeitern zustehen. Die folgenden Voraussetzungen müssen Sie berücksichtigen:

Im Übertronc befinden sich 18.444,73 DM. Zusätzlich kommen zu dieser Summe noch 817,56 DM. Dies ist der Resttronc des Vormonats.

Übertronc und Resttronc müssen verteilt werden; die anfallenden Pfennigbeträge gehen jedoch wieder in den Resttronc für den Folgemonat über.

Die Punkteverteilung nach Mitarbeitern finden Sie in der nachstehenden Tabelle.

1 Oberkellner   7 Punkte
2 Chef de rang   je 4 Punkte
3 Demi chef   je 3 Punkte
2 Commis   je 2 Punkte
1 Hotelportier   6 Punkte
2 Telefonistinnen je 3 Punkte
1 Hausdiener   2 Punkte
2 Pagen   je 1 Punkt

18 Troncrechnung

2. Ein Restaurant beschäftigt 1 Oberkellner (15 Punkte), 1 Oberkellner-Stellvertreter (12 Punkte), 6 Chef de rang (je 8 Punkte), 3 Demi chef (je 5 Punkte) und 4 Commis (je 4 Punkte). Wie viel DM erhält jeder, wenn im Übertronc 8.851,00 DM vorhanden sind?

3. Im Resttronc sind 991,10 DM. Wie viel erhält jeder unter Punkt 1. genannte Mitarbeiter, wenn dieser Resttronc des Vormonats dem Tronc zugeschlagen wird?

4. Dem Oberkellner eines Restaurants werden 18 Punkte des Übertronc zugesprochen. Seine beiden Chef de rang erhalten jeweils $\frac{2}{3}$ und die drei Demi chef jeweils die Hälfte seiner Punktzahl. Wie viel Punkte hat jeder Mitarbeiter und wie hoch ist der DM-Betrag für jeden, wenn im Übertronc 7.003,50 DM vorhanden sind?

5. Der Gesamttronc des Restaurants »Goldene Krone« beläuft sich auf 28.426,55 DM. Das Personal besteht aus 1 Oberkellner mit 12 Punkten, 4 Chef de rang mit je 9 Punkten, 4 Demi chef mit je 6 Punkten und 2 Commis mit je 3 Punkten.
  a) Wie hoch ist der Übertronc, wenn die Garantielöhne 19.255,00 DM betragen?
  b) Welche Summe kommt in den Resttronc, wenn nur eine Stelle nach dem Komma zur Auszahlung kommt?
  c) Wie viel DM bekommt jeder Mitarbeiter zusätzlich ausbezahlt?

6. Im Restaurant »Sonne« wird der Übertronc von 12.786,00 DM nach Punkten verteilt. Da die Mitarbeiter aber unterschiedlich lange im Betrieb beschäftigt sind, erhalten sie auch nur dementsprechende Anteile. Berechnungsgrundlage sind vier Wochen (1 Monat), wobei dann jede Woche ein Viertel der Punkte ausmacht.
  a) Wie viel DM bekommt jeder der nachfolgenden Mitarbeiter aufgrund seiner Beschäftigungsdauer ausbezahlt?

1 Oberkellner	12 Punkte	4 Wochen anwesend
2 Chef de rang	8 Punkte	4 Wochen anwesend
2 Chef de rang	8 Punkte	2 Wochen anwesend
3 Demi chef	6 Punkte	4 Wochen anwesend
2 Demi chef	6 Punkte	3 Wochen anwesend
1 Demi chef	6 Punkte	2 Wochen anwesend
4 Commis	4 Punkte	4 Wochen anwesend
3 Commis	4 Punkte	3 Wochen anwesend
1 Commis	4 Punkte	1 Woche anwesend

  b) Wie viel DM verbleiben im Resttronc, da einige Mitarbeiter nicht den ganzen Monat (4 Wochen) anwesend waren?

7. Der Übertronc eines Restaurants beträgt 9.590,30 DM. Die Gesamtpunktezahl beträgt 58. Die Garantiegehälter der Mitarbeiter sind doppelt so hoch wie die Zuzahlungen aus dem Übertronc. Wie hoch sind die Garantiegehälter bei:
Oberkellner mit 14 Punkten (1-mal)
Chef de rang mit 9 Punkten (3-mal)
Demi chef mit 6 Punkten (2-mal)
Commis mit 4 Punkten (2-mal)?

8. Ein Commis de rang bekommt zusätzlich zu seinem Garantielohn eine Zuzahlung aus dem Übertronc von 684,00 DM. Der Übertronc wird durch insgesamt 61 Punkte verteilt. Der Oberkellner hat 4-mal soviel Punkte wie der Commis. Der Übertronc enthält 13.908,00 DM.
  a) Wie viel DM ist 1 Punkt?
  b) Wie viel DM beträgt die Zuzahlung aus dem Übertronc für den Oberkellner?
  c) Wie viel Punkte bekommt der Commis?

9. Ordnen Sie zu, wie viel DM aus einem Übertronc jeweils auf einen Chef de rang mit 12 Punkten entfallen.
   Ⓐ Restaur. »Gourmet«   Gesamtpunktzahl = 104; Übertronc 9.204,00 DM
   Ⓑ Restaur. »Waldschlösschen« Gesamtpunktzahl = 96; Übertronc 11.097,60 DM
   Ⓒ Restaur. »Krautwurst«   Gesamtpunktzahl = 144; Übertronc 10.922,40 DM
   Ⓓ Restaur. »Schlemmerwald«   Gesamtpunktzahl = 158; Übertronc 16.550,50 DM
   ① 1.387,20 DM   ② 1.062,00 DM   ③ 1.257,00 DM   ④ 910,20 DM

10. Im Hotel »Grüner Baum« wird der monatliche Resttronc (hier wird nur bis zu einer Stelle nach dem Komma ausbezahlt) gespeichert und mit dem Dezember-Übertronc zur Verrechnung gebracht. Bislang sind im Resttronc 863,75 DM. Der Dezember-Übertronc beträgt 10.612,34 DM. Es gibt troncberechtigte Mitarbeiter, denen pro Punkt 85,55 DM vergütet werden.
    a) Wie hoch ist die Gesamtpunktzahl im Hotel »Grüner Baum«?
       ① 314 Punkte   ② 134 Punkte   ③ 143 Punkte   ④ 124 Punkte   ⑤ 153 Punkte
    b) Welche Summe geht im Hotel »Grüner Baum« in den Resttronc für den Monat Januar?
       ① 12,39 DM   ② 32,19 DM   ③ 21,93 DM   ④ 12,93 DM   ⑤ 21,39 DM

11. Oberkellner Müller bekam 1.808,50 DM aus dem Übertronc. Wie viel Punkte sind dies, wenn der gesamte Übertronc 5.606,35 DM betrug und seine Kollegen insgesamt 21 Punkte hatten?
    ① 14 Punkte   ② 12 Punkte   ③ 10 Punkte   ④ 8 Punkte   ⑤ 6 Punkte

18.2 Troncverteilung nach Garantielöhnen

Hoteldirektor Böck führt neben unserem Hotel noch eine Dependance der »Schönen Aussicht«, das Ausflugsrestaurant »Klosterkrug«. Dieser Betrieb hat 18 Mitarbeiter im Servicebereich. Da man aufgrund der Lage (am See, waldnah und stadtfern) und der Sitzplatzaufteilung ($\frac{2}{3}$ im Freien, $\frac{1}{3}$ überdacht) sehr wetterabhängig ist, wurde für diese Mitarbeiter eine spezielle, hauseigene Entlohnung erarbeitet.

Beispiel:

Im Ausflugsrestaurant »Klosterkrug« wurde der Gruppenleistungslohn (hier 15% des Restaurantumsatzes) nach der Höhe der Garantielöhne aufgeteilt. Die nachstehende Auflistung nennt die Servicemitarbeiter des Betriebes und deren Löhne:

2 Oberkellner	je 3.450,00 DM = Gesamt	6.900,00 DM
8 Chef de rang	je 2.750,00 DM = Gesamt	22.000,00 DM
5 Demi chef	je 2.200,00 DM = Gesamt	11.000,00 DM
2 Commis	je 1.550,00 DM = Gesamt	3.100,00 DM
1 Restaurantfachkraft	805,00 DM = Gesamt	805,00 DM
	= Gesamt	43.805,00 DM

Der Tronc belief sich im Berechnungsmonat auf 78.849,00 DM.
Wie viel Gesamt-DM Bruttolohn (Garantielohn und Tronc) erhält jeder Mitarbeiter?

Lösungsweg:

Zunächst müssen wir den Verteilerschlüssel errechnen; hierzu teilen wir den Tronc durch die Garantielöhne:

78.849,00 : 43.805,00 = 1,8 (Verteilerschlüssel)

Jetzt multiplizieren wir die Garantielöhne mit dem Verteilerschlüssel und erhalten den Gesamtbruttolohn.

Garantielohn · 1,8 = Gesamtbruttolohn · Mitarbeiter = Endsumme

Oberkellner	3.450,00 DM · 1,8 = 6.210,00 DM · 2	=	12.420,00 DM
Chef de rang	2.750,00 DM · 1,8 = 4.950,00 DM · 8	=	39.600,00 DM
Demi chef	2.200,00 DM · 1,8 = 3.960,00 DM · 5	=	19.800,00 DM
Commis	1.550,00 DM · 1,8 = 2.790,00 DM · 2	=	5.580,00 DM
Rest.fachkraft	850,00 DM · 1,8 = 1.449,00 DM	=	1.449,00 DM
	Gesamtsumme:		78.849,00 DM

Antwort:

Die beiden Oberkellner bekommen je 6.210,00 DM, die acht Chef de rang bekommen je 4.950,00 DM, die fünf Demi chef erhalten je 3.960,00 DM, die zwei Commis erhalten je 2.790,00 DM und die Restaurantfachkraft bekommt 1.449,00 DM Gesamtbruttolohn.

Die Verteilung nach Garantielöhnen lässt sich noch auf einem anderen Lösungsweg errechnen:

Bei dieser Berechnung verringern wir zunächst den Tronc um die Garantiesumme.

78.849,00 − 43.805,00 = 35.044,00 (= Übertronc)

Nach Abzug der Festlöhne bleiben also noch 35.044,00 DM zur Verteilung. Diese Summe teilen wir jetzt durch die Garantielohnsumme.

35.044,00 : 43.805,00 = 0,8 (= Verteilerschlüssel)

Jetzt multiplizieren wir die Festlöhne mit diesem Verteilerschlüssel (0,8) und erhalten den restlichen Lohnanteil, der den Garantielöhnen zugerechnet wird. Das Ergebnis muss mit dem obigen Ergebnis übereinstimmen.

Kontrolle: Oberkellner Festlohn 3.450,00 DM · 0,8 = 2.760,00.

  3.450,00 DM (Festlohn)
+ 2.760,00 DM (Anteil am Übertronc)
= 6.210,00 DM (Gesamt-Bruttogehalt)

Aufgaben

1. Sie haben die Aufgabe für einen Hotelbetrieb den Verteilerschlüssel zu ermitteln, mit dem die Garantielöhne multipliziert werden.

   Ihre weiterführende Aufgabe besteht darin, die Bruttolöhne der in der folgenden Tabelle genannten Mitarbeiter zu ermitteln, wenn sich im Tronc 58.162,50 DM befinden.

Mitarbeiter	Garantielöhne
1 Oberkellner	3.450,00 DM
6 Chef de rang	je 2.850,00 DM
4 Demi chef	je 2.280,00 DM
3 Commis	je 1.860,00 DM

2. Im Tronc eines Hotels befinden sich 70.650,55. Die Garantielohnsumme beträgt 45.581,00 DM.
  a) Errechnen Sie den Verteilerschlüssel.
  b) Wie hoch ist der Betrag, der in den Resttronc für den Folgemonat kommt, wenn der Verteilerschlüssel nur auf eine Stelle nach dem Komma errechnet und ausbezahlt wird?

3. Die »Seeburg« beschäftigt folgende Mitarbeiter: 1 Oberkellner mit 4.150,00 DM, 2 Chef de rang mit je 3.280,00 DM, 4 Demi chef mit je 2.265,00 DM und 3 Commis mit je 1.855,00 DM. Der Tronc enthält 34.687,90 DM.
  a) Wie hoch ist das Bruttogehalt der einzelnen Mitarbeiter, wenn nur zwei Stellen nach dem Komma (Verteilerschlüssel) ausgerechnet werden?
  b) Wie hoch ist der Betrag für den Resttronc?

4. Das Hotel »Adler« zahlt an seine Mitarbeiter 24.658,00 DM Garantielöhne. Im Tronc befanden sich 32.918.43 DM.
  a) Wie hoch war der Verteilerschlüssel, wenn nur zwei Stellen nach dem Komma ausgerechnet wurden?
  b) Der Resttronc wird im »Adler« erst am Jahresende verteilt. Bislang belief sich die Summe auf 617,88 DM. Wie hoch ist die neue Summe?

5. Die Garantielohnsumme eines Betriebes beträgt 26.465,50 DM. Im Tronc befinden sich 41.153,85 DM.
Auf wie viel DM beläuft sich der Resttronc, wenn der Verteilerschlüssel 1,54 ist?

6. Das Hotel »Kupferberg« zahlt Garantielöhne in Höhe von 28.465,80 DM. Im Tronc sind 47.008,57 DM.
Wie viel DM verbleiben für den Resttronc, wenn der Verteilerschlüssel 1,65 ist?

7. Das Restaurant »Vier Jahreszeiten« hat einen Übertronc von 8.888,65 DM. Dieser ist im Verhältnis der Garantielöhne an folgende Mitarbeiter zu verteilen.
  2 Oberkellner   zu je 3.750,00 DM,
  4 Chef de rang   zu je 3.050,00 DM,
  3 Demi chef   zu je 2.450,00 DM und
  2 Commis   zu je 1.850,00 DM.
Wie hoch ist der Gesamtbruttolohn eines Chef de rang, wenn noch ein Resttronc vom Vormonat in Höhe von 336,35 DM hinzukommt?

8. Die Servicebrigade vom Fährhaus hat einen Saison-Trinkgeldtronc. Für 6 Monate werden alle Trinkgelder gesammelt. Es kamen 23.886,00 DM zusammen. Diese Summe soll nun im Verhältnis der Garantielöhne an die Mitarbeiter verteilt werden.
  2 Oberkellner   mit je 4.000,00 DM
  8 Chef de rang   mit je 3.200,00 DM
  4 Demi chef   mit je 2.650,00 DM
  6 Commis   mit je 1.480,00 DM
  a) Wie lautet der Verteilerschlüssel?
  b) Wie viel DM Gesamtbrutto erhält jeder Mitarbeiter?

9. Der Verteilerschlüssel ist 0,72.
Die Garantielohnsumme beläuft sich auf 21.450,50 DM.
  a) Wie viel DM waren im Übertronc?
  b) Wie hoch war der Tronc?

18 Troncrechnung

10. Wie lautet der Verteilungsschlüssel bei einem Tronc von 21.433,45 DM, wenn ein Resttronc aus dem Vormonat in Höhe von 211,85 DM noch hinzu kommt und die Summe der Garantielöhne 18.822,00 DM beträgt?
① 1,51
② 1,8
③ 0,8
④ 1,15
⑤ 1,56

11. Welcher Rest bleibt bei einem Troncbetrag von 11.294,70 DM übrig, wenn die Garantielohnsumme 8.620,20 DM beträgt und der Verteilungsschlüssel 1,3 ist?
① 48,84
② 88,48
③ 84,88
④ 88,44
⑤ 84,48

12. Der Tronc eines Restaurants beläuft sich auf 34.762,31 DM. Die Mitarbeiter haben eine Garantielohnsumme von 24.480,50 DM. Wie hoch ist der Resttronc, wenn der Verteilerschlüssel nur auf eine Stelle nach dem Komma ausgerechnet wird?
① 498,84
② 486,91
③ 489,61
④ 491,61
⑤ 461,91

19 Wasser- und Energieverbrauch im Betrieb

Rund 45 Milliarden Kubikmeter Wasser werden in der Bundesrepublik Deutschland jährlich verbraucht. Das entspricht etwa 90 % der Wassermenge des Bodensees, dem größten deutschen See.

1950 verbrauchte jeder Einwohner Deutschlands etwa 85 l Wasser pro Tag. Seither ist der Verbrauch laufend gestiegen. Erst ab 1990 beginnt er langsam zu fallen, und er muss weiter sinken, denn in manchen Gebieten der Bundesrepublik kam es in den Sommermonaten bereits zu Wasserengpässen.

Seit 1973 bis heute hat sich der Stromverbrauch der Bundesrepublik um mehr als 40 % erhöht. Erfreulicherweise sank im gleichen Zeitraum der Gesamtenergieverbrauch. Die Energieeinsparungen müssen aber fortgesetzt werden, wenn wir unser Klima und unsere Atemluft nicht weiter verschlechtern wollen.

Abb. 1: Wasserabgabe in Liter/Einwohner/Tag

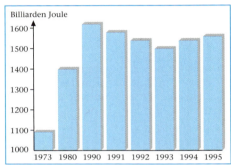

Abb. 2: Stromverbrauch in der BRD

19.1 Wasser und Abwasser

Wo wir am wirkungsvollsten sparen können, zeigt nebenstehendes Kreisdiagramm. Für den Gastronomiebetrieb schlägt der Wasserverbrauch doppelt zu Buche:

Trinkwasser verursacht Kosten im Einkauf und für die gleiche Wassermenge sind Abwassergebühren zu bezahlen. Alle Verunreinigungen unseres Betriebes, Speisereste, Fäkalien (= Kot, Urin), Wasch-, Spül-, Reinigungs-, Desinfektionsmittel, Kosmetika, usw. müssen in Kläranlagen entfernt werden, ehe die Abwässer in Flüsse und Seen geleitet werden. Ein geringerer Verbrauch spart demnach doppelt.

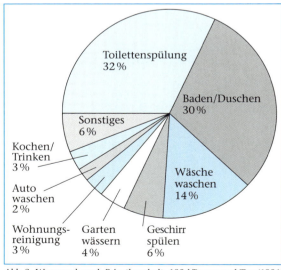

Abb. 3: Wasserverbrauch Privathaushalt: 139 l/Person und Tag (1991)

 Wassersparen vermindert Wasser- und Abwassergebühren und entlastet die Umwelt.

19 Wasser- und Energieverbrauch im Betrieb

Astrid und Lisa richten gemeinsam die neuen Zimmer her. Während der Betriebsferien waren die Bäder neu eingerichtet worden, Aquastopp-Tasten für die WC-Anlagen und neue Armaturen für die Waschbecken. Lisa skeptisch: »Das kostet einen Haufen Geld. Ob sich das jemals auszahlt?« – Astrid: »Sag' das nicht, wir haben seit drei Jahren einen neuen Spülkasten und unser Wasserverbrauch ist deutlich gesunken.«

Solche Fragen lassen sich anhand von Berechnungen am leichtesten beantworten.

Beispiel:

Der Hausmeister rüstet unsere sechs WC-Spülkästen für 32,40 DM je Kasten mit Wasserstopptasten aus und erzielt so eine Wassereinsparung von 5 l pro Spülung. Täglich wird die Taste an jedem Spülkasten durchschnittlich 18-mal betätigt.
Errechnen Sie bei einem Wasserpreis von 6,04 DM/m³ (inkl. MWSt) die Anzahl der Tage, die nötig ist, um die Umrüstkosten wieder »hereinzuholen«.

Lösungsweg:

1. Schritt: Berechnung der Umrüstkosten für alle Kästen
6 · 32,40 DM = **194,40 DM**

2. Schritt: Berechnung der täglichen Wasserersparnis
6 · 18 = 108 Spülungen
108 · 5 l = 540 l pro Tag = **0,540 m³**

Verbrauchswerte vor jeder Preisberechnung in Kubikmeter umrechnen.

3. Schritt: Wasserpreisberechnung und Vergleich mit den Umrüstkosten
0,540 m³ · 6,04 DM = **3,26 DM pro Tag**
194,40 DM : 3,26 DM = 59,63 Tage ≅ **60 Tage**

Antwort:

Nach 60 Tagen machen sich die Umrüstkosten in den WC-Anlagen bezahlt.

Maßeinheit für Wassergebühren: 1 Kubikmeter.

Für Umrechnungen: 1 m³ = 1000 l = 1000 kg Wasser;
1 Liter = 1000 ml (oder cm³)

Aufgaben

1. Testen Sie gemeinsam mit dem Hausmeister einige WC-Anlagen darauf hin, ob die Spülkästen dicht schließen. Träufeln Sie zu diesem Zweck einige Tropfen Lebensmittelfarbe (z.B. Saft von Rote-Bete-Konserven) in die WC-Becken, und beobachten Sie, ob Frischwasser zuläuft.

2. a) Bringen Sie in Erfahrung, wie viele WC-Anlagen es in Ihrem Betrieb gibt und wie viele davon mit Wassersparmechanismen ausgerüstet sind.

   b) Ermitteln Sie an einem WC-Spülkasten, wie viele Liter er bei vollständiger Entleerung bzw. bei Verwendung des Sparmechanismus abgibt. Berechnen Sie die Ersparnis in Prozent.

3. a) Gehen Sie an drei aufeinander folgenden Tagen jeweils zur gleichen Uhrzeit gemeinsam mit dem Hausmeister zur zentralen Wasseruhr Ihres Betriebes und berechnen Sie aus den Werten jeweils den Tagesverbrauch an Wasser.

   b) Ermitteln Sie aus den Verbrauchswerten die täglichen Wasserkosten für den Betrieb inklusive Abwassergebühren.

4. Erfragen Sie für Ihre Berufsschule den Wassertagesverbrauch und berechnen Sie daraus die Kosten für Wasser pro Tag nach den aktuellen Tarifen.

5. a) Aus einem undichten Wasserhahn tropfen pro Minute 10 Tropfen. Sieben Tropfen entsprechen einem Milliliter. Berechnen Sie den Wasserverlust in Litern pro Tag, pro Monat (30 Tage), pro Jahr (360 Tage).

   b) Bestimmen Sie den Wasserverlust in Litern pro Tag, pro Monat (30 Tage), pro Jahr (360 Tage), wenn aus dem Hahn statt der 10 Tropfen pro Minute nun 25 fallen.

   c) Berechnen Sie für a) und b) jeweils die Verluste in DM, wenn als Wasserpreis 3,96 DM/m³ und als Abwassergebühr 4,72 DM/m³ (beides inkl. MWSt) veranschlagt werden.

6. Ein Hotelschwimmbecken ist 8,00 m lang und 3,75 m breit. Es wird bis zu einer Höhe von 1,50 m mit Wasser gefüllt. Wie viele DM sind für die Füllung zu bezahlen, wenn pro m³ Wasser und Abwasser zusammen 5,75 DM inkl. 15% Mehrwertsteuer anfallen?

7. a) Verwenden Sie die Zahlen des Kreisdiagramms (s.S. 192 Abb. 3) und berechnen Sie für einen 3-Personen-Haushalt die monatlichen Kosten (30 Tage) für jeden Einzelposten. Legen Sie einen Wasser-/Abwasserpreis von 5,72 DM/m³ (inklusive MWSt) zu Grunde.

   b) Der Familie gelingt es durch Sparen 2 Prozent weniger Wasser pro Person zu verbrauchen. Wie viel DM können pro Monat insgesamt gespart werden?

8. Der neue Geschirrspülautomat spart durch verbesserte Technik 4,8 l pro Spülgang.

   a) Berechnen Sie die tägliche Wasserersparnis in Litern und DM, wenn im Durchschnitt vierzehn Spülungen durchgeführt werden. Wassertarif 3,22 DM/m³, Abwassergebühr 4,84 DM/m³, beides inklusive Mehrwertsteuer.

   b) Wie viele Liter bzw. DM können pro Jahr gespart werden (325 Betriebstage)?

9. Durch den automatischen Rasensprenger laufen pro Minute 12 Liter Trinkwasser.

   a) Berechnen Sie die Wassermenge für einen Betrieb von je 2 Std. (3 Std.) an 55 Tagen.

   b) Ermitteln Sie die entsprechenden Kosten für eine Saison mit der täglichen Sprengdauer von 2 Std. (3 Std.). Wasserpreis 3,89 DM/m³ einschließlich MWSt.

10. Im Gästehaus fließen für jedes Wannenbad im Durchschnitt 170 l, für ein Duschbad 45 l und für Duschvorgänge im Schwimmbad jeweils 32 l aus der Leitung.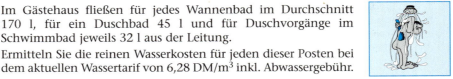

    Ermitteln Sie die reinen Wasserkosten für jeden dieser Posten bei dem aktuellen Wassertarif von 6,28 DM/m³ inkl. Abwassergebühr.

11. Brauereien benötigen zur Bierherstellung riesige Wassermengen (Reinigung, Kühlung, Heizdampf, ...). Man schätzt den Wasserverbrauch pro Liter Bier auf 20 Liter! Berechnen Sie die Wasserkosten für 0,5 l (0,33 l), wenn der Kleingewerbetarif von 6,16 DM/m³ (inkl. Abwasser und MWSt) zu Grunde gelegt würde.

19 Wasser- und Energieverbrauch im Betrieb

12. Laut Wasseruhr werden im Hotel »Zur Quelle« folgende Verbrauchszahlen in m³ gemessen:

Januar	Februar	März	April	Mai	Juni	Juli	August	Sept.	Okt.	Nov.	Dez.
247,650	194,368	263,800	285,321	363,874	394,170	408,446	483,534	402,120	298,437	182,744	352,002

a) Berechnen Sie den durchschnittlichen monatlichen Wasserverbrauch.
① 3323,390 m³   ② 4323,390 m³   ③ 323,039 m³   ④ 333,039 m³
⑤ 343,343 m³

b) Ermitteln Sie die Wasserkosten für dieses Jahr bei einem Kubikmeterpreis von 3,84 DM und einer Abwassergebühr von 4,19 DM je m³.
① 2.112,80 DM   ② 3.112,80 DM   ③ 21.128,02 DM   ④ 32.218,02 DM
⑤ 31.128,02 DM

13. Wie viele Prozent Wasser können gespart werden, wenn statt des Vollbades mit 170 l Wasserverbrauch nur geduscht wird (45 l)?
① 43,5 %   ② 53,5 %   ③ 73,5 %   ④ 83,5 %   ⑤ 88,5 %

14. Bei der Herstellung eines Kilogramms Zucker verbraucht die Zuckerfabrik sogar 120 Liter Wasser. Welche Wasserkosten müsste die Zuckerfabrik pro kg ansetzen, wenn sie Wasser und Abwasser nach dem Kleingewerbetarif von 6,16 DM/m³ bezahlen müsste?
① 0,14 DM   ② 0,17 DM   ③ 0,47 DM   ④ 0,64 DM   ⑤ 0,74 DM

19.2 Leistung und Energieverbrauch elektrischer Geräte

Allgemein bekannt ist, dass Industrieländer einen sehr hohen Energieverbrauch haben. Deutschland verbrauchte 1992 mit 14,016 Billiarden Joule ($14,016 \cdot 10^{15}$ J) mehr Energie als der gesamte afrikanische Kontinent (13,437 Billiarden J).

Im gleichen Jahr wurden in Deutschland 467 Mrd. kWh elektrische Energie erzeugt, knapp ein Achtel davon (55 Mrd. kWh) floss in den Bereich Handel und Gewerbe, also auch in die Gastronomie.

Elektrischer Strom wird im Betrieb in vielfältiger Weise genutzt:

Beleuchtung, elektrische Waagen, Kühlaggregate, Herde, Staubsauger, Leuchtreklame, Rechenmaschinen, Kaffeeautomaten, EDV-Anlagen, Ventilatoren u.s.w. Ebenso vielfältig sind die Möglichkeiten Strom zu sparen.

| **Energiesparen = Umweltschonen**   **Energiesparen = Kostensparen** |

Wie bei Längenmaßen (m, Yard, Zoll, Meile, Inch, ...) gibt es auch verschiedene Maße für Energie:

(0,2388 Kalorien, cal)	= 1 Joule, J	= 1 Wattsekunde, Ws
(0,2388 Kilokalorien, kcal)	= 1 Kilojoule, kJ	= 1 Kilowattsekunde, kWs
(859,8 Kilokalorien, kcal)	= 3600 Kilojoule, kJ	= 1 Kilowattstunde, kWh
(Wärmeenergie)	Wärmeenergie	elektrische Energie

Obwohl die Energieportion gleich groß ist, hat man sich international verständigt, Wärmeenergiemengen in Joule (sprich: dschul) oder Kilojoule anzugeben und die entsprechende elektrische Energieportion in Wattsekunden oder Kilowattsekunden. Die Kalorie ist zwar im Ernährungsbereich immer noch üblich, wird aber wegen der umständlichen Umrechnung zunehmend vermieden.

Energie entspricht der **Arbeit**. Ein Elektromotor von 1000 Watt hat eine gewisse Stärke oder Leistung, abhängig von Bauart, Größe, Typ. Aber erst wenn er läuft, arbeitet er, seine Leistung kann genutzt werden. Je länger er läuft, desto mehr Arbeit verrichtet er, desto mehr elektrische Energie ist erforderlich. Daraus folgt:

Leistung (Watt) · **Zeit** (Sekunde) = **Energie** (Wattsekunde)

Bettina ist ärgerlich: »Strom sparen ist gut und schön! Aber woher soll ich wissen, wie viel dieser Haartrockner überhaupt verbraucht?« Astrid hört zu und meint nach einer Weile: »Bei deiner Ernährung rechnest du doch auch pausenlos! Versuch's doch auch mit einer Rechnung! Kennst du etwa kein Typenschild, da steht alles drauf.«

Verbrauchsberechnungen für elektrische Geräte benötigen zwei von drei Angaben (Leistung, Betriebsdauer, Energie), um daraus die dritte sehr einfach zu errechnen.

Beispiel 1:

Ein Staubsauger hat in Stufe 4 eine Leistung von 1800 Watt. Er ist vormittags 2,5 Stunden in Betrieb.
Berechnen Sie den täglichen Energieverbrauch und die Energiekosten hierfür, wenn 1 kWh mit 0,26 DM abgerechnet wird.

Lösungsweg:

1. Umrechnung von Watt in Kilowatt:

Da Strom in kWh abgerechnet wird, empfiehlt es sich die Leistung in kW umzurechnen:
1800 W = 1,8 kW

2. Energieberechnung:

Leistung · Stunden
1,8 kW · 2,5 h = 4,5 kWh

3. Preisberechnung:

4,5 kWh · 0,26 DM/kWh = 1,17 DM

Antwort:

Für den täglichen Betrieb des Staubsaugers werden 4,5 kWh Strom zum Preis von 1,17 DM benötigt.

Beispiel 2:

Eine 25-Watt-Lampe wird ersetzt durch eine Energiesparlampe gleicher Helligkeit und einer Leistung von 5 Watt.
Wie lange können beide Lampen für jeweils 1 kWh brennen?

Lösungsweg:

1. Umrechnung von Watt in Kilowatt:

 Glühlampe:
25 W = 0,025 kW

 Sparlampe:
5 W = 0,005 kW

2. Zeitberechnung:
Energie : Leistung = Zeit
Glühlampe: 1 kWh : 0,025 kW = 40 h
Sparlampe: 1 kWh : 0,005 kW = 200 h

Antwort:

Die Sparlampe brennt für 1 kWh 200 Stunden, die Glühlampe nur 40 Stunden.
(Die Energiedifferenz geht bei Glühlampen verstärkt als Wärme verloren.)

Notieren Sie die Einheiten (W, h, s, kW, DM,...) neben den Zahlen → Kontrolle des Rechenweges.

Energiesparlampen haben nur dort Vorteile, wo die Lichtquelle längere Zeit brennt. Häufiges Ein- und Ausschalten und damit kurze Brenndauer führt kaum zu Energieersparnis. Das Vorschaltgerät verbraucht beim Einschalten viel Energie, was erst bei längerer Brenndauer durch niedrigere Leistung wettgemacht wird. Zusätzlich vermindert häufiges Schalten die Lebensdauer, die bei Sparlampen das Achtfache einer Glühlampe beträgt. **Sparlampen nur für Dauerbeleuchtung!**

Aufgaben

1. Bringen Sie für 10 Küchengeräte die elektrischen Anschlusswerte (= Leistung) in Erfahrung und berechnen Sie die Betriebsdauer, die mit einer kWh bei höchster Leistung möglich ist.

Gerät										
Anschlusswert										
Brenndauer/kWh										

2. Stellen Sie fest, wie viele Watt insgesamt für die Tischbeleuchtung in Ihrem Restaurant erforderlich sind.
    a) Berechnen Sie die elektrische Energie, die für eine Stunde Brenndauer verbraucht wird, wenn alle Tische beleuchtet sind.
    b) Ermitteln Sie die elektrische Energie für die tägliche Betriebszeit des Restaurants.

3. Über jedem Tisch im Restaurant hängt eine Leuchte, die mit je einer 60-Watt-Glühlampe bestückt ist. Die Leuchten brennen im Durchschnitt 9 Stunden pro Tag im Dauerbetrieb. Im Zuge von Energiesparmaßnahmen werden sämtliche 28 Glühlampen durch Sparlampen mit 7 Watt ersetzt.
    a) Berechnen Sie die tägliche Energieeinsparung dieser Maßnahme.
    b) Ermitteln Sie die Energieersparnis pro Monat (30 Tage) und pro Jahr (360 Tage).

4. In einem Hotelflur sind 36 Lampen angebracht, die mit je einer 75-Watt-Glühbirne ausgestattet sind. Die Kilowattstunde (kWh) Strom kostet 0,32 DM. Um Energiekosten zu sparen wird nachts für die Dauer von 8 Stunden nur die Hälfte der Lampen eingeschaltet.
Um wie viel DM können dadurch die Energiekosten pro Nacht gesenkt werden?

5. Ergänzen Sie folgende Tabelle. Legen Sie als Strompreis 0,30 DM/kWh zu Grunde, rechnen Sie auf Zehntelpfennige genau.

Lampentyp	Leistungsstufen	Stromkosten pro Std. Brenndauer	entsprechende Glühlampe	Stromkosten pro Std. Brenndauer
Globelampe	9 W		40 W	
	13 W		50 W	
	18 W		70 W	
U-Form	7 W		35 W	
	11 W		55 W	
	15 W		75 W	
	20 W		100 W	

6. Ein Restaurant hat seine Außenbeleuchtung bisher mit 24 Leuchtstoffröhren ausgestattet. Dadurch entstanden jährlich Stromkosten in Höhe von 4905,60 DM. Um Energie zu sparen, sollen jetzt nur noch 15 dieser Leuchtstoffröhren eingeschaltet werden. Wie viel Stromkosten können durch diese Maßnahme pro Jahr voraussichtlich eingespart werden?

7. Im hauseigenen Schwimmbad ist ein automatischer Münzföhn zum Haare trocknen installiert. Er hat eine Leistung von 1700 Watt und läuft für 20 Pfennige 6 Minuten lang.
Berechnen Sie den Energieverbrauch für einen Lauf und entscheiden Sie, ob die Stromkosten durch die Gebühr gedeckt werden, wenn eine kWh 0,36 DM (inkl. MWSt) kostet.

8. Das Kochfeld eines Elektroherdes ist in zwei Zonen eingeteilt: Zone A 4200 W, Zone B 6500 W. Für das Mittagsgeschäft sind beide Zonen 3,5 Stunden eingeschaltet. Zone A brennt zusätzlich 45 Minuten alleine. Berechnen Sie den Energieverbrauch dieses Herdes im Mittagsgeschäft.

9. Eine Glühlampe von 100 W soll ersetzt werden durch eine Energiesparlampe, die bei gleich hoher Lichtausbeute nur 20 W Leistung aufnimmt und 22,00 DM kostet.

a) Berechnen Sie den Energieverbrauch und die Stromkosten beider Lampen, wenn sie täglich 8 Stunden brennen (0,30 DM pro kWh).

b) Nach wie viel Tagen hat die Sparlampe ihren Anschaffungspreis eingespart?

10. Eine Untersuchung ergab für das gleichzeitige Garen von 3 Hähnchen von je 1 kg Gewicht folgenden Energieverbrauch.

Grillen mit Drehspieß	Umluftgrillen	Backofen mit zuschaltbarer Mikrowelle
2,9 kWh	1,45 kWh	1,35 kWh

Berechnen Sie ausgehend vom höchsten Energieverbrauch (= 100 %) jeweils die Energieeinsparung in Prozent.

11. Der Waschvollautomat zeigt auf dem Typenschild eine Maximalleistung von 6200 Watt an. Diese Höchstleistung wird jedoch nicht während des gesamten Waschprogramms benötigt. Für einen Waschgang braucht die Maschine beispielsweise 42 Minuten eine mittlere Leistung von 83% der Maximalleistung. Berechnen Sie den Energieverbrauch für dieses Programm.

① 24 kWh   ② 2,4 kWh   ③ 3,6 kWh   ④ 36 kWh   ⑤ 3,8 kWh   ⑥ 38 kWh

12. Ein Salamander hat eine Leistung von 2,4 kW.
Wie viel elektrische Energie verbraucht er bei 8 Std. und 20 Min. Betriebsdauer?
① 1,992 kWh   ② 12,222 kWh   ③ 17,435 kWh   ④ 19,992 kW   ⑤ 24,444 kWh

13. Tiefgefrorenes lässt sich auch im Mikrowellengerät auftauen. Berechnen Sie die erforderliche Energie für das Auftauen einer Pute von 6 kg, die bei 150 W Mikrowellenleistung 70 Minuten lang erwärmt werden muss.
① 0,175 kWh   ② 0,157 kWh   ③ 1,57 kWh   ④ 17,5 kWh   ⑤ 15,7 kWh

20 Kostenrechnung/Kalkulation

20.1 Grundbegriffe

Die »Schöne Aussicht« verkauft Güter (Speisen, Getränke) und Dienstleistungen (Beherbergung, Beratung, Service) auf einem Markt.

Für die Beschaffung und den Absatz ist es wichtig einerseits günstige Einkaufspreise und andererseits die richtigen Verkaufspreise zu ermitteln. Damit soll erreicht werden, dass

- entsprechende Gewinne erzielt werden können, um den Betrieb zu sichern und evtl. zu erweitern
- den Gästen angemessene Preise berechnet werden können und
- die Wettbewerbssituation sowie die allgemeine wirtschaftliche Lage (Konjunktur, Kaufkraft usw.) berücksichtigt werden.

Für die Ermittlung angemessener Verkaufspreise ist zunächst eine Klärung wichtiger Begriffe erforderlich.

Auszahlungen/Einzahlungen sind alle Vorgänge, die den Bestand an Bargeld und auf den Geschäftskonten verändern (liquide Mittel).

Beispiele: Ein Gast bezahlt seine Rechnung in bar; es werden die Monatsgehälter für die Mitarbeiter per Banküberweisung bezahlt.

Ausgaben/Einnahmen verändern nicht nur die liquiden Mittel, sondern darüber hinaus Forderungen und Verbindlichkeiten (= Geldvermögen).

Beispiele: Einem Gast wird eine Rechnung geschickt, die er innerhalb von 30 Tagen bezahlen muss; eine fällige Liefererrechnung wird per Banküberweisung beglichen.

Aufwendungen/Erträge umfassen die Geschäftsvorgänge, die das Eigenkapital mehren bzw. mindern (Ausnahmen: Neuaufnahme eines Gesellschafters; Gewinnausschüttung).

Beispiele: Einkauf von Küchenrohstoffen und Transportkosten hierfür; Umsatz für Speisen und Getränke im Restaurant.

Kosten/Leistungen sind diejenigen Aufwendungen/Erträge, die nur aufgrund betrieblicher Vorgänge verursacht werden, also betriebsbedingt sind.

Kosten sind demnach alle betriebsbedingten Vorgänge, die dazu dienen eine Leistung zu erstellen.

Beispiele für Kosten: Einkauf von Fleisch (Materialkosten); Stromverbrauch in der Küche (Küchenkosten); Mieten, Pachten, Steuern, Personalkosten usw. (Gemeinkosten).

Beispiele für Leistungen: Angebot von Speisen, Getränken, Übernachtung usw.

Bei den Kosten werden für die Kalkulation folgende Kostenarten unterschieden:
➤ nach dem Beschäftigungsgrad bzw. der Auslastung:
  - fixe Kosten: Sie bleiben in ihrer Höhe immer gleich hoch, unabhängig von der Beschäftigungshöhe bzw. vom Auslastungsgrad.
    Beispiele: Mieten, Gehälter, Abschreibungen.
  - variable Kosten: Sie schwanken in Abhängigkeit von der erbrachten Leistungshöhe.
    Beispiele: Materialkosten und Energiekosten (Küche), Wasserverbrauch (Beherbergung).

► nach der Art der Verrechnung:
- Einzelkosten: Sie können der Leistung direkt zugerechnet werden (direkte Kosten) Beispiele: Materialverbrauch für ein Menü (Material- bzw. Rohstoffkosten).
- Gemeinkosten: Sie können dem Produkt nur unmittelbar (indirekt) zugerechnet werden, z.B. über einen Verteilungsschlüssel gleichmäßig auf alle Leistungen. Beispiele: Löhne, Gehälter, Stromverbrauch, Reinigung, Mieten, Abschreibung, Kosten für Service.

20.2 Kalkulation mit Zuschlagssätzen

Es soll für die neue Saison ein neues Gericht in die Speisenkarte aufgenommen werden. Die kaufmännische Direktorin der »Schönen Aussicht«, Frau Best, lässt sich aus der Buchhaltung die Kalkulationsdaten geben. Damit will sie erreichen, dass die Speise einen Gewinn erzielen kann, die Gäste aber auch einen angemessenen Preis für das Gericht bezahlen und mit dem Preis-Leistungsverhältnis zufrieden sind. Sie muss daher mit den gegebenen Werten den entsprechenden Preis kalkulieren.

Beispiel:

Die Materialkosten (Rohstoffe und Zutaten) für ein Rindfleischgericht werden mit 9,40 DM festgestellt. Der Gemeinkostenzuschlag beträgt 120% der Materialkosten. Es wird ein Gewinn von 12% vorgegeben. Zusätzlich sind ein Bedienungsgeld von 14% (Umsatzbeteiligung für Service) sowie die Umsatzsteuer von 15% zu berücksichtigen. Zu welchem Preis wird das Gericht auf der Karte angeboten? (Auf volle DM aufrunden.)

Lösungsweg:
- Zunächst sind zu den Materialkosten, die aus den Unterlagen des Einkaufs stammen, die Gemeinkosten hinzuzurechnen. Als Zuschlagsgrundlage (= Grundwert) sind die Materialkosten zu nehmen und es werden so die Selbstkosten ermittelt.
- Danach ist der Gewinn prozentual auf die Selbstkosten (neuer Grundwert) hinzuzurechnen. Der Gewinn drückt die Verzinsung des eingesetzten Kapitals, das Entgelt für die unternehmerische Tätigkeit und die Vergütung für die Übernahme des unternehmerischen Risikos aus.
- Zu dem jetzt berechneten Geschäftspreis (»kalkulierter Preis«; neuer Grundwert) wird prozentual das Bedienungsgeld für die im Servicebereich tätigen Mitarbeiter hinzugerechnet.
- Zu dem nun ermittelten Nettoverkaufspreis (neuer Grundwert) wird jetzt die gesetzliche Umsatzsteuer addiert und es liegt als Ergebnis der Inklusivpreis vor.

Meistens wird der Inklusivpreis entsprechend gerundet, da Speisen nicht mit »krummen« Zahlen auf der Karte angeboten werden.
Damit sieht die Kalkulation zusammengefasst folgendermaßen aus:

Kalkulationsschema					
Materialkosten	100%				9,40 DM
+ Gemeinkosten	120%				11,28 DM
= Selbstkosten	220%	100%			20,68 DM
+ Gewinn		12%			2,48 DM
= Geschäftspreis		112%	100%		23,16 DM
+ Bedienungsgeld			14%		3,24 DM
= Nettoverkaufspreis			114%	100%	26,40 DM
+ Umsatzsteuer				16%	4,22 DM
= Inklusivpreis				116%	30,62 DM

Antwort:

Der kalkulierte Inklusivpreis beträgt 30,62 DM. Auf der Karte kann das Menü zu einem Preis von 31,00 DM angeboten werden.

Beachten Sie, dass jeder neu ermittelte Wert bei dieser Kalkulation jeweils immer gleich 100% gesetzt werden muss (neuer Grundwert).

Aufgaben

1. Wenden Sie sich an den Küchenmeister und lassen Sie sich die Zutatenmengen für ein von Ihnen ausgewähltes Menü geben. Erkundigen Sie sich nach den Preisen für die einzelnen Zutaten und kalkulieren Sie den Inklusivpreis für das fertige Menü. Sie können die einzelnen Prozentsätze aus der Situation verwenden. Besser ist es sogar, wenn sie die in Ihrem Betrieb gängigen Prozentsätze verwenden.
   Beispiel: Materialkosten 8,00 DM, Gemeinkosten 150%, Gewinn 20%, Bedienungsgeld 10%, MWSt 16%.

2. Die Materialkosten für ein Tagesmenü werden mit 4,65 DM ermittelt. Die Gemeinkosten betragen 125%, der Gewinn 8%. Für Bedienungsgeld werden 12% veranschlagt.
   a) Wie hoch ist der genaue Inklusivpreis bei dem gültigen MWSt-Satz?
   b) Mit welchem Preis werden Sie das Menü auf der Karte anbieten?

3. Im letzten Monat entstanden 27.350,00 DM Materialkosten, die Betriebskosten bzw. Gemeinkosten wurden in Höhe von 38.016,50 DM festgestellt.
   Wie hoch war der prozentuale Gemeinkostenzuschlag?

4. Für die Materialkosten für ein Gedeck werden folgende Beträge ermittelt:
   Vorspeise   2,25 DM
   Zwischengericht   6,30 DM
   Hauptgericht   9,40 DM
   Dessert   2,35 DM
   Zu welchem Preis wird das Gedeck auf der Karte angeboten, wenn mit 140% Gemeinkosten, 9% Gewinn, 11% Bedienungsgeld und 15% Mehrwertsteuer gerechnet wird? (Auf volle 0,50 DM aufrunden.)

5. Die Materialkosten für ein Gericht betragen 12,65 DM, die Selbstkosten 28,84 DM. Wie viel Prozent beträgt der Gemeinkostenzuschlag?

6. In der letzten Abrechnungsperiode entstanden Materialkosten in Höhe von 75.350,00 DM, Betriebskosten (= Gemeinkosten) in Höhe von 103.983,00 DM sowie ein Gewinn von 22.596,00 DM.
   Berechnen Sie den Gemeinkostenzuschlag sowie den Gewinn in Prozenten.

7. Für ein Festtagsmenü betragen die Materialkosten 14,50 DM. Die Gemeinkosten betragen 145%, der Gewinnzuschlag 12%, der Bedienungszuschlag 14% und der Umsatzsteuersatz 16%.
   a) Zu welchem Preis wird das Menü angeboten? (Auf volle DM aufrunden.)
   b) Wie hoch ist der neue Preis, wenn aufgrund günstigen Einkaufs die Materialkosten um 10% gesenkt werden können?
   c) Wie viel DM und Prozent beträgt der Unterschied des Inklusivpreises?

8. Für einen Verein (11 Personen) soll Kräuteromelette zubereitet werden. Der Wareneinsatz für die Portionen beträgt 16,40 DM, die Gemeinkosten 125%. Es wird mit einem Gewinn von 18%, einem Bedienungszuschlag von 16% und 16% USt gerechnet.

Wie hoch ist der kalkulierte Inklusivpreis pro Person, wenn auf volle 0,50 DM aufgerundet wird?

① 5,00 DM   ② 6,00 DM   ③ 5,28 DM   ④ 5,50 DM   ⑤ 59,00 DM

20.3 Kalkulationszuschlag und Kalkulationsfaktor

Das Berechnen des Inklusivpreises mit der Zuschlagskalkulation ist recht aufwendig. Da sich für verschiedene Speisen die Zuschlagssätze häufig nicht ändern, ist es einfacher und schneller die gesamten Aufschläge in einem Schritt zusammenzufassen und so den Inklusivpreis zu ermitteln. Der gesamte Aufschlag, bezogen auf den Materialwert, kann dann leicht bei anderen Speisen angewendet werden.

> Frau Best möchte die Speisenkalkulation in der »Schönen Aussicht« rationeller und übersichtlicher gestalten. Deshalb lässt sie ermitteln, wie sich Speisen, die zwar unterschiedliche Materialkosten, aber gleiche einzelne Zuschlagssätze haben, schneller kalkulieren lassen.

Beispiel:

Für ein Gericht betragen die Materialkosten 8,40 DM. Es wird mit 120% Gemeinkosten, 10% Gewinn, 12% Bedienungsgeld und 16% MWSt gerechnet. Es sind der Kalkulationszuschlag (= Gesamtaufschlag in Prozenten vom Materialpreis) sowie der Kalkulationsfaktor (die Zahl, mit der die Materialkosten zu multiplizieren sind, um den Inklusivpreis zu erhalten) zu berechnen.

Lösungsweg:

Zunächst ist eine ausführliche Kalkulation aufzustellen.

Materialkosten	100%				8,40 DM
+ Gemeinkosten	120%				10,08 DM
= Selbstkosten	220%	100%			18,48 DM
+ Gewinn		10%			1,85 DM
= Geschäftspreis		110%	100%		20,33 DM
+ Bedienungsgeld			12%		2,44 DM
= Nettoverkaufspreis			112%	100%	22,77 DM
+ Umsatzsteuer				16%	3,64 DM
= Inklusivpreis				116%	26,41 DM

Differenz 18,01 DM

Für die Berechnung des Kalkulationszuschlages werden die Materialkosten gleich 100% gesetzt und die Differenz zwischen Inklusivpreis und Materialkosten als Prozentsatz der Materialkosten berechnet:

8,40 DM ≙ 100%
18,01 DM ≙ x

$$x = \frac{100 \cdot 18{,}01}{8{,}40} = 214{,}4\%$$

Antwort:

Der Kalkulationszuschlag beträgt 211,8%.

Die Formel für die Berechnung des Kalkulationszuschlages (= Gesamtaufschlages) sieht wie folgt aus:

$$\text{Kalkulationszuschlag} = \frac{\text{Inklusivpreis} - \text{Materialkosten}}{\text{Materialkosten}} \cdot 100$$

Der Kalkulationszuschlag ist die Differenz zwischen Inklusivpreis und Materialkosten, ausgedrückt als Prozentsatz und bezogen auf die Materialkosten (= 100 %).

Der Kalkulationszuschlag fasst somit alle Gemeinkosten, den Gewinn, das Bedienungsgeld und die Umsatzsteuer zusammen.

Aber: Diese Prozentsätze dürfen nicht nur einfach addiert werden, da sich jedesmal der Grundwert ändert. Der Kalkulationszuschlag ist daher immer größer als die Summe der einzelnen Zuschlagssätze.

Eine weitere Vereinfachung für die Kalkulation ist die Anwendung des Kalkulationsfaktors. Er wird berechnet, indem der Inklusivpreis durch die Materialkosten dividiert wird.

Kalkulationsfaktor = $\frac{26,41}{8,40}$ = 3,144

Probe: 8,40 DM   ·   3,144   = 26,19 DM (siehe Kalkulationsschema)
oder auch: Materialkosten · Kalkulationsfaktor = Inklusivpreis

Die Formel für die Berechnung des Kalkulationsfaktors lautet:

$$\text{Kalkulationsfaktor} = \frac{\text{Inklusivpreis}}{\text{Materialkosten}}$$

Der Kalkulationsfaktor ist die Zahl, mit der der Materialpreis zu multiplizieren (Faktor!) ist, um den Inklusivpreis zu erhalten. Er wird ermittelt, indem der Inklusivpreis durch die Materialkosten dividiert wird.

Aufgaben

1. Informieren Sie sich in Ihrem Betrieb über die gesamten Materialkosten verschiedener Gerichte und ermitteln Sie anhand der Preise, mit denen diese Gerichte in Ihrem Haus angeboten werden, jeweils den Kalkulationszuschlag bzw. den Kalkulationsfaktor.
Beispiel: Materialkosten 9,00 DM, Inklusivpreis 26,00 DM.
Was fällt Ihnen beim Vergleich zwischen Kalkulationszuschlag und -faktor auf?

2. Für ein Hochzeitsessen, an dem 25 Personen teilnehmen, betragen die Materialkosten 356,50 DM. Der Kalkulationszuschlag beträgt 240 %.
a) Welchen Gesamtpreis hat der Gastgeber zu bezahlen?
b) Mit welchem Inklusivpreis wird ein Menü angeboten?
c) Wie heißt der Kalkulationsfaktor?

3. Berechnen Sie den Kalkulationszuschlag und -faktor für ein Gericht, das auf der Karte für 28,50 DM angeboten wird und für das Materialkosten von 9,34 DM entstehen.

4. Eine Kiste Wein mit sechs Literflaschen kostet im Einkauf 32,40 DM. Der Kalkulationsfaktor beträgt für diesen Wein 3,65.
   a) Wie hoch ist der Inklusivpreis?
   b) Zu welchem Preis kann auf der Karte ein 0,2-l-Schoppen angeboten werden?

5. Für ein Gedeck werden Gemeinkosten von 145 % gerechnet. Der Gewinn beträgt 18 %, das Bedienungsgeld 15 % und die MWSt 16 %.
   Wie hoch ist der Kalkulationszuschlag für dieses Gedeck?

6. Eine Flasche Irish Whiskey (0,75 l) kostet im Einkauf 29,00 DM. Zu welchem Preis können wir ein Glas mit 2 cl bei einem Kalkulationszuschlag von 520 % anbieten?

7. Für eine Tasse Kaffee werden benötigt:
    8 g Kaffeemehl   1 kg kostet 22,80 DM
   10 g Zucker   1 kg kostet 1,79 DM
   10 g Kaffeesahne   1 l   kostet 2,80 DM
   Eine Tasse Kaffee wird auf der Getränkekarte für 2,20 DM angeboten.
   Berechnen Sie den Kalkulationszuschlag und den Kalkulationsfaktor.

8. Die Materialkosten für ein Gericht betragen 11,40 DM. Es wird mit 80 % Gemeinkosten, 20 % Gewinn, 10 % Bedienungsgeld und 16 % MWSt gerechnet.
   Wie lautet der Kalkulationszuschlag?
   ① 125 %   ② 225 %   ③ 273,25 %   ④ 175,62 %   ⑤ 231,15 %

9. Wie hoch ist der Kalkulationszuschlag, wenn ein Gericht, dessen Materialkosten 8,50 DM betragen, auf der Karte mit 28,50 DM angeboten wird?
   ① 200 %   ② 335,3 %   ③ 235,3 %   ④ 3,353 %   ⑤ 20 %

10. Mit welchem Kalkulationsfaktor wurde gerechnet, wenn Materialkosten von 4,20 DM entstehen und der Inklusivpreis 14,20 DM beträgt?
    ① 10   ② 3,38   ③ 2,38   ④ 10,38   ⑤ 1,38

20.4 Rückwärtskalkulation

Bisher ist davon ausgegangen worden, dass die Materialkosten gegeben sind und mit Hilfe der Zuschläge der Inklusivpreis zu ermitteln ist. In der Praxis ist der Gastronom, bedingt durch die Wettbewerbssituation, der Preisakzeptanz durch die Gäste oder durch Vereinbarungen mit Reiseveranstaltern an bestimmte Verkaufspreise gebunden.

So ist unter Vorgabe des Verkaufspreises und der vorhandenen Zuschlagssätze der Einkaufspreis (= Materialkosten) zu berechnen, der nicht überschritten werden darf.

Diese Aufgabe hat die Rückwärtskalkulation (= retrograde Kalkulation).

Die Rechenart ist eine Anwendung der Prozentrechnung mit vermehrtem Wert (vgl. Kap. 7.4).

> Es wird eine Reisegruppe erwartet, die Abendessen bestellt hat. Ein fester Inklusivpreis wird vereinbart. Für dieses Essen liegen feste Zuschlagssätze vor. Es besteht nun die Aufgabe so günstig einzukaufen, dass der vereinbarte Preis eingehalten werden kann.

Beispiel:

Das Essen soll zu einem Preis von 38,00 DM angeboten werden. Wir rechnen mit Gemeinkosten von 150%, Gewinn von 25%, Bedienungsgeld von 14% und USt von 16%. Welcher Materialpreis darf höchstens aufgewendet werden, damit das Essen zum Preis von 38,00 DM verkauft werden kann?

Lösungsweg:

Zunächst wird wieder das Kalkulationsschema aufgestellt:

Materialkosten	100%				9,58 DM
+ Gemeinkosten	140%				13,41 DM
= Selbstkosten	240%	100%			22,99 DM
+ Gewinn		25%			5,75 DM
= Geschäftspreis		125%	100%		28,74 DM
+ Bedienungsgeld			14%		4,02 DM
= Nettoverkaufspreis			114%	100%	32,76 DM
+ Umsatzsteuer				16%	5,24 DM
= Inklusivpreis				116%	38,00 DM

Antwort:

Die Materialkosten dürfen höchstens 9,58 DM betragen.

Lösungshinweise:

116% ≙ 38,00 DM
100% ≙ x $x = \dfrac{38,00 \cdot 100}{116} = 32{,}76$ DM

114% ≙ 32,76 DM
100% ≙ x $x = \dfrac{32,76 \cdot 100}{114} = 28{,}74$ DM

125% ≙ 28,748 DM
100% ≙ x $x = \dfrac{28,74 \cdot 100}{125} = 22{,}99$ DM

240% ≙ 22,99 DM
100% ≙ x $x = \dfrac{22,99 \cdot 100}{240} = $ **9,66 DM**

Statt der hier direkt errechneten Grundwerte (Anwendung der Prozentrechnung mit vermehrtem Grundwert) können auch die jeweiligen Zuschläge und anschließend durch Subtraktion (vermehrter Wert-Zuschlag) die jeweiligen Grundwerte berechnet werden.

Die Rückwärtskalkulation kann ebenfalls angewendet werden, wenn der Kalkulationszuschlag bzw. der Kalkulationsfaktor gegeben ist.

Beispiel 1:

Wie hoch dürfen die Materialkosten für ein Menü höchstens sein, wenn ein Inklusivpreis von 23,00 DM vorliegt und mit einem Kalkulationsaufschlag von 170% gerechnet wird?

Lösungsweg:

Materialkosten	100%	8,52 DM
+ Kalkulationszuschlag	170%	14,48 DM
= Inklusivpreis	270%	23,00 DM

Antwort:

Die Materialkosten dürfen höchstens 8,52 DM betragen.

Beispiel 2:

Eine Flasche Mineralwasser wird auf der Getränkekarte zu 3,00 DM angeboten. Wie hoch darf der Einkaufspreis höchstens sein, wenn mit einem Kalkulationsfaktor von 6,25 gerechnet wird?

Lösungsweg:

Es gilt:

Kalkulationsfaktor = Inklusivpreis : Einkaufspreis

Die Gleichung wird umgestellt und es ergibt sich:

$$\text{Einkaufspreis} = \frac{\text{Inklusivpreis}}{\text{Kalkulationsfaktor}}$$

$$\text{Materialkosten} = \frac{\text{Inklusivpreis}}{\text{Kalkulationsfaktor}}$$

Für das Beispiel gilt also: Einkaufspreis = $\frac{3,00}{6,25}$ = 0,48 DM

Antwort:

Der Einkaufspreis darf nicht über 0,48 DM liegen.

Bei der Rückwärtskalkulation (retrograden Kalkulation) wird vom Inklusivpreis ausgegangen und mit Hilfe der einzelnen Zuschlagssätze, des Kalkulationszuschlages oder des Kalkulationsfaktors der (höchste) Einkaufspreis/die höchsten Materialkosten ausgerechnet, die gerade noch aufgewendet werden dürfen, um den festen Inklusivpreis einzuhalten.

Aufgaben

1. Nehmen Sie sich eine Speisen- bzw. Getränkekarte und suchen Sie einige Inklusivpreise heraus. Lassen Sie sich von der Buchhaltung die jeweiligen Zuschlagssätze geben und ermitteln Sie anschließend jeweils die entsprechenden (höchsten) Einkaufspreise bzw. Materialkosten.
   Beispiel: Inklusivpreis 26,00 DM, Zuschlagssatz 188,9 %.
   Versuchen Sie dann auch herauszufinden, bei welchem Lieferanten Sie diese (Höchst-)Preise bezahlen müssen.
   Überlegen Sie auch, welche Auswirkung es hat, wenn die tatsächlichen Einkaufspreise unter bzw. über dem von Ihnen berechneten Höchstpreis liegen.

2. Eine Flasche Sekt »Perliges Europatröpfchen« wird auf der Getränkekarte zum Inklusivpreis von 28,50 DM angeboten. Wie teuer darf die Flasche im Einkauf höchstens sein, wenn mit einem Gesamtaufschlag von 320 % kalkuliert wird?

3. Ein Gedeck für drei Personen kostet 132,00 DM. Wie hoch sind die Selbstkosten, wenn mit 19 % Gewinn, 17 % Bedienungsgeld und 16 % MWSt gerechnet wird?

4. Eine Festtagsgesellschaft von 27 Personen hat für das Essen insgesamt 1.836,00 DM zu bezahlen. Wie hoch dürfen die Materialkosten für ein Gericht höchstens sein, wenn der Kalkulationszuschlag 245 % beträgt?

5. Wie hoch dürfen die Materialkosten für ein Menü höchstens sein, wenn der kalkulierte Inklusivpreis 54,00 DM beträgt und mit 110% Gemeinkosten, 12,5% Gewinn, 11% Bedienungsgeld sowie 16% USt gerechnet wird?

6. Der Inklusivpreis von 14 Gedecken beträgt 24,00 DM je Gedeck. Es wird mit 112% Gemeinkosten, 12,5% Gewinn, 14% Bedienungszuschlag und 16% USt gerechnet.
a) Berechnen Sie den Materialpreis je Gedeck.
b) Wie hoch ist der Kalkulationszuschlag?

7. Ein Geschäftsessen wird für 32,00 DM pro Person angeboten. Der Kalkulationszuschlag wird mit 245% festgelegt. Wie hoch sind die Materialkosten für elf Personen?
① 9,28 DM   ② 13,06 DM   ③ 102,03 DM   ④ 110,40 DM   ⑤ 143,67 DM

8. In unserem Haus findet eine Weihnachtsfeier statt. Wir bieten ein mehrgängiges Festtags-Menü zu einem Preis von 78,00 DM an. Darin sind folgende Werte berücksichtigt:
180% Betriebskosten (Gemeinkosten), 16% Bedienungsgeld, 21% Gewinn sowie die gesetzliche Mehrwertsteuer.

a) Wie viel Materialkosten können wir pro Menü aufwenden?
① 48,32 DM   ② 17,10 DM   ③ 58,47 DM   ④ 23,50 DM   ⑤ 31,06 DM

b) Erfreulicherweise meldet sich eine Gruppe von 20 Personen an. Für diese Stammgäste reduzieren wir den Menüpreis um 15% als Treueangebot. Um wie viel DM muss der Materialpreis gesenkt werden, wenn die Zuschlagssätze unverändert bleiben sollen?
① 14,67 DM   ② 2,56 DM   ③ 26,40 DM   ④ 8,63 DM   ⑤ 7,95 DM

c) Berechnen Sie den Kalkulationsfaktor für das Menü für den normalen Preis und den Sonderpreis. Was fällt Ihnen auf und welchen Schluss ziehen Sie daraus?

9. Für 20 Gedecke wird ein Inklusivpreis von 820,00 DM kalkuliert. Es wird mit 155% Gemeinkosten, 35% Gewinn, 12% Bedienungsgeld und 16% Mehrwertsteuer gerechnet. Wie viel DM beträgt der Gemeinkostenanteil?
① 165,05 DM   ② 76,40 DM   ③ 184,94 DM   ④ 321,57 DM   ⑤ 284,18 DM

10. Für bestimmte Speisen wird ein Gemeinkostenzuschlag von 175%, Bedienungsgeld von 20% sowie 16% MWSt kalkuliert.
Wie viel Prozent beträgt der Gewinn bei einem Gesamtauschlag von 375%?
① 21%   ② 20%   ③ 22,5%   ④ 24,1%   ⑤ 52%

20.5 Zimmerpreiskalkulation

Bei der Speisen- und Getränkekalkulation wird von den Materialkosten bzw. vom Bezugspreis ausgegangen. Für jede Speise bzw. jedes Getränk können dabei verschiedene Bezugspreise und damit Inklusivpreise entstehen. Die Bezugspreise/Materialkosten sind variable Kosten: Sie verändern sich mit der Menge der verkauften Produkte.

Für die Beherbergung dienen fast ausschließlich fixe Kosten als Kalkulationsgrundlage. Zu diesen fixen Kosten gehören z.B.:

Löhne, Gehälter	Mieten, Pachten	anteilige Zinsen	Abschreibungen
Reinigung	Reparaturen, Instandhaltung	Strom/Gas/Wasser	Heizung
Wäschekosten	Einrichtung/Mobiliar	Dekoration	usw.

Für die Kalkulation dienen all diese fixen Kosten als Kalkulationsgrundlage.

Dabei ist zu beachten, dass die fixen Kosten auch dann anfallen, wenn die Kapazität nicht ausgelastet wird: Auch nicht verkaufte Übernachtungen bewirken fixe Kosten.

In der Kalkulation sind daher nur die verkauften Übernachtungen zu berücksichtigen.

Es ergibt sich damit folgender Zusammenhang:

- hoher Auslastungsgrad/hohe Übernachtungszahl

  ←←←

  geringer Fixkostenanteil/Übernachtung

- geringe Auslastung/geringe Übernachtungszahl

  ←←←

  hoher Fixkostenanteil/Übernachtung

20.5.1 Divisionskalkulation und Auslastungsgrad/Frequenz

In der »Schönen Aussicht« sollen die Übernachtungspreise überprüft werden. Der Wirtschaftsdirektor, Herr Remlein, stellt in den letzten Jahren stetig steigende Preise für Energie, Personal usw. fest. Auch die Zahl der tatsächlichen Übernachtungen ist – vor allem saisonal – ständigen Schwankungen unterworfen. So soll jetzt für die Übernachtungen ein angemessener Preis kalkuliert werden, der gästefreundlich, wettbewerbsgerecht und gewinnbringend sein soll.

Beispiel:

Das Hotel verfügt über eine Gesamtkapazität von 34 310 Übernachtungen. Im letzten Jahr wurden 25 733 Übernachtungen gebucht.

Die gesamten Kosten für den Beherbergungsbereich betrugen 1.955.708,00 DM.

Herr Remlein will den Auslastungsgrad/die Frequenz sowie den Selbstkostenanteil pro Übernachtung ermitteln.

Lösungsweg:

1. Schritt: Berechnung der Frequenz

Für die Berechnung der Frequenz wird die Gesamtkapazität gleich 100% (Grundwert) gesetzt. Die tatsächliche Übernachtungszahl ist der prozentuale Anteil, bezogen auf die Gesamtkapazität.

$34\,310 \triangleq 100\,\%$

$25\,733 \triangleq x$

$$x = \frac{100 \cdot 25\,733}{34\,310} = 75{,}0\,\%$$

Antwort:

Die Frequenz betrug 75,0 %.

2. Schritt: Berechnung des Selbstkostenanteils pro Übernachtung

Für die Berechnung des Selbstkostenanteils sind die gesamten (Fix-)Kosten durch die Anzahl der verkauften Übernachtungen zu dividieren. Daher heißt diese Berechnungsart auch **Divisionskalkulation**.

$$\text{Selbstkosten/Übernachtung} = \frac{1.955.708{,}00}{25\,733} = 76{,}00 \text{ DM}$$

Antwort:

Der Selbstkostenanteil pro Übernachtung beträgt 76,00 DM.

Es gelten allgemein folgende Formeln:

> **Frequenz/Auslastungsgrad =**
> $$\frac{\text{Anzahl der tatsächlichen Übernachtungen} \cdot 100}{\text{Gesamtkapazität (Anzahl der möglichen Übernachtungen)}}$$

Für die Berechnung der Gesamtkapazität gilt:

> **Gesamtkapazität = Anzahl der Betten · 365 (Tage)**

Hierbei ist zu berücksichtigen, dass teilweise Leerzeiten anfallen (Betriebsferien, Unterbrechung durch Renovierungsarbeiten usw.), in denen keine Betten angeboten werden können. Diese Fehltage sind dann von 365 zu subtrahieren.

Für die Berechnung der tatsächlichen Übernachtungszahl gilt:

> **tatsächliche Übernachtungszahl = Gesamtkapazität · Frequenz**

Für die Berechnung des Selbstkostenanteils gilt:

> **Selbstkostenanteil pro Übernachtung =**
> $$\frac{\text{Gesamtkosten der Beherbergung}}{\text{Anzahl der tatsächlichen Übernachtungen}}$$

Aufgaben

1. Informieren Sie sich in Ihrem Betrieb, wie hoch die Gesamtkapazität an Übernachtungen ist. Finden Sie heraus, wie viel Übernachtungen im letzten Jahr tatsächlich verkauft worden sind und ermitteln Sie so die Frequenz.
   Finden Sie auch heraus, wie sich die Frequenz in den einzelnen Monaten des letzten Jahres verändert hat und versuchen Sie diese Veränderungen zu erklären.
   Beispiel: 94 Zimmer, ganzjährige Öffnung, 28 820 verkaufte Übernachtungen.

2. Ein Hotel mit 110 Betten buchte im letzten Jahr 31 317 Übernachtungen.
   Wie hoch war die Auslastung?

3. Ein Hotel mit 166 Betten war in einem Jahr wegen Renovierungsarbeiten elf Tage geschlossen. Es wurden 42 604 Übernachtungen verkauft.
   a) Berechnen Sie die Frequenz.

b) Wie hoch waren die Selbstkosten je Übernachtung, wenn die Gesamtkosten 1.550.078,00 DM betrugen?

c) Wie hoch wäre die Frequenz gewesen, wenn die Renovierungsarbeiten nicht durchgeführt worden wären und die gleiche Anzahl an Übernachtungen verkauft worden wäre?

4. Das Sporthotel »Fitness-Castle« mit 86 Betten hatte im letzten Geschäftsjahr an 303 Tagen geöffnet. Es hatte eine Auslastung von 81 %.

   a) Wie viel Übernachtungen konnten an die »sportlichen« Gäste insgesamt verkauft werden?
   b) Welcher Selbstkostenanteil entstand für eine Übernachtung bei Gesamtkosten in Höhe von 1.389.896,00 DM?

5. Das Hotel »Bayernblick« hat 36 Einzelzimmer und 68 Doppelzimmer. Es war im letzten Jahr zu 85 % ausgelastet. Die Gesamtkosten betrugen 2.091.829,60 DM.
   a) Wie viel Übernachtungen wurden in der Abrechnungsperiode gebucht?
   b) Wie hoch war der Selbstkostenanteil pro Übernachtung?
   c) Berechnen Sie die Selbstkosten pro Übernachtung für den Fall, dass die Anzahl der Übernachtungen um 20 % zurückgeht.
   d) Um wie viel Prozent steigen in diesem Fall die Selbstkosten?

6. Ein Hotel hat eine Kapazität von 76 Betten und hat ganzjährig geöffnet. Wegen der Konkurrenzsituation dürfen die Selbstkosten für eine Übernachtung nicht über 28,50 DM liegen. Mit welcher Frequenz muss das Haus mindestens belegt sein, damit die erwarteten Gesamtkosten in Höhe von 577.130,00 DM gedeckt werden? (Vgl. auch Kap. 22 »Deckungsbeitragsrechnung«.)

7. Ein Stadthotel mit 116 Betten hat aus betrieblichen Gründen 16 Tage im Jahr geschlossen.
   Es wurden in dem Abrechnungsjahr 28 136 Übernachtungen gebucht. Wie hoch war die Frequenz?
   ① 66,5 %   ② 69,5 %   ③ 72,7 %   ④ 65,9 %   ⑤ 68 %

8. Ein Hotel mit 79 Betten musste 12 Tage im letzten Jahr schließen. Es hatte einen Auslastungsgrad von 70 % und es entstanden für den Beherbergungsbereich Gesamtkosten von 765.223,20 DM.
   Mit welchen Selbstkosten musste kalkuliert werden?
   ① 39,20 DM   ② 27,44 DM   ③ 26,54 DM   ④ 38,40 DM   ⑤ 32,90 DM

20.5.2 Kalkulation des Inklusivpreises

Für die Kalkulation des Inklusivpreises wird der Gemeinkostenzuschlag – wie es bei Speisen und Getränken gemacht wird – nicht berücksichtigt. Wie bereits behandelt, fließen all diese – fixen – Gemeinkosten bereits in die Selbstkostenkalkulation ein.

Es müssen jetzt noch Gewinn, Bedienungsgeld und Umsatzsteuer berücksichtigt werden. Der Gewinn ist i.d.R. relativ hoch, weil im Bereich Beherbergung durch hohes gebundenes Kapital ein hoher Zinsanteil entsteht, der im Gewinn »einzubauen« ist.

In der »Schönen Aussicht« sind bereits die Selbstkosten pro Übernachtung ermittelt worden. Herr Remlein kalkuliert nun in Zusammenarbeit mit der Marketingleiterin, Frau Schulz, die Inklusivpreise (Zimmerpreise).

Beispiel:

Der bereits ermittelte Selbstkostenanteil pro Übernachtung beträgt 76,00 DM. Es soll ein Gewinn von 25% erzielt werden. Das Bedienungsgeld beträgt 12%, die Mehrwertsteuer 16%. Zu welchem Preis kann eine Übernachtung (voller DM-Betrag) angeboten werden?

Lösungsweg:

Auch hier kommt das Kalkulationsschema – mit den erwähnten Änderungen – zur Anwendung:

Selbstkosten	100%		76,00 DM
+ Gewinn	25%		19,00 DM
= durchschnittlicher Geschäftspreis	125%	100%	95,00 DM
+ Bedienungsgeld		12%	11,40 DM
= durchschnittlicher Nettoverkaufspreis		112% 100%	106,40 DM
+ Mehrwertsteuer		16%	17,02 DM
= durchschnittlicher Inklusivpreis/Zimmerpreis		116%	123,42 DM

Antwort:

Der kalkulierte Inklusivpreis beträgt 123,42 DM. Das Zimmer wird mit 124,00 DM angeboten.

Die ermittelten Werte sind lediglich Durchschnittswerte, unabhängig von Lage, Größe und Ausstattung der Zimmer. Der Berechnung des Durchschnittspreises ist aber unbedingte Voraussetzung, um auch die Zimmer- bzw. Übernachtungspreise in anderen Kategorien (z.B. Einzelzimmer mit gehobener Ausstattung) berechnen zu können.

Aufgaben

1. Erkunden Sie die Selbstkosten pro Übernachtung in Ihrem Betrieb. Ermitteln Sie den Inklusivpreis pro Übernachtung und legen Sie hierfür einen Gewinn von 30%, 15% Bedienungsgeld und 16% Mehrwertsteuer zugrunde. Vergleichen Sie anschließend die tatsächlichen Zimmerpreise und finden Sie heraus, worin mögliche Abweichungen bestehen.
Beispiel: Selbstkosten 45,30 DM/55,00 DM.

2. Das Luxushotel »Goldener Berg« hat 38 Doppelzimmer und 51 Einzelzimmer. Bei ganzjähriger Öffnung ist es zu 60% ausgelastet. Die Kosten für die Beherbergung betragen 1.743.875,10 DM. Berechnen Sie den Inklusivpreis für eine Übernachtung (auf volle 5,00 DM aufrunden) bei folgenden Kalkulationswerten:
Gewinn: 65%;   Bedienungsgeld: 25%;   Mehrwertsteuer: 16%

3. Ein Hotel mit 86 Betten war zu 70% ausgelastet. Die Gesamtkosten betrugen 621.835,90 DM bei ganzjähriger Öffnung.
a) Berechnen Sie die Selbstkosten pro Übernachtung.
b) Zu welchem Preis wurde eine Übernachtung angeboten (auf volle DM aufrunden), wenn mit einem Gesamtaufschlag von 225% kalkuliert wurde?

Auch bei der Zimmerpreiskalkulation kann das verkürzte Verfahren mit Hilfe des Kalkulationsaufschlages bzw. des Kalkulationsfaktors (wie bei Speisen und Getränken) angewendet werden.

4. Ein Hotel »garni« hat 14 Doppel- und 12 Einzelzimmer und ist 40 Tage im Jahr geschlossen. Die Auslastung beträgt 67,5%. Die Gesamtkosten für Beherbergung betragen 170.235,00 DM.
   Berechnen Sie den Bettpreis, wenn mit einem Kalkulationsfaktor von 3,35 kalkuliert wird.

5. Das Hotel »Zur Rose« bietet eine Übernachtung zu einem Inklusivpreis von 95,00 DM an. In diesem Preis sind 40% Gewinn, 10% Bedienungsgeld sowie 16% Mehrwertsteuer enthalten.
   a) Wie hoch sind die Selbstkosten pro Übernachtung?
   b) Mit welchem Kalkulationsfaktor wurde gerechnet?

Die Anwendung der Rückwärtskalkulation ist ebenfalls – wie bei der Speisen- und Getränkekalkulation – entsprechend anwendbar.

6. Der Übernachtungspreis in einem Berghotel beträgt 124,00 DM. Es wird mit 16% Bedienungsgeld und 16% Umsatzsteuer gerechnet.
   Die Selbstkosten pro Übernachtung werden unter Berücksichtigung der Frequenz und der Gesamtkosten mit 58,10 DM ermittelt.
   a) Wie hoch ist der Gewinn in DM und Prozenten?
   b) Mit welchem Kalkulationsfaktor (auf zwei Stellen nach dem Komma genau) wird kalkuliert?

7. Wie hoch dürfen die Selbstkosten für eine Übernachtung höchstens sein, wenn bei einem Kalkulationszuschlag von 286% der Inklusivpreis 119,00 DM beträgt?
   ① 41,61 DM ② 83,83 DM ③ 63,98 DM ④ 30,38 DM ⑤ 30,83 DM

8. Als Inklusivpreis für eine Übernachtung in einem kleinen Gasthof werden einem Gast 69,00 DM in Rechnung gestellt. Der Preis enthält 20% Bedienungsgeld sowie die gesetzliche Umsatzsteuer. Als Selbstkosten wurden 30,30 DM kalkuliert.
   a) Mit wie viel Prozent wurde der Gewinn gerechnet?
      ① 56% ② 19,7% ③ 63,6% ④ 30,3% ⑤ 10%
   b) Wie viel Bedienungsgeld ist im Übernachtungspreis enthalten?
      ① 9,91 DM ② 19,70 DM ③ 9,00 DM ④ 10,60 DM ⑤ 15,00 DM
   c) Wie lautet der Kalkulationszuschlag?
      ① 100,0% ② 138,7% ③ 38,7% ④ 127,7% ⑤ 172,7%

9. Das Tagungshotel »Am Grünen Hang« berechnet für eine Übernachtung in einem Zimmer der gehobenen Klasse 198,00 DM. Die Selbstkosten betragen 65,00 DM.
   Mit welchem Kalkulationszuschlag wird gerechnet?
   ① 304,6%
   ② 133,0%
   ③ 204,6%
   ④ 206,4%
   ⑤ 233,0%

20.5.3 Kalkulation mit Äquivalenzzahlen

Bei der Kalkulation des Inklusivpreises ist bisher davon ausgegangen worden, dass alle Zimmer bzw. Übernachtungen gleichwertig sind. Dies entspricht jedoch nicht immer der Realität. Es gibt meistens Zimmer in verschiedenen Kategorien (A als höchste, dann B usw.) bzw. Qualitätsstufen. Die Einordnung in eine Kategorie kann z.B. nach folgenden Merkmalen vorgenommen werden:

- Größe und architektonische Einteilung des Zimmers
- Ausstattung mit Mobiliar, Dekoration, sanitären Einrichten (z.B. eingebauter Fön)
- Ausstattung mit modernen Kommunikationsgeräten (Fax-Gerät, Telefon mit ISDN-Anschluss, evtl. sogar PC/Laptop mit Internet-Verbindung; ferner TV-Gerät mit integriertem Videoteil usw.)
- Lage des Zimmers (ruhige Lage, evtl. mit Meer- bzw. Landschaftsblick; Lage direkt an einer vielbefahrenen Hauptstraße, Baustellenblick usw.).
- Nähe des Zimmers zum Fahrstuhl, zum Tagungsraum, zum Frühstücksraum bzw. Restaurant und zur Rezeption.

Daher ist es leicht zu verstehen, dass Zimmer mit gehobenem Niveau auch höher zu bewerten sind als die übrigen Zimmer.

> Nachdem unser Wirtschaftsdirektor, Herr Remlein, mit der Marketingleiterin, Frau Schulz, die Selbstkosten und die durchschnittlichen Inklusivpreise ermittelt hat, bekommen Sie von der kaufmännischen Direktorin, Frau Best, den Ratschlag: »Wenn Sie unsere Zimmer, die wir in drei Kategorien anbieten, realistisch kalkulieren wollen, müssen Sie die Zimmer nach den verschiedenen Kategoriewerten einstufen. Ich habe bereits die dafür notwendigen Äquivalenzzahlen durch unsere 1. Hausdame, Frau Birke, erstellen lassen.«
>
> Diesen Hinweis nehmen Herr Remlein und Frau Schulz gerne auf und bedanken sich bei Frau Starke dafür.

Beispiel:

In der »Schönen Aussicht« gibt es 34 Einzelzimmer, 40 Doppelzimmer der mittleren Kategorie und 20 Doppelzimmer der gehobenen Klasse. Die Zimmer werden mit folgenden Äquivalenzzahlen (»Wertezahlen«) belegt:

A Einzelzimmer (EZ/D/WC)   1,0
B Doppelzimmer (DZ/D/WC)   1,5
C Doppelzimmer (DZ/Bad/WC/Fax/Meerblick) 2,5

Bei der bereits ermittelten Gesamtauslastung von 75% verteilen sich die Übernachtungen wie folgt:

A: 6 400 Übernachtungen

B: 12 143 Übernachtungen

C: 7 190 Übernachtungen

Die gesamten Selbstkosten liegen mit 1.955.670,00 DM fest.

Herr Remlein berechnet zusammen mit Frau Schulz die genauen Selbstkosten pro Übernachtung in jeder Kategorie.

Lösungsweg:

Zimmerart	Kategorie	Äquivalenz-zahl	gesamte Selbstkosten (DM)	Anzahl der Übernachtungen	Selbstkosten pro Übernachtung (DM)
34 EZ	A	1,0	4 391.134,00	6 400	5 61,11
40 DZ	B	1,5	4 586.701,00	12 143	5 48,32
20 DZ	C	2,5	4 977.835,00	7 190	5 136,00
Σ 94 Zi		2 Σ 5,0	3 Σ 1.955.670,00	Σ 25 733	∅ 76,00

1. Zunächst ein Schema erstellen und die gegebenen Werte eintragen
2. Äquivalenzzahlen addieren
3. Gesamte Selbstkosten durch die Summe der Äquivalenzzahlen dividieren:

   1.955.670,00 DM : 5 = 391.134,00 DM/Äquivalenzzahl

   und dieses Zwischenergebnis

4. jeweils mit den einzelnen Äquivalenzzahlen multiplizieren:

   1,0 · 391.134,00 DM = 391.134,00 DM
   1,5 · 391.134,00 DM = 586.701,00 DM
   2,5 · 391.134,00 DM = 977.835,00 DM

   und diese Anteile der gesamten Selbstkosten pro Kategorie
5. jeweils durch die Anzahl der Übernachtungen dividieren:

   391.134,00 DM : 6 400 = 61,11 DM/Übernachtung
   586.701,00 DM : 12 143 = 48,32 DM/Übernachtung
   977.835,00 DM : 7 190 = 136,00 DM/Übernachtung

Damit ergibt sich für Herrn Remlein und Frau Schulz Folgendes:

1. Antwort:

Die Selbstkosten betragen 61,11 DM für die Einzelzimmer (A), 48,32 DM für die Doppelzimmer (B) und 136,00 DM für die Doppelzimmer (C).
Mit Hilfe der Selbstkostenberechnung mit Äquivalenzzahlen können jetzt für die drei verschiedenen Kategorien die Inklusivpreise unter Berücksichtigung der gegebenen Zuschlagssätze differenzierter und realistischer kalkuliert werden:

			Kategorie →	A	B	C
Selbstkosten	100 %			61,11 DM	48,32 DM	136,00 DM
+ Gewinn	25 %			15,28 DM	12,08 DM	34,00 DM
= Geschäftspreis	125 %	100 %		76,39 DM	60,40 DM	170,00 DM
+ Bedienungsgeld		12 %		9,17 DM	7,25 DM	20,40 DM
= Nettoverkaufspreis		112 %	100 %	85,56 DM	67,65 DM	190,40 DM
+ Mehrwertsteuer			16 %	13,69 DM	10,82 DM	30,46 DM
= Inklusivpreis			116 %	99,25 DM	78,47 DM	220,86 DM

Die detaillierte Kalkulation, differenziert nach den unterschiedlichen Kategorien, führt Herrn Remlin und Frau Schulz zum

2. Antwort:

Die kalkulierten Inklusivpreise betragen jetzt 98,39 DM, 77,80 DM und 218,96 DM. Die Übernachtungen werden jetzt zu folgenden Inklusivpreisen angeboten:

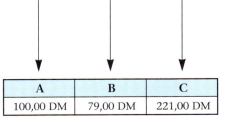

A	B	C
100,00 DM	79,00 DM	221,00 DM

Aufgaben

1. Erkunden Sie in Ihrem Betrieb, welche unterschiedlichen Kategorien Sie im Betrieb haben und wie viel Zimmer mit den jeweils verschiedenen Äquivalenzzahlen belegt sind. Berechnen Sie dann die Selbstkosten je Zimmer.
   Beispiel: 20 Zimmer Kategorie A Faktor 1,0 (3000 Übernachtungen); 35 Zimmer Kategorie B mit Faktor 1,7 (4 000 Übernachtungen); 15 Zimmer Kategorie C mit Faktor 2,8 (1500 Übernachtungen). Gesamtkosten 544.000,00 DM.

2. Ein Hotel verfügt über folgende Zimmer mit den angegebenen Daten:

Zimmerart	Kategorie	Äquivalenzzahl	durchschnittliche monatliche Belegung
16 Einzelzimmer	A	1,4	400
24 Einzelzimmer	B	1,0	580
25 Doppelzimmer	A	1,8	650
26 Doppelzimmer	B	2,5	600

   Die gesamten Selbstkosten werden mit 122.650,00 DM ermittelt.
   a) Ermitteln Sie die Selbstkosten pro Zimmer.
   b) Um wie viel DM und Prozent liegt das teuerste Zimmer höher im Preis als das billigste?

3. In einem Hotel sollen für die bevorstehende Saison durch das Controlling die Zimmerpreise überprüft und neu kalkuliert werden. Folgende Daten liegen dem Controlling vor:

Zimmerart/Kategorie	Äquivalenzzahl	jährliche Frequenz
35 Einzelzimmer/A	1,0	80%
55 Doppelzimmer/B	1,6	76%
25 Doppelzimmer/C	2,8	60%

   Das Hotel ist ganzjährig geöffnet. Die Gesamtkosten betragen 1.439.268,00 DM.
   a) Berechnen Sie die Gesamtkapazität, die Kapazitäten pro Kategorie und die durchschnittliche Kapazität.
   b) Berechnen Sie die einzelnen Übernachtungen für die drei Zimmerkategorien.
   c) Berechnen Sie die durchschnittlichen Selbstkosten pro Zimmer. Erklären Sie die großen Abweichungen.
   d) Berechnen Sie jeweils den Inklusivpreis für die Zimmer bei folgenden Zuschlagssätzen:
   Kategorie A und B: Gewinn 115%, Bedienungsgeld 20%
   Kategorie C: Gewinn 10%, Bedienungsgeld 5%.
   Es gilt die gesetzliche Mehrwertsteuer.
   e) Wie hoch sind für die drei Kategorien jeweils die Kalkulationszuschläge?

4. Ein Hotel hat 30 Zimmer der Kategorie A und 55 Zimmer der Kategorie B. Bezogen auf die letzten Jahre erhält A die Äquivalenzzahl 1,75, B die Äquivalenzzahl 2,25. Das Hotel hatte das ganze Jahr geöffnet.
   Kategorie A war zu 86% ausgelastet, Kategorie B zu 80%.
   a) Wie hoch waren die durchschnittlichen Selbstkosten pro Zimmer der Kategorie B?
        ① 93,27 DM   ② 39,27 DM   ③ 52,08 DM   ④ 45,68 DM   ⑤ 44,00 DM

b) Wie viel DM betragen die durchschnittlichen Selbstkosten je Zimmer?
   ① 44,00 DM   ② 52,08 DM   ③ 39,27 DM   ④ 45,68 DM   ⑤ 45,00 DM
c) Wie hoch wären die durchschnittlichen Selbstkosten je Zimmer, wenn das ganze Hotel das ganze Jahr über voll ausgelastet wäre?
   ① 39,27 DM   ② 44,00 DM   ③ 12,81 DM   ④ 36,13 DM   ⑤ 45,68 DM

- Kosten bzw. Leistungen sind betriebsbedingte Aufwendungen bzw. Erträge.
-

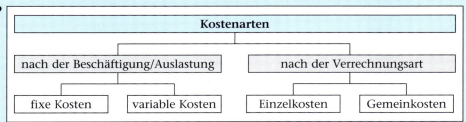

- Die Speisen-/Getränkekalkulation kann durch Zuschlagskalkulation erfolgen.
- Eine Vereinfachung ist die Anwendung von Kalkulationszuschlag bzw. Kalkulationsfaktor.
- Die Rückwärtskalkulation rechnet vom Inklusivpreis bis zu den (höchstmöglichen) Materialkosten/Einkaufspreisen.
- Die Zimmerpreiskalkulation kann durch Divisionskalkulation erfolgen.
- Bei den Zimmerpreisen spielen Gesamtkapazität und tatsächliche Auslastung (= Frequenz) eine wichtige Rolle.
- Auch bei der Zimmerpreiskalkulation kann die Zuschlagskalkulation, der Kalkulationszuschlag bzw. Kalkulationsfaktor eingesetzt werden.
- Die Zimmerpreiskalkulation mit Äquivalenzzahlen berücksichtigt die verschiedenen Werte/Kategorieeinstufungen der verschiedenen Zimmertypen und ist daher genauer als die Berechnung auf der Grundlage der Divisionskalkulation.

21 Kosten der Technisierung

In gastronomischen Betrieben werden viele verschiedene technische Geräte eingesetzt. Dies gilt in besonderem Umfang für den Küchenbereich.

Der Einsatz technischer Geräte bietet vor allem folgende Vorteile:
- Wirtschaftlichkeit: Moderne Geräte sparen Wasser und Energie wie Gas und Strom (vgl. Kap. 19)
- Hygiene
- Bedienungskomfort
- Sicherheit

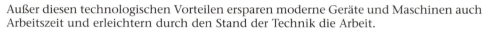

Außer diesen technologischen Vorteilen ersparen moderne Geräte und Maschinen auch Arbeitszeit und erleichtern durch den Stand der Technik die Arbeit.

Um festzustellen, ob die Anschaffung moderner Geräte lohnenswert ist, müssen die Kosten für diese Investitionen ermittelt werden.

Es sind hierbei fixe und variable Kosten zu unterscheiden (vgl. Kap. 20).

fixe Kosten	variable Kosten
• sind Kosten der Betriebsbereitschaft	• sind Kosten der Betriebsdurchführung
• entstehen auch dann, wenn keine betriebliche Leistung erstellt wird	• entstehen nur dann, wenn eine betriebliche Leistung erstellt wird
• bleiben unabhängig von der Nutzung eines Gerätes gleich	• ändern sich abhängig von der Nutzung eines Gerätes
• werden auch als Kapitalkosten, die in Zusammenhang mit der Anschaffung stehen, bezeichnet	• heißen auch Betriebskosten, die mit dem »Betreiben« in Zusammenhang stehen
• Beispiele: Abschreibungen (AfA = Absetzung für Abnutzung), Zinsaufwendungen	• Beispiele: Energiekosten, Hilfsmittel, Reparaturen/Wartung

Der Küchenchef der »Schönen Aussicht«, Herr Frei, bemängelt in der letzten Zeit immer öfter die Funktionsfähigkeit des vorhandenen Herdes. Der Energieverbrauch für die Speisenzubereitung wird immer höher und außerdem entspricht der Herd nicht mehr dem technisch neuesten Stand. So wendet er sich an die kaufmännische Direktorin, Frau Best, um mit ihr über die Anschaffung eines neuen Gasherdes zu sprechen.

Frau Best will die Investition zunächst unter Kostengesichtspunkten prüfen, bevor eine Entscheidung für die Neuanschaffung des vorgeschlagenen Herdes fallen kann.

21 Kosten der Technisierung

Beispiel:

Nach dem Einholen verschiedener Angebote (Prospektmaterial verschiedener Hersteller und Großhändler) kommt der Gasherd »Poting Plus E« mit sechs Brennern in die engste Wahl. Das Gerät kostet in der Anschaffung 6.400,00 DM. Die Nutzungsdauer ist mit fünf Jahren zu kalkulieren. Außerdem ist ein Zinssatz von 8 % als kalkulatorische Zinsen anzusetzen. (Kalkulatorische Zinsen: Zinsen, für die keine Auszahlung erfolgt, die jedoch als betriebsbedingter Aufwand = Kosten, die für die Kalkulation zu berücksichtigen sind.)

Das Modell PRE/105 wird mit einem Energieverbrauch von 3,00 m³ Gas pro Stunde angegeben.

Lösungsweg:

1. Schritt: Zunächst sollen die fixen Kosten ermittelt werden.

➤ **Abschreibungen**

Jede Maschine, jedes Gerät unterliegt im Laufe der Zeit einer Wertminderung, die im Rechnungswesen als Abschreibung bzw. AfA erfasst wird. Die Abschreibung richtet sich nach dem Anschaffungswert (AW) und der Nutzungsdauer (ND).

Es gilt also:

$$\text{Abschreibungsbetrag} = \frac{\text{Anschaffungswert}}{\text{Nutzungsdauer}} \qquad \boxed{AfA = \frac{AW}{ND}}$$

Der Abschreibungsbetrag für den Herd beträgt 6.400,00 DM : 5 = **1.280,00 DM/Jahr**.

Die Berechnung des Abschreibungssatzes erfolgt durch die Division.

$$\text{Abschreibungssatz in Prozenten} = \frac{100\,\%}{\text{Nutzungsdauer}} \qquad \boxed{\text{AfA-Satz} = \frac{100\,\%}{ND}}$$

Für den Gasherd ergibt sich ein AfA-Satz von 100 % : 5 = 20 %.

Zur Kontrolle: 20 % AfA vom AW 6.400,00 DM = 1.280,00 DM (siehe oben).

Die Abschreibungen fließen in die Kalkulation und damit in die Verkaufserlöse ein. Somit dienen sie der Finanzierung der Anschaffung durch die Verkaufspreise.

➤ **Zinskosten**

Für die Anschaffung des Herdes ist der Einsatz von Kapital erforderlich.

Für den Fall, dass dieses Kapital durch Aufnahme eines Krediten finanziert wird, sind Kreditzinsen zu bezahlen.

Wird der Herd durch Eigenkapital finanziert, so entgehen uns Zinserträge, die erzielt werden könnten, wenn dieser Betrag zinsbringend angelegt werden würde. Daher sind diese »entgangenen« Zinsen zu berücksichtigen. Für diese Zinsen entstehen zwar keine Ausgaben, jedoch sind sie in die Kostenrechnung als »kalkulatorische Zinsen« aufzunehmen.

Die kalkulatorischen Zinsen sind also Kosten für die Nutzung des Herdes und werden – wie die Abschreibungen – durch Berücksichtigung in der Kalkulation durch die Umsatzerlöse der »Schönen Aussicht« wieder vergütet.

Da die Abschreibungen einen Teil des Anschaffungswertes finanzieren und damit einen indirekten Zinsertrag erzielen, wird für die Berechnung der halbe Zinssatz genommen.

Für den Gasherd ergibt sich folgende Berechnung:

$$\text{Zinskosten} = \frac{\text{Anschaffungswert} \cdot \text{Zinssatz}}{100 \cdot 2} \qquad \boxed{Z = \frac{AW \cdot p}{100 \cdot 2}}$$

$$\text{Zinskosten} = \frac{6.400,00 \cdot 8}{100 \cdot 2} = \mathbf{256,00 \text{ DM/Jahr}}$$

Summe der fixen Kosten:

Abschreibungen	1.280,00 DM
Zinskosten	256,00 DM
Kapitalkosten	**1.536,00 DM**

2. Schritt: Jetzt sind die Betriebskosten zu ermitteln.

▶ **Energieverbrauch**

Aufgrund der Erfahrungswerte wird eine tägliche Nutzungsdauer von 10 Stunden/Tag festgestellt. Der Preis von 1 m^3 Gas beträgt 9,8 Pfennig (für Heizungsgeräte 3,8 Pfennig, hier kann anderes Gas verwendet werden).

Somit ergeben sich für ein Jahr folgende Energiekosten:
Energiekosten = 365 · 10 · 3,0 · 0,098 = **1.073,10 DM/Jahr**

▶ **Hilfsmittel**

Hierzu gehören beispielsweise Reinigungsmittel, Wasser, Putzmittel usw. Für den Gasherd wird mit einem Betrag von 15,00 DM monatlich gerechnet.
Es ergibt sich
Kosten für Hilfsmittel = 12 · 15,00 DM = **180,00 DM/Jahr**

▶ **Reparaturen**

In der ersten Zeit der Nutzungsdauer fallen erfahrungsgemäß keine oder nur geringe Reparaturen an. Mit zunehmender Nutzungsdauer nehmen diese jedoch in Häufigkeit und Umfang zu.

Deshalb wird vom Zeitpunkt der Anschaffung ein durchschnittlicher Prozentsatz vom Anschaffungswert als Rücklage für anfallende Reparaturen zugrunde gelegt.

Wenn keine genauen Erfahrungswerte für einen Herd gleichen Typs vorliegen – der technologische Fortschritt macht dies sehr schwierig –, wird ein durchschnittlicher Prozentsatz genommen.

Die »Schöne Aussicht« rechnet nur die geplante Investition mit einem Satz von 4% des Anschaffungswertes, also

$$\text{pauschale Raparaturkosten} = \frac{\text{Anschaffungswert} \cdot \text{Prozentsatz}}{100} = \frac{6.400 \cdot 4}{100} = \mathbf{128,00 \text{ DM/Jahr}}$$

Summe der variablen Kosten:

Energiekosten	1.073,10 DM
Hilfsmittel	180,00 DM
Reparaturkosten	128.00 DM
Betriebskosten	**1.381,10 DM**

Antwort

3. Schritt:
Berechnung der Gesamtkosten für ein Jahr, einen Monat, einen Tag und eine Betriebsstunde

Kapitalkosten/Jahr	**1.536,00 DM**
Betriebskosten/Jahr	**1.381,10 DM**
Gesamtkosten/Jahr	**2.917,10 DM**

$$\text{Gesamtkosten pro Monat} = \frac{\text{Gesamtkosten pro Jahr}}{12} = \frac{2.917,10}{12} = 243,09 \text{ DM}$$

$$\text{Gesamtkosten pro Tag} = \frac{\text{Gesamtkosten pro Jahr}}{365} = \frac{2.917,10}{365} = 7,99 \text{ DM}$$

$$\text{Gesamtkosten pro Stunde} = \frac{\text{Gesamtkosten pro Jahr}}{\text{Betriebsstunden pro Jahr}} = \frac{2.917,10}{3\,650} = 0,80 \text{ DM}$$

- Im Zusammenhang mit dem Einsatz technischer Geräte entstehen fixe Kosten (Kapitalkosten) und variable Kosten (Betriebskosten) der Technisierung.
- Die Höhe der Abschreibungen richtet sich nach der betrieblichen Nutzungsdauer

Auszug aus einer AfA-Tabelle

Anlagegut	Nutzungsdauer in Jahren	Abschreibungssatz in Prozent
Backöfen, Bratöfen	5	20
Bohnermaschinen	6	17
Elektrokleingeräte	3	33
Fettabscheider	5	20
Geschirrspüler	3 – 5	20 – 33
Kaffeemaschine	5	20
Mikrowelle	3 – 5	20 – 33
PC	5	20
Waschmaschinen, autom.	6	17

Dieses sind Richtwerte. Die betriebliche tatsächliche Abschreibung kann nach der tatsächlichen Nutzungsintensität stark schwanken.

Großgeräte (Küchenblocks, Großherde) haben eine Nutzungsdauer bis zehn Jahre. Kleingeräte (Kaffeemaschine, Mikrowelle) werden mit einer Nutzungsdauer von drei bis fünf Jahren kalkuliert.

- Die kalkulatorischen Zinsen »ersetzen« einen möglichen Zinsertrag
- Die Betriebskosten ändern sich in Abhängigkeit von der Nutzung
- Es ergibt sich folgender Zusammenhang:

  geringe Nutzung ← hohe Kapitalkosten je Einsatz (Stunde, Tag usw.)
  intensive Nutzung ← geringe Kapitalkosten je Einsatz

- Da die Betriebskosten je Einsatz gleich bleiben,
  - sind die Gesamtkosten je Einsatz bei geringer Nutzung hoch,
  - sind die Gesamtkosten je Einsatz bei intensiver Nutzung niedrig

Aufgaben

1. Wenden Sie sich an Ihren Küchenchef und stellen Sie fest, wie hoch die Kapitalkosten und Betriebskosten für wichtige Elektro- und Gasgeräte in der Küche sind. Machen Sie für die von Ihnen ausgesuchten Geräte eine tabellarische Aufstellung.

2. Eine gute Kaffeemaschine (Edelstahl rostfrei, antimagnetisch) kostet 15.600,00 DM. Wie hoch sind die Kapitalkosten, wenn ein kalkulatorischer Zinssatz von 9 % zugrunde gelegt wird.
   Entnehmen Sie die Nutzungsdauer/den Abschreibungssatz der vorliegenden AfA-Tabelle.

3. Es sollen die Kosten für eine anzuschaffende Waschmaschine (Toplader; Fassungsvermögen 4,5 kg) ermittelt werden. Folgende Werte liegen vor:
   – Anschaffungswert 1.800,00 DM
   – Nutzungsdauer sechs Jahre, kalkulatorische Zinsen 5 % vom Anschaffungswert
   – Wasserverbrauch 60 l pro Waschgang (1 m³ Wasser kostet 2,60 DM)
   – Stromverbrauch 1,8 kWh pro Waschgang (1 kWh kostet 23,5 Pfennig), Waschmittelverbrauch 140 ml für normal verschmutzte Wäsche (1 kg kostet 8,90 DM)
   – Hilfsmittel 12,50 DM pro Monat
   – Reparaturkosten 5 % vom Anschaffungswert.
   Die Maschine läuft durchschnittlich zweimal pro Tag mit je 90 Minuten.
   Berechnen Sie
   a) die Gesamtkosten für ein Jahr
   b) die Kosten für eine Betriebsstunde.

4. Ein Mikrowellengerät der technisch neuesten Generation wird zu einem Anschaffungswert von 3.500,00 DM gekauft. Folgende Daten fließen in die Kalkulation ein:
   – Nutzungsdauer vier Jahre, Zinssatz 10 % vom Anschaffungswert
   – Leistungsaufnahme 2800 W/h, Strompreis 0,24 DM/kWh, tägliche Betriebsdauer durchschnittlich drei Stunden
   – Reparaturpauschale 4 % vom Anschaffungswert
   – Hilfsmittel 100,00 DM/Jahr.
   Ermitteln Sie die Gesamtkosten für eine Stunde Betriebsdauer.

5. Ein neuer Geschirrspüler Modell »Poting GE 99« kostet 5.500,00 DM. Er soll 2-mal eine Stunde täglich benutzt werden. Die Nutzungsdauer wird mit vier Jahren angenommen, der Zinssatz mit 10 % (halben Zinssatz kalkulieren).
   Bei den Betriebskosten wird für Reparaturen/Wartung eine Kostenpauschale von 7 % des Anschaffungswertes gerechnet. Für den Verbrauch liegen folgende Angaben vor:
   – Stromverbrauch 1,8 kWh (1 kWh kostet 0,24 DM)
   – Wasserverbrauch 3 l pro Korb; 50 Körbe täglich, 1 m³ Wasser kostet 2,60 DM
   – Spülmittel 36 g je Spülgang (1 kg kostet 9,80 DM)
   – Klarspüler 3 ml je Spülgang (1 l kostet 8,50 DM)
   – Salzverbrauch 30 g je Spülgang (1 kg kostet 3,50).
   Ermitteln Sie
   a) die gesamten Kosten für ein Jahr
   b) die Kosten für einen Spülgang

6. a) Ordnen Sie die richtigen Begriffe den entsprechenden Ziffern in der Abbildung zu.

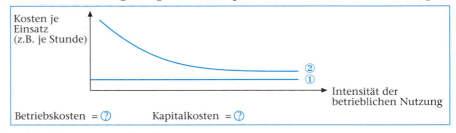

   b) Welche Aussage ist richtig?
      ① Die gesamtem Betriebskosten bleiben unabhängig von der Nutzung immer gleich groß.
      ② Bei hoher Nutzung steigen die gesamten Kapitalkosten.
      ③ Die Abschreibungen sind Betriebskosten und daher immer gleich groß.
      ④ Energie- bzw. Wasserverbrauch beeinflussen die Zinskosten.
      ⑤ Bei intensiver Nutzung sinken die Gesamtkosten je Nutzungseinheit.

22 Deckungsbeitragsrechnung

> Das Hotel »Schöne Aussicht« beabsichtigt eine Dependance mit einer Kapazität von 50 Zimmern zu errichten. Die vorliegenden Marktinformationen besagen, dass unser Investor seine Leistungen künftig entweder an Firmen für Tagungen/Konferenzen oder an Reiseveranstalter verkaufen kann.

Im Gastgewerbe bestehen immer noch Vorbehalte die **Deckungsbeitragsrechnung** im Rahmen der Kalkulation von Angebotspreisen einzusetzen. Dieses ist häufig dadurch bedingt, weil

a) Fehlinformationen bezüglich des Einsatzes der **Vollkostenrechnung** für Zwecke der Kalkulation vorliegen.

b) nicht genügend Kenntnisse darüber bestehen, was die Deckungsbeitragsrechnung als **Teilkostenrechnung** für die Kalkulation von Preisen leisten kann.

Bei der Vollkostenrechnung werden alle anfallenden Kosten umgerechnet auf die einzelnen **Kostenträger** (= Leistungseinheiten eines gastgewerblichen Betriebes, z.B. Zimmer, Speisen und Getränke).

Die Teilkostenrechnung ist hingegen ein verfeinertes Verfahren, dass die angefallenen Kosten eines gastgewerblichen Betriebes (= Gesamtkosten) aufteilt.

Im Rahmen der Teilkostenrechnung hat sich die Deckungsbeitragsrechnung (DBR) zu einem Instrument der Entscheidungsfindung im Gastgewerbe entwickelt. In der Deckungsbeitragsrechnung werden die Erlöse danach beurteilt, ob nach Abzug der variablen Kosten noch ein Beitrag zur Deckung der fixen Kosten und zur Gewinnerzielung verbleibt (= **Deckungsbeitrag**). Die angefallenen Gesamtkosten müssen also rechnerisch in variable und fixe Kosten aufgeteilt werden (s. auch Kap. 21):

1. Als **variable Kosten** bezeichnet man die von der Leistungserbringung abhängigen Kosten. Es sind Kosten, die der betrieblichen Tätigkeit zum Zweck der Leistungserstellung entstehen, und zwar in direkter Abhängigkeit von der Auslastung des Hotels (z.B. Warenkosten und Reinigungskosten). Diese variablen Kosten reagieren direkt auf jede Beschäftigungsänderung/Absatzmenge; so steigen die variablen Gesamtkosten (Kv) mit den zu erbringenden Übernachtungen.

2. **Fixe Kosten** fallen als Kosten der Betriebsbereitschaft unabhängig von der Beschäftigung (Auslastung) in gleich bleibender Höhe an. Sie reagieren nicht auf Veränderungen der Auslastung (z.B. Festpacht einer Gaststätte, Versicherungen, Gehälter von Angestellten). Fixe Kosten müssen in Kauf genommen werden, um die betriebliche Leistungserstellung zu ermöglichen.

Von besonderer Bedeutung sind die fixen Kosten für Saisonbetriebe, weil fixe Kosten über das ganze Jahr anfallen, auch wenn der Betrieb bspw. nur während der Sommersaison geöffnet hat. In diesem Fall gilt es die fixen Kosten in wenigen Monaten zu erwirtschaften, z.B.:

Ein 100-Betten-Hotel hat 90.000,00 DM fixe Kosten im Monat (30 Tage)		
Frequenz (%)	Übernachtung (Anzahl)	K_f/Übernachtung (DM)
100	3000	30,00
80	2400	37,50
60	1800	50,00
40	1200	75,00
20	600	150,00

Der Zusammenhang zwischen fixen Gesamt- und Stückkosten wird nun anhand des vorstehenden Beispiels grafisch verdeutlicht:

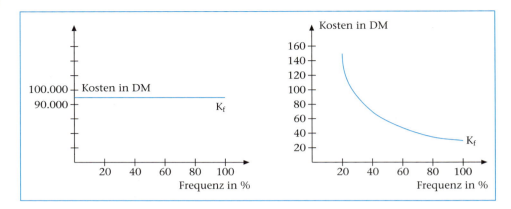

Vergleichsmerkmale der Voll- und Teilkostenrechnung

Vollkostenrechnung
Bei sinkender Auslastung eines Hotels sinken die Kosten nicht in dem gleichen Ausmaß; dies führt automatisch dazu, dass die gesamten Kosten auf weniger Leistungseinheiten zu verteilen sind.

Teilkostenrechnung
Durch die Aufteilung der Kosten in fixe und variable Kosten wird es möglich die Auswirkungen von Schwankungen der Kapazitätsauslastungen (Beschäftigungsschwankungen) auf das Kostenverhalten zu untersuchen.

In einer Vollkostenrechnung wird auf die Selbstkosten ein betriebsinterner Gewinn geschlagen, um den Angebotspreis zu ermitteln; nicht in allen Fällen lässt sich dieser jedoch am Markt durchsetzen, denn das Angebot entspricht nicht immer der Nachfrage. Um kurzfristige und marktorientierte Entscheidungen fällen zu können, muss der Gastronom wissen, welchen Beitrag eine bestimmte Leistung (z.B. Frühstück) erbringt, um die fixen Kosten zu decken. So werden in der DBR dem einzelnen Kostenträger (= Zimmer, Speisen, Getränke usw.) lediglich die variablen Kosten kalkulatorisch zugerechnet. Der Deckungsbeitrag (DB) ergibt sich dementsprechend wie folgt:

    Nettoerlöse (E)   der einzelnen Leistungen des gastronomischen Betriebes
− variable Kosten (K_v)
= Deckungsbeitrag (DB)

$$\boxed{DB = NE - \text{variable Kosten}}$$

Der DB lässt sich auf diese Weise für jede gastgewerbliche Leistung errechnen, denn der Gastronom weiß, wie hoch die variablen Kosten z.B. für die Zimmerreinigung, Strom, Heizung, Wareneinsatz für Frühstück, Mittag- oder Abendessen sowie die Beherbergung für eine Nacht sind.

Beispiel:

    Erlös (ohne Steuern) der Beherbergung für eine Nacht im Einzelzimmer
                                                                                    = 150,00 DM
− variable Kosten für eine Übernachtung   =   50,00 DM
= Deckungsbeitrag der Beherbergung für eine Nacht   = 100,00 DM

Jeder Deckungsbeitrag für eine einzelne gastgewerbliche Leistung stellt ein »Scheibchen« zur Deckung des Fixkostenblocks dar. Die Summe der »Scheibchen« zusammen genommen zeigen, wie der Fixkostenblock »abgetragen« wird und ob darüber hinaus Gewinn erwirtschaftet wird. Will man also wissen, was für den gastronomischen Betrieb an Gewinn verbleibt bzw. welches Betriebsergebnis vorliegt, so werden vom Deckungsbeitrag die insgesamt anfallenden Fixkosten abgezogen:

Deckungsbeitrag (DB)	=	100,00 DM
− fixe Kosten (K_f)	=	80,00 DM
= Betriebsergebnis/Gewinn (G/V)	=	20,00 DM

Wie das nebenstehende Beispiel zeigt, wird auch in der Teilkostenrechnung der Gewinn ebenso wie in der Vollkostenrechnung als Differenz zwischen den Erlösen des gastronomischen Betriebes und seinen Gesamtkosten ermittelt. Die Gewinnzone wird also dann erreicht, wenn die Erlöse der Leistungen alle Kosten des gastronomischen Betriebes decken.

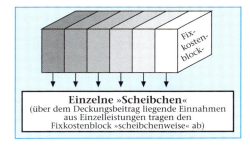

Die nachstehende Grafik dient einer Veranschaulichung der Abhängigkeiten zwischen den gesamten im Betrieb anfallenden Kosten, den Deckungsbeiträgen sowie dem Betriebsergebnis:

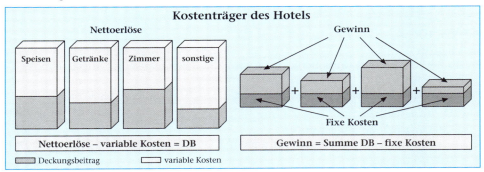

Der vorstehende Zusammenhang macht deutlich, dass ein gastronomischer Betrieb, der sich noch nicht in der Gewinnzone befindet, durch einen positiven Deckungsbeitrag die fixen Kosten abdecken kann. Weiterhin kann die DBR Auskunft über die absolute, kurzfristige Preisuntergrenze einer gastronomischen Leistung geben, denn sie ist durch die Höhe der variablen (= direkten) Kosten des jeweiligen Produkts bestimmt. Eine derartig exakte Kalkulation ist im heutigen Wettbewerb auch notwendig, denn auf dem Vollkostenansatz begründete Preise (= Deckung sämtlicher Kosten) sind am Markt kaum noch durchsetzbar. Als weitere Schwäche der Vollkostenrechnung ist zu nennen, dass die unterschiedlichen Auslastungsgrade (= Beschäftigungsgrade) eines gastronomischen Betriebes in keiner Weise berücksichtigt werden.

Diese Problematik verdeutlicht das nachstehende Beispiel.

Beispiel 1:

Ein Hotel verfügt über 150 Betten, die es an 220 Tagen pro Jahr anbietet. Das Hotel hatte im letzten Jahr 18 150 Übernachtungen mit Frühstück zu verzeichnen. Die aus der Kostenrechnung (Betriebsabrechnungsbogen) zu entnehmenden Selbstkosten (= alle im gastgewerblichen Betrieb angefallenen Kosten) betrugen 735.080,00 DM. Die Fixkosten machten 551.310,00 DM, also 75 % der Beherbergungskosten aus. Für Übernachtung und Frühstück fielen an variablen Kosten 9,00 DM pro Übernachtung an.

Für eine Übernachtung konnten im Hotel durchschnittlich 50,00 DM (ohne Mehrwertsteuer) erzielt werden. Dieselben Größen werden auch für das Folgejahr erwartet.

Unser Hotelier erhielt nun am Ende des letzten Jahres das Angebot von einem Reiseveranstalter, einen Vertrag über 6000 Übernachtungen inklusive Frühstück zum Preis von 26,00 DM mit ihm abzuschließen. Welche Entscheidung muss der Hotelier treffen, um betriebswirtschaftlich richtig zu handeln?

> Um zu ermitteln, in welche Richtung die Entscheidung gehen sollte, ist eine Überschlagsrechnung sinnvoll:
>
> Teilt man diese gesamten Selbstkosten durch die Zahl der Übernachtungen (18 150), so ergibt sich pro Übernachtung ein Selbstkostenanteil von 40,50 DM.
>
> Diese errechneten Selbstkosten bilden die Preisuntergrenze für Entscheidungen des Hoteliers, und zwar unabhängig davon, wie stark das Hotel belegt ist.
>
> Geht man jedoch davon aus, dass die zusätzlich zu verkaufenden Betten im Jahr für den Hotelier 6000 Mehrübernachtungen einbringen, so ergibt sich dadurch eine erhöhte Auslastung für das Hotel. Berücksichtigt man zunächst einmal nicht, dass die variablen Kosten dadurch steigen, so würden sich als Selbstkosten pro Übernachtung ergeben: 735 080 : 24 150 = 30,44 DM. Damit würden zwar die Selbstkosten bei Annahme des Angebotes immer noch über dem Vertragspreis (26,00 DM) liegen, aber die Annahme des Angebotes würde in jedem Fall zur Fixkostendeckung beitragen und damit insgesamt das Betriebsergebnis verbessern.
>
> Um eine betriebswirtschaftlich genaue Entscheidungsgrundlage zu haben, muss man jedoch die DBR anwenden.

Lösungsweg:

1. Schritt

Das Betriebsergebnis ohne Berücksichtigung des Reiseveranstalter-Angebots berechnet sich wie folgt:

Erlöse pro Übernachtung (netto) = 50,00 DM – 9,00 DM variable Kosten	
= Deckungsbeitrag pro Übernachtung	= 41,00 DM
= Deckungsbeitrag insgesamt (41,00 DM · 18 150 Übernachtungen)	= 744.150,00 DM
– fixe Kosten	= 551.310,00 DM
= Betriebsergebnis (744.150,00 – 551.310,00)	= 192.840,00 DM

2. Schritt

Berücksichtigt man das Angebot des Reiseveranstalters, ergibt sich ein neues Betriebsergebnis:

Erlöse pro Übernachtung (netto) = 26,00 DM – 9,00 DM variable Kosten	
= Deckungsbeitrag pro Übernachtung	= 17,00 DM
Deckungsbeitrag alt	= 744.150,00 DM
+ Deckungsbeitrag (zusätzlich) 17,00 DM · 6.000 Übernachtungen	= 102.000,00 DM
Deckungsbeitrag (gesamt)	= 846.150,00 DM
– fixe Kosten	= 551.310,00 DM
Betriebsergebnis neu (846.150,00 – 551.310,00)	= 294.840,00 DM

Antwort:

Die Lösung zeigt, dass durch einen Vertragsabschluss mit den Reiseveranstaltern über 6000 Übernachtungen mit Frühstück zum Preis von 26,00 DM das Betriebsergebnis um 102.000,00 DM günstiger ausfällt.

Das vorstehende Beispiel verdeutlicht, dass eine Preispolitik, die sich allein an den schematisch errechneten vollen Selbstkosten orientiert, nicht in jedem Fall alle Kosten deckt und den angestrebten Gewinn sichert.

Ausschlaggebend bei der Entscheidungsfindung ist das Betrachten der **Preisuntergrenze** (s.u.).

Denn der Fixkostenanteil im Hotel lässt sich Stück für Stück über jede Einnahme abdecken, die über die variablen Kosten hinausgeht; anders ausgedrückt: Nach einer bestimmten Anzahl von »Scheibchen«, die man vom Fixkostenblock abträgt, wird die **Gewinnzone** erreicht. Danach ist jeder erzielte Deckungsbeitrag gleichzeitig Gewinn. Der Punkt, an dem der Deckungsbeitrag genauso groß ist wie die fixen Kosten, nennt man **Gewinnschwelle (= Break-even-point)**.

Die in der Hotellerie zu beachtende Preisuntergrenze liegt also immer dort, wo im Beherbergungsbereich die Kosten für die Übernachtung des Gastes zu decken sind (= Energiekosten, Zimmerreinigung, Wäschepflege usw.). Im F & B-Bereich kann zwar ein Angebotspreis unter den Selbstkosten liegen muss aber immer noch die variablen Kosten wie den Wareneinsatz einspielen. Würde man also die Preisuntergrenze im Beherbergungs- und Verpflegungsbereich nicht beachten, würde das zu Verlusten für das Hotel führen.

Für den Hotelier ist es natürlich wichtig zu wissen, dass die DBR die Vollkostenrechnung nicht vollständig ersetzt, aber sie ergänzt die Vollkostenrechnung in vielen Situationen sinnvoll. Vor allem wenn es darum geht nicht ausreichende Kapazitätsauslastungen der Hotellerie zu überbrücken, dass heißt durch preispolitische Maßnahmen die Nachfrage zu beleben. Immer ist jedoch zu bedenken, dass aufs Jahr gesehen kein Weg an der Deckung aller Kosten vorbei geht.

Damit eignet sich die DBR grundsätzlich als Entscheidungsgrundlage für einzelne Angebotskalkulationen; das Management hat aber zusätzlich die Vollkostenrechnung für die Beurteilung gesamtbetrieblicher Abläufe zu berücksichtigen.

Vor diesem Hintergrundwissen stellt sich die Auflösung und Beurteilung der obigen Situation in der »Schönen Aussicht« (s.S. 221) recht einfach dar:

Beispiel 2:

Für den Verkauf der Leistungen, die in der geplanten Dependance der »Schönen Aussicht« angeboten werden sollen, ergeben sich für die Herren Böck und Remlein folgende Möglichkeiten:

Möglichkeit A: Tagungen/Konferenzen	Möglichkeit B: Reiseveranstalter
33 EZ / erzielbarer Preis: 90,00 DM	17 EZ / erzielbarer Preis: 70,00 DM
17 DZ / erzielbarer Preis: 130,00 DM	33 DZ / erzielbarer Preis: 90,00 DM
geplante Kapazitätsauslastung: 55% = 202 volle Belegtage	geplante Kapazitätsauslastung: 60% = 220 volle Belegtage
Gesamterlöse: 1.046.360 DM	Gesamterlöse: 915.200 DM
Bereitstellungskosten (Reinigung, Wäsche usw.) pro EZ = 18,00/DZ = 21,00 DM	

Für welche Alternative wird sich die Hotelleitung entscheiden?

Lösungsweg:

Möglichkeit A: Tagungen/Konferenzen 33 EZ, 17 DZ		Möglichkeit B: Reiseveranstalter 17 EZ, 33 DZ	
Erlöse			
33 Zi · 202 Tage · 90,00 DM	= 599.940,00 DM	17 Zi · 220 Tage · 70,00 DM	= 261.800,00 DM
17 Zi · 202 Tage · 130,00 DM		33 Zi · 220 Tage · 90,00 DM	
	= 446.420,00 DM		= 653.400,00 DM
	1.046.360,00 DM		915.200,00 DM

	Kosten		
33 Zi · 202 Tage · 18,00 DM = 119.988,00 DM		17 Zi · 220 Tage · 18,00 DM	= 67.320,00 DM
17 Zi · 202 Tage · 21,00 DM = 72.114,00 DM		33 Zi · 220 Tage · 21,00 DM	= 152.460,00 DM
	= 192.102,00 DM		= 219.780,00 DM
Deckungsbeiträge			
Gesamterlöse	1.046.360,00 DM	Gesamterlöse	915.200,00 DM
– Einzelkosten/Zimmer	192.102,00 DM	– Einzelkosten/Zimmer	219.780,00 DM
Betriebergebnis	= 854.258,00 DM	Betriebsergebnis	= 695.420,00 DM

Antwort:

Die Hotelleitung der »Schönen Aussicht« wird sich in diesem Fall keineswegs für die Geschäftsbeziehung mit dem Reiseveranstalter entscheiden. Die Möglichkeit A lässt ein um 158.838,00 DM günstigeres Betriebsergebnis erwarten.

Aufgaben

1. Ein Hotelbetrieb berechnet den Preis für ein Menü auf der Basis der Zuschlagkalkulation wie folgt:

Wareneinsatz =	40 %
Kosten =	60 %
Aufschlagssatz zur Kostendeckung =	150 %
Warenkosten =	4,00 DM
150 % Aufschlag =	6,00 DM
Gesamtkosten =	10,00 DM
Gewinnzuschlag = 30 % =	3,00 DM
Nettoverkaufspreis =	13,00 DM

   Die fixen Kosten des Betriebes betragen monatlich 20.000,00 DM. An Materialverbrauch pro Menü fallen 5,00 DM an.

   Sie haben nun die Entscheidung zu treffen, ob der Hotelbetrieb das Angebot eines Reiseveranstalters annehmen sollte, der täglich einen Bus mit 30 Gästen zu einem Mittagessen von 8,00 DM pro Person bringen würde. Führen Sie die entsprechenden Berechnungen durch.

2. Das Hotel »Zum Schwan« verfügt über 100 Betten und hat an 220 Tagen im Jahr geöffnet; die durchschnittliche Kapazität liegt bei 50 %. Die dem Betriebsabrechnungsbogen zu entnehmenden Gemeinkosten für die Beherbergung betragen 400.000,00 DM, wovon 85 % fixe und 15 % variable Kosten sind.

   a) Errechnen Sie die variablen Gemeinkosten sowie Einzelkosten einer Übernachtung.
   b) Welcher DB ergibt sich für eine Übernachtung?
   c) Auf wie viel DM beläuft sich das Betriebsergebnis?
   d) Berechnen Sie den DB für eine Übernachtung.

3. In der »Schönen Aussicht« wird ein Gericht auf der Speisenkarte für 23,00 DM angeboten. Es wird in einer Woche bei voller Auslastung 90-mal serviert. Die ermittelten gesamten Fixkosten für dieses Gericht betragen in diesem Abrechnungszeitraum 468,00 DM, die variablen Kosten je Gericht betragen 16,50 DM.
   Bei welchem Auslastungsgrad liegt die Gewinnschwelle?

22 Deckungsbeitragsrechnung

4. Auf Veranlassung der Marketingabteilung wird der Preis eines Menüs von 50,00 DM auf 44,00 DM herabgesenkt. Die variablen Kosten für dieses Menü betragen unverändert 20,00 DM.

Um wie viel Prozent müsste die Anzahl der verkauften Menüs steigen, damit der Ausfall des ursprünglichen Deckungsbeitrages ausgeglichen wird?

5. Für ein Hotel ermittelt das Rechnungswesen folgende Werte:

Anzahl der Übernachtungen	800
Erlöse aus Übernachtungen	89.400,00 DM
Variable Gesamtkosten	43.200,00 DM
Anteilige fixe Gesamtkosten	47.500,00 DM

a) Wie hoch ist der gesamte Deckungsbeitrag?
b) Berechnen Sie das Betriebsergebnis.
c) Bei welchem Preis liegt für die Vermietung die kurzfristige absolute Preisuntergrenze?
d) Zu welchem Mindestpreis (langfristige Preisuntergrenze) müsste jede Übernachtung angeboten werden, damit zumindest kein Verlust entsteht, d.h. alle Kosten gedeckt würden? (Auf volle 10,00 DM aufrunden.)

6. Im Hotel »Brauner Hirsch« entstehen für den Beherbergungsbereich monatliche fixe Gesamtkosten von 60.000,00 DM. Die Zimmer werden zu einem Preis von 200,00 DM vermietet. Für ein Zimmer entstehen variable Kosten in Höhe von 150,00 DM. Wie viel Zimmer müssen monatlich mindestens vermietet werden, damit im Beherbergungsbereich ein Gewinn entsteht?

7. Ein Hotel hat eine Kapazität von 27 375 Übernachtungen pro Jahr. Die Break-even-Analyse ergibt eine Gewinnschwelle von 20 805 Übernachtungen. Wie hoch ist die Frequenz (= Auslastungsgrad) bei Erreichen der Gewinnschwelle?

8. Im Hotel »Goldener Stern« werden für eine Übernachtung Erlöse in Höhe von 124,00 DM erzielt. Die Fixkosten für eine Übernachtung betragen 66,00 DM, die gesamten Selbstkosten für eine Übernachtung 92,50 DM.

a) Wie hoch ist der Deckungsbeitrag für eine Übernachtung?
b) Auf welchen Betrag verändert sich der Deckungsbeitrag für eine Übernachtung, wenn der Preis für eine Übernachtung um 6,00 DM steigt, die neuen gesamten Selbstkosten 107,00 DM für eine Übernachtung betragen und die Fixkosten pro Übernachtung um 6,00 DM gesenkt werden können?
c) Wie hoch ist die Umsatzrentabilität (= Prozentanteil des Gewinns am Umsatz) pro Übernachtung vor bzw. nach der Veränderung?

9. Im Restaurant »Leckerli« wird ein Gericht auf Teilkostenbasis kalkuliert. Es soll ein Deckungsbeitrag von 4,35 DM erzielt werden. Der Wareneinsatz beträgt 8,25 DM, das Bedienungsgeld wird mit 2,56 DM kalkuliert und die sonstigen variablen Kosten werden mit 0,84 DM berechnet.

Zu welchem Preis kann das Gericht auf der Speisekarte angeboten werden?

10. Michael ist Auszubildender im Hotel »Goldene Rose« im 3. Ausbildungsjahr. Er möchte die Zusammenhänge verschiedener Daten aus dem Rechnungswesen kennen lernen.

Welche der beschriebenen Zusammenhänge sind richtig (zwei)?

① Der Deckungsbeitrag ist die Differenz zwischen den Erlösen und den fixen Kosten.

② Der Gewinn ist die Differenz zwischen den Erlösen und den gesamten variablen Kosten.
③ Der Deckungsbeitrag ist die Differenz zwischen den Erlösen und den variablen Kosten.
④ Der Gewinn wird ermittelt, indem die variablen Kosten vom Deckungsbeitrag subtrahiert werden.
⑤ Wenn der Deckungsbeitrag größer als die fixen Kosten ist, liegt ein Gewinn vor.

11. Eine statistische Auswertung für die Beherbergung einer Abrechnungsperiode ergibt den abgebildeten Verlauf für Kosten und Erlöse:

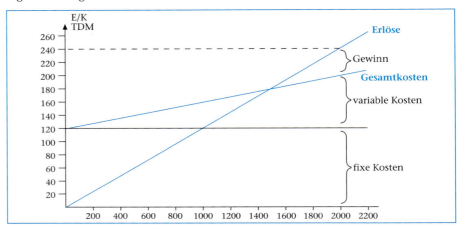

In einem Abrechnungsmonat wurden 2000 Übernachtungen verkauft.

a) Wie hoch ist der Deckungsbeitrag bei 2000 Übernachtungen?

b) Um wie viel kann die Zahl der verkauften Übernachtungen (absolut und in Prozenten) gesenkt werden, wenn aufgrund der Empfehlung der Marketingabteilung eine Preiserhöhung von 10% pro Übernachtung durchsetzbar ist (auf volle 10 aufrunden)? Der gesamte Deckungsbeitrag soll dabei erhalten bleiben.

c) Ermitteln Sie aus der Abbildung, wie hoch das Betriebsergebnis bei 1000 Übernachtungen ist. Bei Gewinn Kennziffer 1, bei Verlust Kennziffer 2 einsetzen.

12. Das »Park-Hotel« rechnet für ein Erzeugnis mit folgenden Werten:
Absatzmenge Erzeugnis A   1250 Stück
Gesamterlöse Erzeugnis A   75.000,00 DM
Gesamte variable Kosten Erzeugnis A   45.000,00 DM
Wie viel Prozent vom Erlös beträgt der Deckungsbeitrag für dieses Erzeugnis?
① 15%   ② 20%   ③ 30%   ④ 40%   ⑤ 60%

13. Die Abteilung Rechnungswesen der Restaurantkette »Schmeckes« soll den Break-even-Punkt (BEP = Gewinnschwelle) ermitteln.
Welche Aussage für den Break-even-Punkt trifft zu?
① Beim BEP sind die fixen Gesamtkosten genauso groß wie die variablen Gesamtkosten.
② Beim BEP wird kein Deckungsbeitrag erzielt.
③ Beim BEP sind die Erlöse genauso hoch wie die fixen Gesamtkosten.
④ Beim BEP ist der Deckungsbeitrag genauso hoch wie die fixen Kosten.
⑤ Beim BEP sind die Umsatzerlöse genauso groß wie die variablen Gesamtkosten.

14. Ordnen Sie den untenstehenden Begriffen die richtigen Ziffern aus der Abbildung zu:

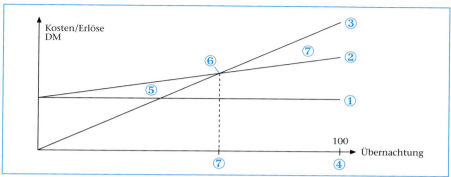

- Ⓐ Verlustzone
- Ⓑ Gesamterlöse
- Ⓒ fixe Gesamtkosten
- Ⓓ Break-even-point (Gewinnschwelle)
- Ⓔ Auslastungsgrad beim BEP
- Ⓕ Gesamtkosten
- Ⓖ Kapazitätsgrenze

Exkurs: Betriebliche Statistik

Die betriebliche Statistik gehört in gastgewerblichen Unternehmen in der Regel zur Abteilung Rechnungswesen. Sie bereitet Zahlen aus der Buchhaltung auf und gewinnt zusätzliche Einsichten über die Ergebnisse von Buchhaltung und Kostenrechnung hinaus, z.B. über die Entwicklung des F&B-Bereiches, der Kosten oder des Umsatzes im Beherbergungsbereich. Die Statistik beschreibt oder beurteilt Situationen, um dadurch

- Entscheidungshilfe bei der betrieblichen Planung zu sein,
- das Risiko einer Fehleinschätzung zu verringern.

Dies ist möglich, weil die betriebliche Statistik Werte in einer Form erfasst, die weder die Buchführung noch die Kosten- und Leistungsrechnung liefern, z.B. Aussagen über die Fluktuation (= Abwanderung, Wechseln) des Personals, die Belegung der Betten im Hotel, die Umsätze pro Mitarbeiter und Tisch sowie die Veränderungen der Magazinbestände.

Die Statistik ergänzt also die bereits ermittelten Zahlen der Buchhaltung bzw. der Kosten- und Leistungsrechnung und kontrolliert einerseits die Abläufe im gastronomischen Betrieb. Andererseits untersucht sie Entscheidungsprozesse eines Betriebes, z.B. die wöchentlichen oder monatlichen Soll-Ist-Vergleiche beim Materialeinsatz und die Zahlen im Vergleich mit anderen Unternehmen der Branche.

Man unterscheidet in den einzelnen Bereichen gastronomischer Betriebe die verschiedenen **Arten der Betriebsstatistik:**

1. Beschaffungsstatistik	Bestellstatistik Einkaufsstatistik
2. Magazinstatistik	Lagerhaltungsstatistik Materialverbrauchsstatistik
3. Produktionsstatistik	Herstellungsstatistik Anlagenstatistik
4. Absatzstatistik	Restaurantverkaufsstatistik Beherbergungsstatistik Preisstatistik Werbestatistik Bankettstatistik Gästestatistik
5. Verwaltungsstatistik	Aufwands- und Kostenstatistik Ertrags- und Gewinnstatistik Debitorenstatistik (Kunden) Kreditorenstatistik (Lieferanten) Bilanzstatistik
6. Personalstatistik	Beschäftigungsstatistik Arbeitszeitstatistik Lohn-/Gehaltsstatistik Sozialleistungsstatistik

Die betriebliche Statistik ist überwiegend eine deskriptive (= beschreibende) Statistik. Sie hat ihre Aufgabe in der Regel in der tabellarischen und/oder grafischen Darstellung des aufbereiteten Zahlenmaterials.

Die Statistik beschäftigt sich mit der

- zahlenmäßigen Erfassung
- zahlenmäßigen Verarbeitung und
- zahlenmäßigen/grafischen Darstellung von Massenerscheinungen.

Als Grundlage der betrieblichen Statistik muss feststehen,
- was der jeweilige Betrieb mit der zu erstellenden Statistik erreichen will,
- welche finanziellen Mittel zur Zielerreichung verfügbar sind.

Auf dieser Basis können die Daten wie folgt gewonnen werden:

Erfassen des Datenmaterials	
primärstatistisch Daten/Unterlagen liegen noch nicht vor	**sekundärstatistisch** man bedient sich bereits vorhandener Unterlagen, die ursprünglich nicht für statistische Zwecke gedacht waren, z.B. Steuererklärungen, DEHOGA-Jahresbericht

Primärstatistische Daten erhält man im wesentlichen durch **Befragung** und **Beobachtung**:

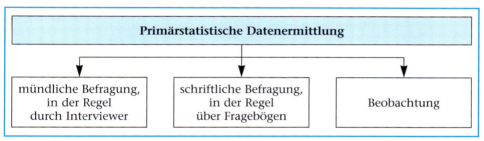

Während bei einer **Vollerhebung** alle Daten erfasst werden, wird bei einer **Teilerhebung** nur eine **Stichprobe** gezogen, also nur ein Teil der Daten zur Untersuchung herangezogen. Diese Daten sind so auszuwählen, dass die Ergebnisse möglichst repräsentativ (= stellvertretend) für die gesamte statistische Masse sind.

1. Tabellen und Grafiken

> Das Hotelrestaurant »Zum Gourmet« will die verkauften Mittagessen in einer Woche übersichtlich darstellen, um die Verzehrgewohnheiten der Gäste zu erkunden, den Betrieb darauf einzustellen und die Wartezeiten möglicherweise zu verringern.
> Das Angebot umfasst an jedem Wochentag 4 verschiedene Mittagsmenüs.

Die zahlenmäßige Erfassung, Darstellung und Untersuchung von Massenerscheinungen nennt man **Statistik** (von lat. status = Stand, Zustand).

Die **beschreibende Statistik** befasst sich mit der Darstellung von Daten. Sie kann je nach Anforderungen an die Übersichtlichkeit und Anschaulichkeit in Form einer **Tabelle**, eines **Diagramms** oder einer **Grafik** erfolgen. Sicherlich wird man immer mit der Aufstellung einer Tabelle beginnen.

Eine Tabelle besteht aus dem **Tabellenkopf** und der **Vorspalte** sowie aus den sich darauf beziehenden Zeilen und Spalten. Im folgenden Beispiel bilden die schraffierten Felder, also die beiden ersten Zeilen, den **Tabellenkopf** und die Wochentage die **Vorspalte**.

Beispiel:

Die Verkaufsergebnisse des Hotelrestaurants «Zum Gourmet» der ersten Woche im Juli werden in einer Tabelle festgehalten.

Wochentag	Preisgruppe				Summe
	10 DM bis 15 DM	15 DM bis 20 DM	20 DM bis 25 DM	über 25 DM	
Montag	34	76	46	18	174
Dienstag	44	68	46	14	172
Mittwoch	42	70	40	12	164
Donnerstag	47	72	38	8	165
Freitag	48	56	47	10	161
Sonnabend	54	52	46	12	164
Sonntag	31	86	57	26	200

1. Erläutern Sie
   a) die »Mittwoch-Zeile« und die »Über-25,00-DM-Spalte« der Tabelle.
   b) die Vorteile einer tabellarischen Darstellung.
2. Stellen Sie die Zahlen der Tabellen in einem Säulendiagramm dar.

Lösungsweg 1:

a) In der «Mittwoch-Zeile» findet man die folgenden Informationen:

Am Mittwoch werden 42 Mittagessen der Preisgruppe von 10,00 DM bis 15,00 DM verzehrt, 70 Mittagessen der Preisgruppe von 15,00 DM bis 20,00 DM, 70 Mittagessen der Preisgruppe von 15,00 DM bis 20,00 DM, 40 Mittagessen der Preisgruppe von 20,00 DM bis 25,00 DM, 12 Mittagessen der Preisgruppe über 25,00 DM und 164 Mittagessen insgesamt.

Die »Über-25-DM-Spalte« enthält dagegen die folgenden Informationen:

Aus der Preisgruppe über 25,00 DM werden am Montag 18 Essen verzehrt, Dienstag 14 Essen, Mittwoch 12 Essen, Donnerstag 8 Essen, Freitag 10 Essen, Sonnabend 12 Essen und am Sonntag 26 Essen.

b) Die vorstehenden Ausführungen zum Teil a) der erstgenannten Frage machen bereits die Vorteil der tabellarischen Darstellung deutlich. Eine Tabelle verkürzt, da sie keine ständig wiederkehrenden Formulierungen bzw. Worte enthält und ermöglicht dadurch einen schnellen Überblick über die zu untersuchenden Zahlen.

Lösungsweg 2:

Zur Anfertigung dieses Säulendiagramms werden die Anzahlen der Menüs aus den jeweiligen »Wochentagszeilen« abgetragen. Zuerst muss man einen geeigneten Maßstab festlegen für die Wochentags- bzw. Anzahlachse. In unserem Fall gehen wir am besten davon aus, dass 20 Menüs 1 cm entsprechen (20 Menüs = 1 cm) und ein Wochentag 1,5 cm. Die Säule für Montag beginnt demnach mit einem 1,7 cm langen Teil, der der Anzahl von Menüs der Preisgruppe 10 DM bis 25 DM entspricht. Darauf wird ein 3,8 cm langes Säulenstück für die 76 Menüs der Preisgruppe 15 DM bis 20 DM gesetzt, dem sich ein 2,3 cm langes Säulenteil für die 46 Menüs der Preisgruppe 20 DM bis 25 DM anschließt. Den oberen Abschluss bildet die 0,9 cm lange Säulenkrone für die 18 Menüs der Preisgruppe über 25 DM. Die Gesamtlänge der Säule für die 25. Woche beträgt 8,7 cm. Die Breite der Säulen hängt von der Säulenanzahl und vom zur Verfügung stehenden Platz ab. Sind beispielsweise viele Säulen darzustellen, wird man sie eher schmal zeichnen. Die Färbung der einzelnen Säulenteile erhöht die Übersichtlichkeit.

Zur besseren Überschaubarkeit stellt die kaufmännische Direktorin der »Schönen Aussicht«, Frau Best, die Zahlen der Tabelle nun in einem Säulendiagramm dar:

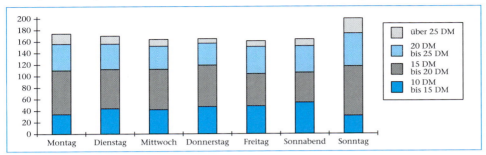

Die geläufigsten Diagrammformen:
- Stab- bzw. **Säulendiagramme**,
- Linien- bzw. **Kurvendiagramme**,
- **Flächendiagramme**, deren wichtigster Spezialfall die **Kreisdiagramme** sind.

Viele moderne Tabellenkalkulationsprogramme erlauben eine bequeme Umsetzung von Tabellen in diese und viele weitere Diagrammformen. Darüber hinaus ermöglichen sie räumliche Darstellungen als sogenannte »3-D-Diagramme«, das sind räumliche Diagramme mit z.B. Quadern bzw. Zylindern statt Säulen bzw. Kreisen. Ein der o.g. Lösung 2 entsprechendes »3-D-Diagramm« ist die folgende Darstellung:

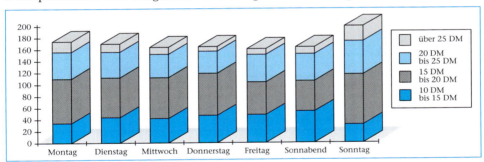

Wäre Frau Best an der Darstellung der Anteile der Menüs I – IV an der Gesamtsumme in der ersten Juliwoche interessiert, so hätte sie nach der folgenden Tabelle ein Kreisdiagramm zeichnen können, das die Prozentanteile besonders übersichtlich darstellt, wie die beiden folgenden Abbildungen zeigen; die zweite Abbildung wurde in räumlicher Darstellung erstellt:

Menüverzahr in der ersten Juliwoche					
	Menü I	Menü II	Menü III	Menü IV	Summe
Anzahl	300	480	320	100	1200
Anteil an der Summe	25%	40%	27%	8%	100%

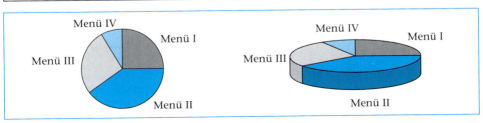

Zur Anfertigung des Kreisdiagramms werden die Anteile der Menüs an der Gesamtzahl in die entsprechenden Anteile am Vollwinkel umgerechnet (siehe Kapitel 9 »Verteilungsrechnung«). Da der Vollwinkel α = 360° (gelesen: alpha gleich 360 Grad) beträgt, ergibt sich

für Menü I: $\alpha_I = \frac{360°}{1200} \cdot 300 = 90°$

für Menü II: $\alpha_{II} = \frac{360°}{1200} \cdot 480 = 144°$

für Menü III: $\alpha_{III} = \frac{360°}{1200} \cdot 320 = 96°$

für Menü III: $\alpha_{IV} = \frac{360°}{1200} \cdot 100 = 30°$

Will Frau Best andererseits die Entwicklung der Anzahlen von Menü II im Verlaufe der Woche darstellen, so wäre ein Stabdiagramm zu empfehlen:

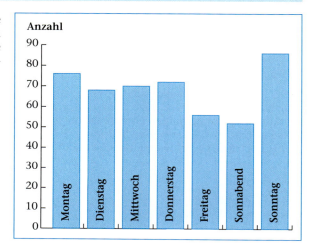

2. Absolute und relative Häufigkeiten

Gehaltsliste des Hotels »Schöne Aussicht«		Bruttomonatsverdienste
Name	**Bruttogehalt**	= Merkmal
Claudia Mai	3.400,00 DM	Höhe des Bruttogehaltes
Giovanni Gerrasi	3.800,00 DM	= Merkmalsausprägung
Emma Brandt	3.700,00 DM	
Rolf Neumann	3.900,00 DM	
Hilde Weiland	3.400,00 DM	
Maria Bock	3.900,00 DM	
Merle Hinz	4.500,00 DM	
Jobst Kern	3.400,00 DM	
Udo Falkner	4.500,00 DM	
Susanne Braun	3.900,00 DM	
Belegschaftsmitglieder = Merkmalsträger		

Die noch ungeordnet vorliegenden Daten – wie in unserem Beispiel die Mitarbeitergehälter der »Schönen Aussicht« – bezeichnet man als **Urliste**. Diese Daten sind zu gruppieren und nach vorher bestimmten **Merkmalsausprägungen** auszuzählen (= Ziel der statistischen Untersuchung).

Bei der Aufbereitung der Daten der Urliste bedient man sich heute überwiegend der EDV. Mit Hilfe geeigneter Software (z.B. Multiplan oder Chart) wird die vorliegende Datenmenge tabellarisch und/oder grafisch aufbereitet und dargestellt.

Natürlich lässt sich eine sinnvolle Betriebsstatistik auch ohne ein entsprechendes EDV-Programm erstellen.

Die in der Gehaltsliste aufgeführten Merkmalsausprägungen (hier Gehälter) nennt man **absolute Häufigkeiten.** Sie lassen sich in Form von Tabellen darstellen und geben einen Überblick darüber, wie sich die Häufigkeiten auf die einzelnen Merkmalsausprägungen verteilen.

Werden in unserem Beispiel die Gehälter (= Merkmalsausprägungen) nach ihrer Höhe sortiert, wird eine statistische Aussage möglich.

Belegschaftsmitglieder des Hotels »Schöne Aussicht« = Merkmalsträger	
Gehalt (brutto) = Merkmal	
Einzelgehälter = Merkmalsausprägung	Absolute Häufigkeit
3.400,00 DM	3
3.700,00 DM	1
3.800,00 DM	1
3.900,00 DM	3
4.500,00 DM	2

Um einen noch höheren Aussagewert der vorstehenden Tabelle zu erhalten, kann außer der absoluten Häufigkeit noch die **relative und kumulierte** (= angehäufte) **Häufigkeit** aufgeführt werden.

Dies erfolgt dadurch, dass die absoluten Häufigkeiten einer Merkmalsausprägung auf die Anzahl aller Merkmalsausprägungen eines Merkmals bezogen werden.

Diese Häufigkeiten errechnen sich:

relative Häufigkeiten = **absolute Häufigkeiten / Anzahl der Merkmalswerte**

kumulierte Häufigkeiten = **Summe der relativen Häufigkeiten oder Summe der absoluten Häufigkeiten**

Die erweiterte tabellarische Darstellung sieht dann wie folgt aus:

Belegschaftsmitglieder des Hotels »Schöne Aussicht« = Merkmalsträger				
Gehalt (brutto) = Merkmal				
Einzelgehälter in DM	absolute Häufigkeit	kumulierte absolute Häufigkeit	relative Häufigkeit	kumulierte relative Häufigkeit
3.400,00 DM	3	3	0,3	0,3
3.700,00 DM	1	4 (3+1)	0,1	0,4 (0,3+0,1)
3.800,00 DM	1	5 (3+1+1)	0,1	0,5 (0,3+0,1+0,1)
3.900,00 DM	3	8 (3+1+1+3)	0,3	0,8 (0,3+0,1+0,1+0,3)
4.500,00 DM	2	10 (3+1+1+3+2)	0,2	1,0 (0,3+0,1+0,1+0,3+0,2)

Der Tabelle ist zu entnehmen, dass z.B. 5 Angestellte 3.800,00 DM oder weniger verdienen (= kumulierte absolute Häufigkeiten), und 50% der Hotelangestellten brutto 3.700,00 DM oder weniger verdienen (= kumulierte relative Häufigkeiten).

3. Mittelwerte

Das Hotel »Schöne Aussicht« hatte im zurückliegenden Geschäftsjahr die nachstehenden Umsätze:

Januar	1.451.000,00 DM	Juli	372.000,00 DM
Februar	208.000,00 DM	August	498.000,00 DM
März	290.000,00 DM	September	746.000,00 DM
April	374.000,00 DM	Oktober	166.000,00 DM
Mai	292.000,00 DM	November	1.660.000,00 DM
Juni	332.000,00 DM	Dezember	1.036.000,00 DM

Der Mittelwert ist die typische **Durchschnittsgröße** aus einer statistischen Reihe von Zahlen. Mit seiner Hilfe lässt sich beispielsweise aus dem Jahresumsatz eines Hotelbetriebes der Monatsumsatz insgesamt oder in den Teilbereichen (z.B. F&B, Beherbergung) ermitteln. Für das Management wird es dadurch möglich Vergleiche vorzunehmen, um so Abweichungen zu erkennen und den Gründen nachzugehen.

Wir unterscheiden zwei **Vergleichsarten:**

- innerbetriebliche Vergleiche
- überbetriebliche Vergleiche (= Vergleiche mit anderen Betrieben)

Im Rahmen der praktischen Betriebsstatistik werden die Mittelwerte vorwiegend nach der **Methode des einfachen oder des gewogenen arithmetischen Mittels** berechnet.

Beispiel:

In der vorstehenden Situation möchte die Hotelleitung, Herr Böck und Herr Remlein, wissen, wie hoch der durchschnittliche Monatsumsatz war.

Lösungsweg:

$$\frac{\text{Summe der Einzelwerte}}{\text{Anzahl der Einzelwerte}} = \frac{7.425.000,00}{12} = 618.750,00 \text{ DM}$$

Antwort:

Der durchschnittliche Monatsumsatz betrug 618.750,00 DM.

Das arithmetische Mittel (= Durchschnitt) wird also ermittelt, indem man die Summe der Einzelwerte durch die Anzahl der Einzelwerte teilt.

Beispiel:

Die »Schöne Aussicht« hat vom »Europatröpfchen« noch 200 Flaschen zu je 7,00 DM im Magazin. Mit der neuen Lieferung von 1.000 Flaschen hat sich auch der Preis auf 7,40 DM erhöht.

Für die Kalkulation des Angebotspreises soll der Durchschnittswert zugrunde gelegt werden.

Lösungsweg:

gew. arith. Mittel = $\frac{\text{gewogene Summe der Reihenglieder}}{\text{gewogene Zahl der Reihenglieder}} = \frac{8.800}{1.200} = 7{,}33$ DM

Lagerbestand	200 Flaschen zu 7,00 DM je Flasche	= 1.400,00 DM
Zugang	1000 Flaschen zu 7,40 DM je Flasche	= 7.400,00 DM
Neubestand	1200 Flaschen	= 8.800,00 DM
Durchschnittspreis pro Flasche		= 7,33 DM

Antwort:

Die neue Kalkulationsgrundlage beträgt 7,33 DM pro Flasche.

Da die Statistik im Gastgewerbe vielfältige Anwendungsmöglichkeiten findet, sollen nachstehend weitere Auswertungs- und Aufbereitungsmöglichkeiten von Urmaterial für statistische Zwecke in den verschiedenen gastronomischen Bereichen erläutert werden.

4. Statistische Kennziffern

Herr Frei, der als Küchenchef auch das Magazin verwaltet, hat die Bestände am 30.09. und am 31.12. durch Inventur (= Zählen der Bestände) festgestellt.
Durch Verrechnen der Zu- und Abgänge im Magazin ergaben sich die Bestände des letzten Quartals des Jahres. Die Zu- und Abgänge im Magazin (= Zeitraumzahlen) wurden berücksichtigt. Dadurch ergibt sich vom 30.09. bis 31.12. ein Abgang von 40 Stück (Zugang: 80 Stück minus Abgang: 120 Stück = 40 Stück):

	Zeitpunktzahlen	Zeitraumzahlen		
	Bestands-erfassung	Bewegungserfassung		Bestandsfortschreibung in Stück
		Zugang	Abgang	
30.09.	400			400
15.10.		80		+ 80
15.10.				480
25.11.			120	− 120
25.11.				360
31.12.	360			360

In der vorstehenden Untersuchung hat man das Urmaterial unterteilt nach:
- **Bestandsmassen**, die zu einem bestimmten Zeitpunkt erfasst werden (= Zeitpunktzahlen), z.B. beim Durchführen der Inventur am Jahresende;
- **Bewegungsmassen**, die in einem Zeitraum erfasst werden (= Zeitraumzahlen), z.B. die Zu- und Abgänge von Magazinbeständen.

Das erfasste Datenmaterial ist nach sachlichen, räumlichen und zeitlichen Merkmalen zu gruppieren und anschließend in Tabellen darzustellen.

Die in statistischen Erhebungen ermittelten absoluten Zahlen sind in ihrer Aussagekraft häufig eingeschränkt. Erst der Vergleich mit anderen Größen, also das Verhältnis absoluter Zahlen zueinander, macht Zusammenhänge deutlich. Die sich ergebende **Verhältniszahl** ist der Quotient (= Ergebnis aus der Teilung) zweier statistischer Größen.

Man unterscheidet:

- **Gliederungszahlen** (geben Auskunft über das Verhältnis eines Teils zum Ganzen),
- **Beziehungszahlen** (geben Auskunft über das Verhältnis verschiedener Massen zueinander und werden als Prozentsätze dargestellt),
- **Indexzahlen** (geben Auskunft über das Verhältnis gleichartiger Massen zueinander).

Durch die vorstehenden Verhältniszahlen soll die Aussagekraft statistischen Zahlenmaterials erhöht werden. Letzteres wird rechnerisch umgeformt, und zwar dadurch, dass man eine Größe zu einer anderen in Beziehung setzt und dieses Verhältnis in Prozent (vom Hundert) oder Promille (vom Tausend) ausdrückt.

Dadurch lassen sich die gegenwärtige Situation und die zukünftige Entwicklung eines gastgewerblichen Betriebes im Vergleich zu Mitbewerbern beurteilen (= **Betriebsvergleich**). Es lassen sich aber auch die Verhältniszahlen des eigenen Unternehmens mit denen der Vorjahre vergleichen (= **Zeitvergleich**).

Gliederungszahlen lassen sich als Prozentsätze darstellen und beziehen sich immer auf die Gesamtsumme (= 100 %).

Beispiel 1:

Das Hotel »Schöne Aussicht« weist das folgende Vermögen auf:

Vermögen	absolute Zahlen	relative Zahlen	
		Anteil	prozentualer Anteil
Anlagevermögen	160.000,00	?	?
Umlaufvermögen	240.000,00	?	?
Gesamtvermögen	400.000,00	1,0	100

Ermitteln Sie den Anteil des Anlage- und Umlaufvermögens am Gesamtvermögen der »Schönen Aussicht«.

Lösungsweg:

Ermittlung des Anteils des Anlagevermögens:

$$\text{Anteil} = \frac{\text{Teilmasse}}{\text{Gesamtmasse}}$$

400.000,00 DM ≙ 1 Teil
160.000,00 DM ≙ x

$$x = \frac{1 \cdot 160.000,00}{400.000,00} = \frac{2}{5} = 0,4 \text{ Teile}$$

    1,0 Teile Gesamtvermögen
− 0,4 Teile Anlagevermögen
= 0,6 Teile Umlaufvermögen

Ermittlung des Anteils des Anlagevermögens:

$$\text{Prozentsatz} = \frac{\text{Teilmasse} \cdot 100}{\text{Gesamtmasse}}$$

400.000,00 DM ≙ 100 %
160.000,00 DM ≙ x

$$x = \frac{100 \cdot 160.000,00}{400.000,00} = 40 \%$$

    100 % Gesamtvermögen
− 40 % Anlagevermögen
= 60 % Teile Umlaufvermögen

Antwort:

Der Anteil des Anlagevermögens am Gesamtvermögen beträgt 0,4 Teile; das entspricht einem prozentualen Anteil von 40 %. Der Anteil des Umlaufvermögens am Gesamtvermögen beträgt 0,6 Teile; das entspricht einem prozentualen Anteil von 60 %.

Beziehungszahlen drücken das Verhältnis zweier ungleichartiger Größen aus. Bezugsgröße (= 100 %) ist das Eigenkapital.

Beispiel 2:

Zu den oben genannten Vermögenswerten sind den Geschäftsunterlagen der »Schönen Aussicht« die folgenden Zahlen zu entnehmen:

Vermögen	absolute Zahlen	relative Zahlen	
		Anteil	prozentualer Anteil
Eigenkapital	100.000,00	0,25	25
Verbindlichkeiten	300.000,00	0,75	75
Summe	400.000,00	1,00	100

Berechnen Sie das Verhältnis von Verbindlichkeiten zu Eigenkapital (= Verschuldungsgrad) in der »Schönen Aussicht«.

Lösungsweg:

Eigenkapital = 100.000,00 DM $\triangleq$ 100 %

Verbindlichkeiten = 300.000,00 DM $\triangleq$ x

$$\text{Beziehungszahl} = \frac{100 \cdot \text{zu beziehende Größe}}{\text{Bezugsgröße}}$$

$$\text{Verschuldungszahl} = \frac{100 \cdot \text{Verbindlichkeiten}}{\text{Eigenkapital}}$$

$$\text{Verschuldungsgrad} = \frac{100 \cdot 300.000,00}{100.000,00} = 300\%$$

Antwort:

Der Verschuldungsgrad in der »Schönen Aussicht« beträgt 300 %.

Im Gegensatz zu den Beziehungszahlen lassen sich mit Hilfe von **Indexzahlen** (= Messzahlen) Entwicklungen zweier gleichartiger Größen im Zeitablauf besonders veranschaulichen. Die Ausgangsgröße im Bezugszeitpunkt ist dabei gleich 100 % zu setzen.

Beispiel 3:

Das Hotel «Schöne Aussicht» hatte 1996 Rohstoffkosten in Höhe von 40.000,00 DM und 1997 von 50.000,00 DM zu verzeichnen.

Um wie viel Prozent sind die Rohstoffkosten der »Schönen Aussicht« von 1996 bis 1997 gestiegen?

Lösungsweg:

$$\text{Index} = \frac{100 \cdot \text{zu beziehende Größe}}{\text{Größe im Bezugszeitpunkt}}$$

40.000,00 DM ≙ 100 %
50.000,00 DM ≙ x

$$x = \frac{100 \cdot 50.000}{40.000} = 125\,\%$$

Antwort:

Die Rohstoffkosten des Hotels »Schöne Aussicht« sind von 1996 bis 1997 um 25 % gestiegen.

Aufgaben zum Exkurs »Betriebliche Statistik«

1. Verschaffen Sie sich einen Überblick über den Mobiliarbestand in den Räumen Ihrer Schule oder Ihres Ausbildungsbetriebes und halten Sie ihn in Form einer Tabelle übersichtlich fest.

2. Schätzen oder messen Sie die durchschnittliche Aufenthaltsdauer der Gäste zur Mahlzeiteneinnahme im Restaurant ihres Ausbildungsbetriebes. Unterscheiden Sie möglicherweise nach Tagesmahlzeit und Gruppengröße zur Mahlzeiteneinnahme (eine Person, zwei Personen, drei Personen, vier Personen und mehr als vier Personen). Stellen Sie Ihre Ergebnisse in einer Tabelle zusammen und fertigen Sie eine angemessene Grafik an.

3. In einem Restaurant sind im vergangenen Jahr 60.000,00 DM an Kosten entstanden. Auf die einzelnen Kostenarten verteilt ergibt sich:

Kostenart	DM	in %
Materialkosten	15.000,00	25
Reparaturkosten	1.200,00	2
Energiekosten	1.800,00	3
Lohn- und Gehaltskosten	30.000,00	50
Abschreibungen und Zinsen	7.800,00	13
Sonstige Kosten	4.200,00	7
Gesamt	**60.000,00**	**100**

Der Inhaber des Restaurants erteilt Ihnen den Auftrag, für die bevorstehende Mitarbeiterversammlung die in der zurückliegenden Rechnungsperiode angefallenen Kosten in Form eines Kreisdiagrammes darzustellen.

Hinweis zur Lösung: Die Winkelgerade für die einzelnen Kostenarten betragen in der Reihenfolge: 90°; 7,2°; 10,8°; 180°; 46,8°; 25,2°.

4. Die »Nordhotel GmbH« verfügt über zwei Hotelbetriebe. Die Zahl der Mitarbeiter und Mitarbeiterinnen hat sich in den letzten Jahren wie folgt entwickelt:

Jahr	1991	1992	1993	1994	1995	1996	1997
Hotel Seeblick	320	337	368	353	325	290	283
Hotel Fernblick	0	45	97	124	133	135	139

Stellen Sie die personelle Entwicklung der Belegschaft der »Nordhotel GmbH« jeweils in einem Koordinatenkreuz mit Hilfe von Kurvendiagrammen dar.

5. Frau Best hat die statistische Erhebung von der 25. bis zur 37. Jahreswoche durchgeführt. Die erste Juliwoche ist dabei die 27. Jahreswoche. Das Ergebnis ist in der folgenden Tabelle zu sehen:

   a) Kontrollieren Sie die Anteils- und Durchschnittsangaben.

   b) Fertigen Sie ein der Tabelle entsprechendes Säulendiagramm an.

   c) Stellen Sie die Anteile der Menüs I – IV in diesem Zeitraum in einem Kreisdiagramm dar.

Anzahl verkaufter Mittagessen von der 25. bis zur 37. Jahreswoche					
Preisgruppe → Jahreswoche ↓	10 DM bis 15 DM	15 DM bis 20 DM	20 DM bis 25 DM	über 25 DM	Summe
25. Woche	280	400	260	60	1000
26. Woche	285	460	290	65	1100
27. Woche	300	480	320	100	1200
28. Woche	310	500	350	120	1280
29. Woche	310	500	350	120	1280
30. Woche	310	500	350	120	1280
31. Woche	320	530	400	180	1430
32. Woche	320	530	400	180	1430
33. Woche	315	500	360	125	1300
34. Woche	310	500	350	120	1280
35. Woche	310	500	350	120	1280
36. Woche	270	450	290	90	1100
37. Woche	270	430	270	70	1040
Summe	3910	6280	4340	1470	16 000
Anteil	24 %	39 %	27 %	9 %	100 %
Durchschnitt	301	483	334	113	1231

6. Im Anhang zum Jahresabschluss der Hotel AG ist folgende zusammengefasste Bilanz zu lesen:

Aktiva **Bilanz zum 31.12.19..** **Passiva**

Anlagevermögen	6.430.000,00 DM	Eigenkapital	5.130.000,00 DM
Umlaufvermögen	7.420.000,00 DM	Verbindlichkeiten	8.720.000,00 DM
	13.850.000,00 DM		13.850.000,00 DM

Dem Lagebericht der Gesellschaft können wir die Umsatzentwicklung von 1992 bis 1997 entnehmen:

Umsatzentwicklung						
Jahre	1992	1993	1994	1995	1996	1997
Umsatzerlöse in DM	14.030.00,00	14.920.000,00	15.300.000,00	14.500.000,00	15.200.000,00	16.350.000,00

a) Wie viel Prozent beträgt der Anteil des Eigenkapitals am Gesamtkapital in der Hotel AG?

b) Zu wie viel Prozent ist das Anlagevermögen durch das Eigenkapital gedeckt?

c) Um eine gesicherte Information über die Umsatzentwicklung der Hotel AG zu erhalten, soll sie mit der Umsatzentwicklung des Konkurrenzhotels im Nachbarort (ebenfalls eine AG) verglichen werden. Dazu ist es notwendig Indexzahlen (= Messzahlen) zu ermitteln. Bestimmen Sie diese für unsere Hotel AG (Basisjahr = 1992).

d) Wie viel Prozent vom Umsatz der Hotel AG im Jahre 1997 fallen auf die Hauptsaison, in der 7.500.000,00 DM Umsatz erzielt wurden?

7. Im Hotel »Karibik« werden 18 Kisten Orangen mit einem Sollgewicht von einem Kilogramm angeliefert.
Der Magazinleiter kontrolliert die Sendung und stellt folgende Grammzahlen der Kisten fest:
1011, 980, 1004, 996, 940, 1020, 978, 994, 1014, 1030, 1008, 1020, 1016, 1008, 1024, 1008, 1040, 1013.

a) Errechnen Sie das durchschnittliche Gewicht der angelieferten Kisten.

b) Welchen Mittelwert haben die Kisten mit Mehrgewicht?

8. Aus der Lagerdatei der Hotel AG sind nachstehende Bestände an Wein der Sorte »Europatröpfen« zu entnehmen:

   Anfangsbestand: 11 Flaschen am 01.07.
   Endbestände: 9 Flaschen am 31.07.
                    12 Flaschen am 31.08.
                    13 Flaschen am 30.09.
                    12 Flaschen am 31.10.
                    10 Flaschen am 30.11.
                    10 Flaschen am 31.12.

   Errechnen Sie den durchschnittlichen Lagerbestand im 2. Halbjahr
   a) nach dem einfachen arithmetischen Mittel,
   b) nach dem gewogenen arithmetischen Mittel.

9. Unterteilen Sie die nachstehenden statistischen Daten in

   Ⓐ Zeitpunktzahlen und
   Ⓑ Zeitraumzahlen:

   ① Mitarbeiterzahl eines Hotelbetriebes
   ② Bestand des Gläsermagazins
   ③ durchschnittliche Bestände des Gläsermagazins
   ④ Schwund
   ⑤ Börsenkurse
   ⑥ Schneefallmenge

10. Die Hotelanlage »Am Heiligenholz«, bestehend aus den drei Gästehäusern König, Prinz und Herzog, weist folgende Stromkosten im Jahr aus.

	Herzog	König	Prinz
Summe	4.490,00 DM	4.051,00 DM	3.986,00 DM

    Die Stromkosten werden in einem Kreisdiagramm dargestellt. Wählen Sie das richtige Kreisdiagramm aus.

    ①
    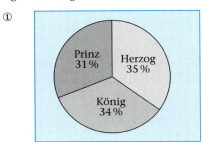

    ②
    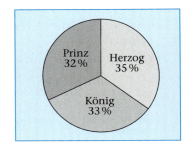

    ③
    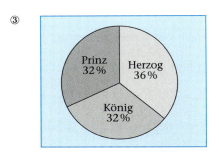

    ④
    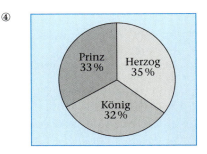

11. Das Gästehaus Herzog weist folgende, der Tabelle zu entnehmende monatliche Stromkosten aus.

Die monatlichen Stromkosten des Gästehauses Herzog werden in einem Säulendiagramm dargestellt. Wählen Sie das richtige Säulendiagramm aus.

Monatliche Stromkosten Haus Herzog			
Januar	609,00 DM	Juli	235,00 DM
Februar	547,00 DM	August	229,00 DM
März	459,00 DM	September	260,00 DM
April	366,00 DM	Oktober	298,00 DM
Mai	281,00 DM	November	427,00 DM
Juni	245,00 DM	Dezember	533,00 DM

①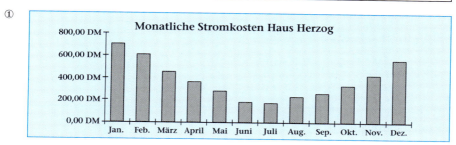

②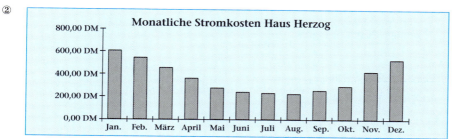

③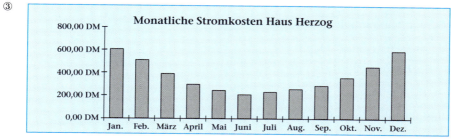

④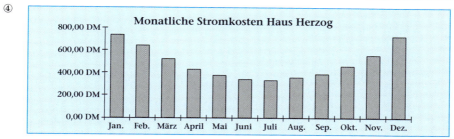

Formelsammlung

1.3.3 Potenzen

Basis^{Exponent} = Potenz

$a^3 = a \cdot a \cdot a \qquad 2^3 = 2 \cdot 2 \cdot 2 = 8$

1.4

$a(b+c) = a \cdot b + a \cdot c$

$4(0{,}5 + 1{,}25) = 4 \cdot 0{,}5 + 4 \cdot 1{,}25 = 2 + 5 = 7$

2

Kürzen von Brüchen

$\dfrac{a}{b}$ gekürzt durch c, ergibt $\dfrac{a:c}{b:c}$

$\dfrac{70}{25}$ gekürzt durch 5, ergibt $\dfrac{70:5}{25:5} = \dfrac{14}{5}$

Erweitern von Brüchen

$\dfrac{a}{b}$ erweitert mit c, ergibt $\dfrac{a \cdot c}{b \cdot c}$

$\dfrac{7{,}25}{7{,}5}$ erweitert mit 4, ergibt $\dfrac{7{,}25 \cdot 4}{7{,}5 \cdot 4} = \dfrac{29}{30}$

Addition/Subtraktion von Brüchen

$\dfrac{a}{c} \pm \dfrac{b}{c} = \dfrac{a \pm b}{c}$

$\dfrac{8}{7} + \dfrac{6}{7} = \dfrac{8+6}{7} = \dfrac{14}{7} = 2 \qquad \dfrac{19}{5} - \dfrac{14}{5} = \dfrac{5}{5} = 1$

Multiplikation von Brüchen

$\dfrac{a}{b} \cdot \dfrac{c}{d} = \dfrac{a \cdot c}{b \cdot d}$

$\dfrac{13}{8} \cdot \dfrac{5}{12} = \dfrac{65}{96}$

Division von Brüchen

$\dfrac{a}{c} : \dfrac{b}{d} \qquad \dfrac{a \cdot d}{c \cdot b}$

$\dfrac{3}{5} : \dfrac{9}{20} = \dfrac{3 \cdot 20}{5 \cdot 9} = \dfrac{60}{45} \qquad \dfrac{4}{3}$

3

Quadrat: $F = a \cdot a = a^2$ $\qquad$ $u = 4 \cdot a$

Rechteck: $F = a \cdot b$ $\qquad$ $u = 2 \cdot a + 2 \cdot b$

Dreieck: $F = c \cdot \frac{1}{2}h$ $\qquad$ $u = a + b + c$

Kreis: $F = \pi \cdot r^2$ $\qquad$ $u = 2 \cdot \pi \cdot r$

Würfel: $O = 6 \cdot a^2$ $\qquad$ $V = a^3$

Quader: $O = 2 \cdot a \cdot b + 2 \cdot a \cdot c + 2 \cdot b \cdot c$ $\qquad$ $V = a \cdot b \cdot c$

Zylinder: $O = 2 \cdot \pi \cdot r(r+h)$ $\qquad$ $V = \pi \cdot r^2 \cdot h = \pi \cdot \frac{d^2}{4} \cdot h$

Kugel: $O = \pi \cdot d^2 = 4 \cdot \pi \cdot r^2$ $\qquad$ $V = \frac{1}{6} \cdot \pi \cdot d^3 = \frac{4}{3} \cdot \pi \cdot r^3$

4

$$\text{Durchschnittswert} = \frac{\text{Summe der Werte}}{\text{Anzahl der Werte}}$$

6

$$\text{DM} = \frac{\text{Kurs} \cdot \text{Auslandswährung}}{100/1/1000}$$

$$\text{Auslandswährung} = \frac{\text{DM} \cdot 100/1/1000}{\text{Kurs}}$$

$$\text{Kurs} = \frac{\text{DM} \cdot 100/1/1000}{\text{ausländischer Betrag}}$$

7

$$\text{Prozentwert} = \frac{\text{Grundwert} \cdot \text{Prozentsatz}}{100}$$

$$\text{Prozentsatz} = \frac{\text{Prozentwert} \cdot 100}{\text{Grundwert}}$$

$$\text{Grundwert} = \frac{\text{Prozentwert} \cdot 100}{\text{Prozentsatz}}$$

$$\text{Grundwert} = \frac{\text{vermehrter Grundwert} \cdot 100}{100 + \text{Prozentsatz}}$$

$$\text{Grundwert} = \frac{\text{verminderter Grundwert} \cdot 100}{100 - \text{Prozentsatz}}$$

8

$$\text{Zinsen} = \frac{\text{Kapital} \cdot \text{Zinssatz} \cdot \text{Tage/Monate/Jahre}}{100 \cdot 360/12/1}$$

$$\text{Kapital} = \frac{\text{Zinsen} \cdot 100 \cdot 360/12/1}{\text{Zinssatz} \cdot \text{Tage/Monate/Jahre}}$$

$$\text{Zinssatz} = \frac{\text{Zinsen} \cdot 100 \cdot 360/12/1}{\text{Kapital} \cdot \text{Tage/Monate/Jahre}}$$

$$\text{Tage/Monate/Jahre} = \frac{\text{Zinsen} \cdot 100 \cdot 360/12/1}{\text{Kapital} \cdot \text{Prozentsatz}}$$

9

$$\text{Wertanteil pro Sorte} = \frac{\text{Gesamtsumme aller Werte} \cdot \text{Anteile pro Sorte}}{\text{Gesamtanteile aller Sorten}}$$

12

$$\text{Blutalkoholgehalt} = \frac{\text{Alkoholmenge}}{\text{Körpergewicht (kg)} \cdot \text{Geschlechtsfaktor (weibl. 0,55/männl. 0,7)}}$$

1 Berechnungseinheit (BE) = 12 g Kohlenhydrate

13

Meldebestand = eiserner Bestand + (Tagesverbauch · Lieferzeit)

$$\text{Skontoertrag} = \frac{\text{Rechnungsbetrag} \cdot \text{Skontosatz}}{100}$$

$$\text{Jahreszinssatz} = \frac{\text{Skontosatz} \cdot 360}{\text{Ziel in Tagen} - \text{Skontofrist}}$$

Einstandspreis (EP) = Listenpreis − Rabatt − Skonto + Bezugs-/Bestellkosten

$$\text{Durchschnittlicher Lagerbestand (bei Jahresinventur)} = \frac{\text{Anfangsbestand zu EP} + \text{Endbestand zu EP}}{2}$$

$$\text{Durchschnittlicher Lagerbestand (bei Monatsinventur)} = \frac{\text{Anfangsbestand zu EP} + 12 \text{ Endbestände zu EP}}{13}$$

$$\text{Umschlagshäufigkeit} = \frac{\text{Umsatz zu EP}}{\text{durchschnittlicher Lagerbestand}}$$

$$\text{durchschnittliche Lagerdauer} = \frac{360}{\text{Umschlagshäufigkeit}}$$

durchschnittliche Kapitalbindung = durchschnittliche Lagerdauer · EP/Einheit

$$\text{Lagerzinssatz} = \frac{\text{durchschnittliche Lagerdauer} \cdot \text{Jahreszinssatz}}{360}$$

17

Bruttoentgelt = Grundlohn + Zulagen + Zuschläge + Sachbezüge/geldwerter Vorteil + Trinkgeld (Tip)

Nettoentgelt = Bruttoentgelt − Lohnsteuer − Solidaritätszuschlag − Kirchensteuer − Sozialversicherungsbeiträge (Kranken-, Renten-, Arbeitslosen- und Pflegeversicherung)

22

Deckungsbeitrag = Nettoerlöse − variable Kosten

Betriebsergebnis (Gewinn/Verlust) = Deckungsbeitrag − fixe Kosten

Exkurs: Betriebliche Statistik

relative Häufigkeiten = $\dfrac{\text{absolute Häufigkeiten}}{\text{Anzahl der Merkmalswerte}}$

kumulierte Häufigkeiten = Summe der absoluten bzw. relativen Häufigkeiten

arithmetisches Mittel = $\dfrac{\text{Summe der Einzelwerte}}{\text{Anzahl der Einzelwerte}}$

gewogenes arithmetisches Mittel = $\dfrac{\text{Einzelwerte} \cdot \text{Anzahl der Einzelwerte}}{\text{Summe der Einzelwerte}}$

Nährwerttabelle (Auszüge)

Pro 100 g verzehrbarer Anteil von:	kJ	Eiweiß g	Fett g	Kohlen-hydrate g	Wasser g	Ballast g	Mineral-stoffe mg
Ananas, roh, geschält	231	0,4	0,2	12,4	84,7	1,5	216,4
Apfel, roh, geschält	238	0,3	0,4	13,1	85,2	2	153,4
Apfelwein, 5 Vol.-%	189	+	–	2,6	93,0	–	143,5
Banane, roh, geschält	392	1,1	0,2	21,4	73,9	1,8	454,6
Bier, Pilstyp, 5 Vol.-%	179	0,5	–	3,1	92,0	0	98
Bier, Export, 5 Vol.-%	195	0,5	0	+	91,5	0	102
Birne, roh, geschält	231	0,5	0,3	12,4	84,3	3,3	160,3
Blattspinat	64	2,5	0,3	0,6	92,7	2,6	941,2
Brötchen (Semmeln)	1139	8,3	1,9	55,5	29,5	1	843,2
Butter	3156	0,7	83,2	0,7	15,3	0	58,2
Buttermilch	144	3,5	0,5	4,0	91,2	0	362,1
Champignons, roh	64	2,7	0,2	0,6	93,6	2,0	570,1
Cola, Limonade	237	3,3	–	10,9	81,9	0	16
Corned beef	589	21,7	6,0	0	69,8	0	1125
Edamer Käse 45 % F.i.Tr.	1360	24,1	25,4	+	46	0	1838,7
Emmentaler Käse 45 % F.i.Tr.	1613	28,9	30,0	+	36	0	1826,4
Enzianbranntwein 40-45 Vol.-%*	987	–	–	–	55	–	–
Feigen, roh	253	1,3	0,4	12,9	81	2	325,6
Feigen, getrocknet	1032	3,9	1,3	54,0	28	12,9	1258,2
Fleischbrühe, verzehrfertig	55	0,6	1,1	0,1	98	–	192,9
Grünkohl, roh	153	4,3	0,9	2,5	86,3	4,2	865,9
Gruyerzer Käse, 45 % F.i.Tr.	1715	29,8	32,3	+	33,2	0	2022,0
Haselnüsse	2705	13,0	61,0	11,4	5,6	7,4	1340,8
Honig, im Durchschnitt	1361	0,3	0	81,0	17	0	81
Hühnerei, Vollei (100 g)	667	12,9	11,7	0,6	73,8	0	582,2
Hühnerei, Eigelb (100 g)	1476	16,1	31,9	0,3	50	0	780,2
Hühnerei, Eiklar (100 g)	202	10,9	0,2	0,7	87,5	0	361,3
Käsekuchen	965	9	8	30	53	0	–
Kaffeesahne 10 % F.i.Tr.	516	3,1	10,5	4,1	81,7	0	385,1
Kalbfleisch, Keule	407	20,7	1,6	0	76,2	0	658,4
Kartoffeln, roh	292	2,0	0,1	14,8	77,8	2,1	490,5
Kaviar, echt	1020	26,1	15,5	+	47,1	0	2456,4
Kiwi	209	0,9	0,6	9,1	83,5	2,1	182,8
Knäckebrot	1328	10,0	1,5	66,0	7,0	14,0	1345,2
Kohlrabi, roh	102	2,0	0,1	3,7	91,6	1,4	566,9

* andere Obstbrände mit 40 – 45 Vol.-%, vergleichbare Werte

Nährwerttabelle

Pro 100 g verzehrbarer Anteil von:	kJ	Eiweiß g	Fett g	Kohlenhydrate g	Wasser g	Ballast g	Mineralstoffe mg
Kondensmilch, 7,5 % Fett	556	6,5	7,6	9,6	74,7	0	780,1
Kondensmilch, 10 % Fett	737	8,8	10,1	12,5	66,7	0	1144,2
Lammschulter	997	18,0	18,0	0	64	0	706,7
Lauch, Porree, roh	104	2,2	0,3	3,2	89,0	2,3	392,0
Magermilch	144	3,5	0,1	4,9	90,5	0	435,1
Magermilchjoghurt	133	3,5	0,1	4,2	89,8	0	433,1
Magerquark	304	13,5	0,3	4,0	81,3	0	399,4
Mandelkerne	2413	19,0	54,0	3,7	5,0	15,2	1735,2
Mayonnaise	3040	1,1	78,9	3,0	15,1	0	601
Möhren, roh	117	1,1	0,2	5,2	86,2	3	446,1
Olivenöl	3754	0	99,6	0,2	0,2	0	2,1
Orangensaft, ungesüßt	185	0,7	0,2	9,0	87,6	+	229,3
Pfirsich roh	180	0,7	0,1	9,4	87,5	1,9	243,5
Pinienkerne	2820	13,0	60,0	20,5	3,0	1,0	622,2
Pommes frites	1214	4,2	14,5	35,7	43,6	4,0	1065,9
Quark, 40 % F.i.Tr.	670	11,1	11,4	3,3	73,5	0	408,3
Räucheraal	1377	17,9	26,8	+	52,9	0	1030,9
Räucherspeck, durchwachsen	2600	9,1	65,0	0	20	0	2130,2
Reh, Rücken	510	22,4	3,6	+	72,2	0	674
Reis, poliert, roh	1452	7,0	0,6	78,4	12,9	1,4	293,6
Rindfleisch, Hals, Kamm	628	19,3	8,1	+	73,0	0	568,1
Rindfleisch, Steak	512	21,3	4,1	+	73,3	0	655,2
Roggenmischbrot	880	6,4	1,1	43,7	41,0	6,2	923,4
Roggenvollkornbrot	808	6,8	1,2	38,8	43,0	8,1	1132,1
Rotwurst	1259	10,0	29	+	55,9	0	761,4
Salzkartoffeln	301	1,9	+	16	78	1	457,8
Salzstangen	1628	11,0	5,0	75,0	8,0	+	2071,7
Sauerrahm, extra	782	2,8	18	3,4	74,5	0	388,1
Schabefleisch	468	21,2	3,0	+	73,7	0	–
Schinken, gekocht	808	19,5	12,8	+	63,9	–	1492,5
Schinken, roh, geräuchert	1601	16,9	35,0	+	42,0	–	1997,3
Schlagsahne, 30 % Fett	1291	2,4	31,7	3,4	62	0	299,0
Schokolade, halbbitter	2122	5,3	30,0	54,0	1,0	0	898,0
Schokolade, Vollmilch	2200	8,0	30,0	56,0	1,0	0	1018,1
Schweinefett	3756	0,1	99,7	0	0,2	0	4,1
Schweinefleisch, Kamm	799	16,7	13,8	+	65,1	0	561,3
Seelachs, Köhler	336	18,3	0,8	+	80,2	0	770
Sekt, 11 – 12 Vol.-%	349	0,1	–	4,0	85,0	0	81,5

Fortsetzung auf Seite 250

Nährwerttabelle

Pro 100 g verzehrbarer Anteil von:	kJ	Eiweiß g	Fett g	Kohlenhydrate g	Wasser g	Ballast g	Mineralstoffe mg
Sellerie, roh	77	1,6	0,3	2,3	88,6	4,2	544,5
Sojaöl	3762	0	99,9	0	+	0	0
Tafelwein, weiss	273	0,1	–	2,5	88	–	119,5
Teigwaren mit Ei	1452	13,0	3,0	70,0	10,0	3,4	471,7
Toastbrot, Vollkorn	964	8,3	2,7	42,5	38,7	6,8	978,4
Toastbrot, Weizen	1188	6,9	4,5	48,0	36,0	3,6	852,3
Tomaten, roh	73	1,0	0,2	2,6	94,2	1,0	286,2
Tomatenmark	162	2,3	0,5	5,5	86,0	0,5	1876
Vollmilch, 3,5 % Fett	267	3,3	3,5	4,8	87,5	0	429,12
Walnusskerne	2788	15,0	62,0	12,1	5,0	6,1	1206,8
Weizenmehl, Typ 405	1403	10,6	1,0	71,0	14,1	4,0	198,5
Wiener Würstchen	1236	10,2	23,8	+	56,4	–	1330,4
Wildschwein	573	21,1	5,4	0	72,8	0	722,0
Wirsing, roh	105	3,0	0,4	2,4	90	2,5	408,9
Zitrone, roh, geschält	149	0,7	0,6	3,2	89,3	4,3	210,6
Zitronensaft	111	0,4	0,1	2,4	91,0	–	171,1
Zucker	1680	0	0	100	0	0	4
Zwiebeln, roh	118	1,3	0,3	4,9	89	1,8	228,5

Vitamin C-Gehalt und Ca-Anteil ausgewählter Lebensmittel

Pro 100 g verzehrbarer Anteil von:	Vitamin C mg	Ca^{++} mg	Pro 100 g verzehrbarer Anteil von:	Vitamin C mg	Ca^{++} mg
Hammelkotelett	+	12	Butter	+	13
Rindfleisch, mager	+	4	Avokado	13	10
Schweineleber	23	10	Blumenkohl	69	22
Putenfleisch	+	25	Broccoli	115	105
Kabeljau, Dorsch	2	24	Kohlrabi	63	68
Seelachs	+	14	Grünkohl, Braunkohl	105	212
Garnele	2	92	Sauerkraut, roh	20	48
Vollmilch, 3,5 % Fett	2	120	Petersilie, Blätter	166	245
Schlagsahne, 30 % Fett	1	80	Schnittbohnen in Dosen	4	34
Kondensmilch 7,5 % Fett	2	242	Kartoffeln, roh	17	6
Magerquark	1	92	Sojakeime	16	32
Magermilchjoghurt	1	125	Kiwi	71	40
Edamer Käse 45 % F.i.Tr.	0	678	Zitrone, roh, geschält	53	19
Speisequark 40 % F.i.Tr.	1	95	Zitronensaft	53	11
Eidotter	0	141	Weizenmehl, Type 405	0	15
Eiklar	+	11	Roggenvollkornbrot	0	43

(Quellen: Cremer/Aign/Elmadfa/Muskat/Fritzsche: Die große Nährwerttabelle – Gräfe und Unzer, München 1996/97)

Sachwortverzeichnis

A

Abschreibungsbetrag 217
Abziehen 10
acre 34
Addition 10
Additionsprobe 10
Anfrage 141
Angebot 142
Ankaufskurs 57
Anschaffungswert 217
Antiproportion 51
Äquivalenzzahlen 212
Ar 34
Arbeitslosenversicherung . . . 179
Aufwendungen 198
Ausgaben 198
Auslandswährung 58
Auslastungsgrad 207
Ausschankmenge 159
Außenglieder 48
Auszahlung 198

B

Basiszahl 20
Berechnungseinheiten 131
 -Tabelle 133
Beschaffungszeit 137
Bestand, eiserner 137
Bestandsmassen 237
Bestellkosten 136
Bestellmenge, optimale 135
Bestellpunktverfahren 137
Betriebskosten 220
Betriebsvergleich 238
Bewegungsmassen 237
Bewertungsfaktor 155
Beziehungszahlen 238
Break-even-point 221
Briefkurs 57
Bruch 24
Brüche, echte 24
 -, gleichnamige 25
 -, unechte 24
 -, ungleichnamige 25
Bruchrechnen 24
Bruttolohn 176
Bruttopreis 144

D

Deckungsbeitragsrechnung . . 221
Devisen 57
Deziliter 38
Dezimalbruch 26
Dezimalzahlen 17
Dezimeter 34
Dezitonne 38
Diagramme 233
 Flächen- 233
 Kreis- 233
 Kurven- 233
 Linien- 233
 Säulen- 233
 Stab- 233
Differenz 10
Diskontrechnung 79
Dividend 10
Division 10
Divisionskalkulation 207
Divisor 10
Doppelzentner 39
Dreieck 36
Dreisatz, einfacher 47
 -, zusammengesetzter 47
Dreisatzrechnung 47
Durchschnitt 43
Durchschnittsrechnung 43
Durchschnittswert 43
Dutzend 39

E

Einkaufsdurchführung 134
Einkaufskontrolle 134
Einkaufsplanung 134
Einnahmen 198
Einstandspreis 151
Einzahlung 198
Einzelkosten 199
Einzelleistungslohn 172
Energiebedarf 118
Energieverbrauch 193
Energiewert 124
Entlohnung 171
Entlohnungsarten 171
Erträge 198
Erweitern 25
Eurozinsmethode 79

F

Faktor 10, 20
Fläche 36
Flächen 20
Flächenmaße 34
Fleischbewertung 155
Flüssigkeitsmaße 39
foot 34
Frequenz 207
Fuder 40

G

Garantielöhne 186
Garverluste 105
Gehaltsabrechnung 175
Geldkurs 57
Gemeinkosten 199
Getränkemengenkontrollen . 164
Gewichtszunahme 108
Gewinnschwelle 225
Gewinnzone 225
Gliederungszahlen 238
Grafiken 231
Gramm 38
Gros 39
Grundrechenarten 9
Grundumsatzberechnung . . . 118
Grundwert 65
 - verminderter 72, 75
Grundzahl 20
Gruppenleistungslohn 172

H

Häufigkeiten, absolute 235
 -, kumulierte 235
 -, relative 235
Hauptnenner 27
Hektar 34
Hektoliter 38
Hochzahl 20
Hohlmaße 39

I

imperial gallon 39
inch 34
Index 239
Indexzahlen 238
Inklusivpreis 202
Innenglieder 48

J

Jahreszinsen 81

K

Kalkulation 198
Kalkulation, retrograde 203
Kalkulationsfaktor 201, 202
Kalkulationszuschlag 201
Kapital 79
Kapitalbindung,
 durchschnittliche 151
Kapitalkosten 219
Kehrwert 29
Kennziffern, statistische 237
Kettenrechnung 21
Kilogramm 38
Kilometer 34
Kirchensteuer 179
Klammerausdrücke 21
Klammerwerte 21
Kohlehydrate, verwertbare . . 131
Komma 12
Körperberechnung 33
Kosten 198
Kosten, fixe 198
Kosten, variable 198
Kostenarten 215
Kostenrechnung 198
Kostenträger 221
Krankenversicherung 179
Kreis 36
Kubikdezimeter 34
Kubikmeter 34
Kubikmillimeter 34
Kubikzentimeter 34
Kugel 37
Kurs 57
Kurstabelle 57
Kürzen 25

L

Lagerbestand 136
 -, durchschnittlicher 151
Lagerdauer, durchschnittliche 151
Lagerkennziffern 151
Lagerkosten 136

Sachwortverzeichnis

Lagerverfahren 138
    Gefrier- 138
    Kühl- 138
    Normal- 138
Lagerverluste 138
Lagerzinssatz 151
Längenmaße 34
Leistungen 198
Leistungslohn 172
Lieferantenkredit 144
Liter 38
Lohnabrechnung 172
Lohnsteuer 179
Losgröße 137

M

Magazinbestände, optimale . 151
Malnehmen 10
Materialkosten 162
Meldebestand 137
Mengenplanung 135
Merkmal 234
Merkmalsausprägung 234
Merkmalsträger 235
Meter 34
mile 34
Milligramm 38
Milliliter 38
Millimeter 34
Minuend 10
Mischungskreuz 98
Mischungspreis 97
Mischungsrechnung 97
Mischungsverhältnis 98
Mittel, arithmetische 236
Mittelwert 44
Mittelwerte 236
Monatszinsen 81
Multiplikation 10
Multiplikationsprobe 18

N

Nährstoffgehalt 121
Nährwert 118
Nährwertberechnung 126
Nenner 24
Nettoerlöse 222
Nettopreis 144
Nutzungsdauer 217

O

Oberfläche 36

P

Personalkosten 171
Personalzusatzkosten 176
Pflegeversicherung 179
Pfund 39
Potenzrechnung 16, 20
pound 39
Preiskalkulation 18
Preisuntergrenze 225
primärstatistisch 231
Produktgleichung 48
Promillesatz 65
Promillewert 65
Proportion 48
   -, indirekte 51
Proportionalgleichung 48

Prozentsatz 65
Prozentwert 65
Punktrechnen 10
Punktrechnung 21
Putzverlust 102

Q

Quader 37
Quadrat 35
Quadratdezimeter 34
Quadratkilometer 34
Quadratkilometer 34
Quadratmeter 34
Quadratmillimeter 34
Quadratzentimeter 34
quadrieren 20
Quotienten 18

R

Rabatt 143
    Mengen- 143
    Sonder- 143
    Treue- 143
Rechnungsprüfung 148
Rechteck 35
Rentenversicherung 179
Resttronc 183
Rezepturen 16
Rückrechnung 103
Rückwärtskalkulation 203
Runden 10

S

Sachbezüge 176
Sägezahnkurve 137
Schankverlust 159
Schlussrechnung 47
sekundärstatistisch 231
Selbstkostenanteil 210
SI-System 34
Skonto 144
Skontoertrag 144
Skontofrist 145
Skontosatz 144
Solidaritätszuschlag 179
Sollmengenwert 165
Sollverkaufsmengen 165
Sorten 57
Sortenmengen 98
square foot 34
square inch 34
square mile 34
square yard 34
Statistik 230
Statistik, beschreibende 231
Stichprobe 231
Strichrechnen 10
Strichrechnung 21
Subtrahend 10
Subtraktion 10
Summand 10
Summe 10

T

Tabellen 231
Tabellenkopf 231
Tageszinsen 81
Taschenrechner 10
Teilen 10
Teilerhebung 231

Teilkostenrechnung 221
Tonne 38
Tronc 172
Troncrechnung 183
Troncverteilung 183

U

Überschlagsrechnung 12
Übertronc 183
Umfang 36
Umfangsberechnungen 35
Umschlagshäufigkeit 151
Unfallversicherung 179
Urliste 234
US gallon 39

V

Verarbeitunsverluste 102
Verhältnis,
   antiproportionales 50
   -, proportionales 47
Verhältnisgleichung 48
Verhältniszahl 237
Verkaufskurs 57
Verschuldungsgrad 239
Verschuldungszahl 239
Verteilungsrechnung 92
Vollerhebung 231
Vollkostenrechnung 221
Volumen 20, 36
Volumenmaße 34
Vorspalte 231

W

Währungsrechnen 57
Wareneinsatz 103
Wärmeenergie 194
Würfel 36

Y

yard 34

Z

Zahl, ganze 19
Zahlen, gemischte 25
Zahlenreihen 43
Zähler 24
Zahlungsziele 144
Zeit 79
Zeitplanung 137
Zeitpunktzahlen 237
Zeitraumzahlen 237
Zeitvergleich 238
Zentiliter 38
Zentimeter 34
Zentner 39
Zielfrist 145
Zielkaufpreis 144
Zimmerpreiskalkulation 206
Zinsen 79
Zinsrechnung 79
Zinssatz 79
Zinsteiler 144
Zinszahl 144
Zusammenzählen 10
Zuschlagskalkulation 201
Zutatenberechnung 116
Zylinder 37